HISTOIRE

de

SÉVÉRAC-le-CHATEAU

PAR L'ABBÉ FR. JULIEN

HISTOIRE
DE SÉVÉRAC-LE-CHATEAU

Depuis les origines jusqu'à la fin de la Révolution

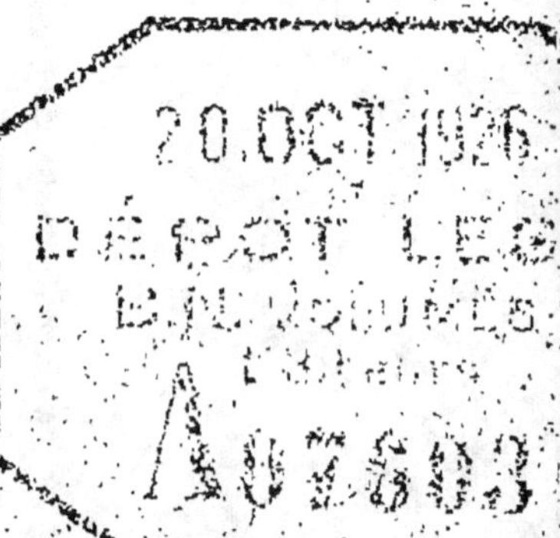

HISTOIRE

de

SÉVÉRAC-le-CHATEAU

PAR L'ABBÉ Fr. JULIEN

Chanoine Honoraire

Curé de Saint-François de Millau

Ancien Curé-Doyen de Sévérac-le-Chateau

Albi
IMPRIMERIE DES ORPHELINS-APPRENTIS
1926

PRÉFACE

C'est d'abord pour tenir une promesse que nous fîmes, en les quittant, à nos anciens paroissiens de Sévérac-le-Château et de Sévérac-Gare, et qui nous a été rappelée par eux plusieurs fois depuis, que nous publions ce volume.

C'est aussi parce que nous espérons qu'il fera un peu de bien.

Le Moyen-Age est souvent ignoré. Des hommes de parti pris l'ont calomnié et défiguré à loisir, pour s'en faire ensuite des armes contre l'Eglise. Certes, nous savons tous que, comme nous, souvent moins que nous, nos ancêtres eurent des défauts, parfois des torts incontestables. Nous ne cherchons ni à les nier ni à les atténuer. Mais, pour être juste, il faut reconnaître qu'ils eurent aussi de grandes vertus et qu'ils comprirent aussi bien que nous, parfois mieux que nous, les choses de leur temps. Si leurs organisations sociales ne furent pas parfaites, elles furent, ce qui est l'essentiel, adaptées aux circonstances et aux besoins de leur époque. Gardons-nous de les juger à la légère. Elles donnèrent, en particulier, à notre petite patrie, des siècles de paix relative, de gloire et même de prospérité matérielle que, sans doute, elle ne reverra plus.

Ce fut le désir d'intéresser nos chers paroissiens mais aussi de corriger des erreurs, de redresser des jugements injustifiés, d'essayer de détruire des légendes odieuses, répandues parmi le peuple, qui nous détermina à écrire une histoire de Sévérac-le-Château.

Nous l'avons publiée d'abord dans notre bulletin paroissial, l'Echo Sévéragais. [1]

Après plusieurs retouches, dont quelques-unes assez importantes, la correction de certaines erreurs qui nous avaient échappé d'abord et que la suite de nos études, la découverte de nouveaux documents, nous ont fait remarquer, nous la mettons aujourd'hui en volume. Nous nous y sommes résolu sur les instances d'hommes compétents en ces questions, qui ont bien voulu juger ces pages avec une grande et sans doute trop flatteuse bienveillance.

Ce que nous pouvons certifier, c'est qu'elles sont écrites avec la plus complète impartialité, étayées, par des documents que nous citons ou dont nous donnons l'adresse.

On sait la grande place qu'occupe Sévérac-le-Château dans le pays de Rouergue, sous l'ancien régime. Les sources de son histoire sont nombreuses et abondantes.

Qu'il nous soit permis de nous acquitter ici d'un devoir de respectueuse et bien sincère reconnaissance envers ceux qui ont eu la bonté de nous encourager et parfois de nous aider efficacement à mener à bonne fin notre modeste travail. Parmi eux nous nommerons M. le marquis de Valady, qui publie, en ce moment, un magistral ouvrage sur les châteaux de l'ancien Rouergue ; M. Camille Couderc, Conservateur des manuscrits à la Bibliothèque Nationale ; M. l'abbé C. Belmon, directeur du grand-séminaire de Rodez ;

(1) Bulletin mensuel fondé en janvier 1914.

M. Guilhamon, ancien professeur d'histoire au lycée de Rodez, apparenté à la vieille famille Sévéraguaise des de Villaret. Notre souvenir le plus reconnaissant et le plus ému va à M. le vicomte Charles de Lescure, ravi si prématurément à l'affection de sa famille et de tous ceux qui l'avaient connu, pour lequel la lecture et l'interprétation des vieilles chartes n'avaient point de secret et qui nous avait offert sa collaboration pour l'édition du présent ouvrage.

SOURCES

Presque tous nos historiens locaux ont parlé de Sévérac-le-Château. Citons, en particulier, l'abbé Bosc, H. de Barrau, de Gaujal, A. Monteil, l'auteur des *Mémoires d'un Calviniste*; Rouquette (abbé) : *Le Rouergue sous les Anglais* (Millau 1887); Bousquet (abbé) : *Notice historique sur Sévérac-le-Château* (1847); J. Artières : *Annales de Millau* (1899); *Procès-verbaux de la Société des Lettres, Sciences et Arts de l'Aveyron*; F: de Barrau : *L'époque révolutionnaire en Rouergue*; Affre (Henri), *Biographie Aveyronnaise* (1881) : *Dictionnaire des mœurs et coutumes*; Dominique de Saint-Léons : *Pauvres Ruines* (1911); Dr J. A. Molinié *Sévérac-le-Château, étude historique*, (1919).

On trouve documents divers et détails intéressants dans les publications et ouvrages suivants.

Bibliographie historique du Rouergue, par M. C. Couderc, conservateur à la Bibliothèque Nationale (1920).

Histoire générale du Languedoc, par dom Vaissette. *Layettes du Trésor des Chartes*, tom. II et III (1875).

Felgères (Charles). Les Sévérac, les Comtes d'Armagnac, dans *Histoire de la baronnie de Chaudesaigues* (H. Champion, Paris, 1904).

Soulié (Pierre). *Curiosités anecdotiques* (1886).

Cartularium S. Theofredi (S. Châffre), par Ulysse Chevalier (abbé). (Alphonse Picard. Paris 1884).

Notes pour l'histoire du Rouergue, par MM. Rigal et Verlaguet (Dépouillement de la collection Doat.)

Revue des questions héraldiques. Généalogie de la maison de Sévérac par la Comtesse de Villaret. tom. IV et V.

L'épiscopat français et constitutionnel et le clergé de la Lozère durant la Révolution, par l'abbé Pourcher, curé de St-Martin-de-Boubaux. 2 vol. in-32 1896. Chez l'auteur

L'Inventaire des Archives Nationales ne signale qu'un dossier sur une chapellenie de Sévérac (G. 660). De patientes et longues recherches feraient peut-être d'autres découvertes.

Les Archives départementales sont riches pour l'histoire de Sévérac. Des fonds volumineux concernant le district (époque de la Révolution) n'ont presque pas été explorés.

Les archives paroissiales et communales, en particulier celles de Sévérac et de Lapanouse, nous ont fourni de précieux documents inédits et appris bien des détails intéressants. (1)

Certaines familles anciennes du Sévéraguais ont des archives où se trouvent de vieux parchemins contenant des renseignements pour l'histoire locale. Nous remercions, en praticulier, les familles Trémolet (ancien notaire) et de Chaliès, de Sévérac-le-Château, les familles du vicomte de Lescure, de Lavernhe, de Lajonquière, du château de Recoulettes, qui ont bien voulu nous ouvrir les leurs. M. l'abbé de Labaume, curé-doyen de Peyreleau, nous a communiqué très gracieusement des notes prises dans les vieux notariats de Sévérac.

(1) M, l'abbé Belloc, curé de Lapanouse (1906-1912) a écrit un Livre de paroisse où il à inséré de nombreuses pièces, souvent fort intéressantes, dont les originaux sont au château de Loupiac ou dans d'autres familles de la paroisse. — Très utile aussi, pour notre travail, le Livre de paroisse de Saint-Chély, par M. l'abbé Volpelier.

CHAPITRE PRÉLIMINAIRE

Des Origines jusqu'à la Féodalité

*La préhistoire. — Epoque des gaulois et des gallo-
romains. — Les Wisigoths. — Sous les mérovingiens. — Invasions sarrasines. — Sévérac
chef-lieu de Viguerie.*

Les origines des grands peuples sont souvent
obscures; à plus forte raison celles des moindres
provinces et des petits pays.

Pendant de longs siècles nous manquons de documents précis pour l'histoire de Sévérac. Nous savons
cependant que le château et probablement la ville
sont fort anciens. Une charte du 1er mars 1103
dit qu'à cette époque déjà reculée le château « était
très anciennement dénommé Sévérac » [1], ce qui nous
reporte bien au-delà du Moyen-Age.

Nous pouvons avoir quelque idée de nos lointains ancêtres d'abord par les données de l'histoire
générale.

Pendant longtemps on a cru que les Ibères, puis
les Celtes et les Gaulois furent les premiers habitants de nos pays. Depuis quelques années surtout
des découvertes très intéressantes sont venues élargir, de façon inattendue, nos connaissances con-

(1) « *Castrum... quod nominatur antiquitus Severiacum.* »
Cartularium S. Theofredi publié par le chanoine Ulysse Chevalier. Librairie Alphonse Picard, Paris, 1884. *Charte* 394,
p. 136.

cernant les races humaines dites *préhistoriques*. [1]

Elles nous ont appris qu'à une époque très reculée, dont on ne peut donner la date ni en années ni en siècles, vécurent sur notre sol diverses races qui se succédèrent et qu'on a groupées sous le nom générique d'hommes *paléolithiques*.

La première de ces races vécut, croit-on, sous un climat très chaud dont jouissait alors notre pays. Vint ensuite l'ère des grands glaciers, avec un froid comparable à celui qui règne aujourd'hui dans les régions polaires. Les hommes de cette dernière époque, différents de la race précédente, s'abritaient surtout dans les cavernes. C'est de là que leur vient le nom « d'hommes des cavernes. »

Ces premiers habitants de nos pays ne connaissaient pas les métaux. Ils se servaient d'instruments en pierre (silex ou quartz), taillés à gros éclats, dont on a retrouvé des quantités dans certains gisements. Ils n'étaient pas cependant étrangers à toute civilisation. Ils connaissaient l'art de la sculpture, de la gravure et de la peinture. Ils ensevelissaient soigneusement leurs morts et croyaient à une vie future.

Aux hommes paléolithiques succédèrent les *hommes néolithiques* [2]. Ils venaient d'Asie et ils arrivè-

---

(1) **Cf.** M. Marcellin Boule, professeur au Muséum d'Histoire naturelle, directeur de l'Institut de Paléontologie humaine, de Paris, qui a publié, en 1921, un livre fort remarquable intitulé *Hommes fossiles* (Paris, Masson).

M. l'abbé Chincholle, professeur au Séminaire St-Sulpice, à Paris, qui a réédité (Paris-Letouzey, 1923) l'ouvrage de M. Guibert sur *Les Origines*. In-8 très intéressant et très documenté.

(2) *Les hommes néolithiques* sont ainsi dénommés à cause de la manière nouvelle dont ils façonnaient leurs instruments de pierre. Ils ne se contentaient pas de les tailler, même finement, mais encore ils les polissaient. Ils étaient armés d'arcs et de flèches à pointes de silex; ils pratiquaient la domestication des animaux, cultivaient le blé, cuisaient leur pain entre deux pierres chauffées et leurs aliments dans des vases de poterie.

rent en France par les Alpes. Ils ne connaissaient pas non plus les métaux, néanmoins leur civilisation était plus développée. Ce sont eux qui ont élevé çà et là ces monuments mégalithiques appelés *menhirs, dolmens, allées couvertes*, dont plusieurs restent encore. Il y a des dolmens dans le Séveraguais : deux non loin d'Altès, plusieurs dans la région de Buzeins et sur les causses entre Sévérac et Rodez [1].

Les Ruthènes, dont la capitale était *Segodunum* (Rodez), étaient les Gaulois qui habitaient le Rouergue et lui donnèrent son nom

Jules César [2] les divise en *Ruthènes Provinciaux*, sur la rive gauche du Tarn, (arrondissement de Saint-Affrique et une partie de celui de Millau), qui furent soumis aux Romains dès l'an 120 avant Jésus-Christ, et en *Ruthènes Eleuthères ou Libres*.

Ces derniers, sur le terrictoire desquels était Sévérac, ainsi que leurs alliés, les Arvernes, se distinguèrent entre tous les Gaulois par leur grand courage et un amour farouche de la liberté. Réunis en armées de trois et quatre cent mille hommes, ils luttèrent contre les plus fameux généraux de Rome et ils ne furent soumis par César qu'à la défaite de Vercingétorix, l'an 51 avant Jésus-Christ.

Depuis ce jour, pendant plus de cinq siècles, nos pays furent gouvernés par les Romains qui nous apportèrent leur civilisation raffinée et nous apprirent leur langage. Notre patois est en grande partie le latin, corrompu et déformé par le temps,

Ils n'étaient pas vêtus de peaux, comme leurs devanciers, mais ils savaient filer le lin et se confectionner des habits.

(1) M. l'abbé Hermet, curé de l'Hospitalet, très versé dans les sciences préhistoriques, affirme que tous les dolmens de l'Aveyron sont de la fin de la période néolithique et de l'aurore du bronze. Ils datent d'une quinzaine de siècles avant l'ère chrétienne. (*Revue historique du Rouergue*. Juin 1925.)

(3) *De Bello Gallico*, ch. 7.

que parlait chez nous, à l'époque romaine, même le peuple des campagnes.

Ce furent des temps généralement calmes au point de vue social. Les grands propriétaires, les hommes influents habitaient alors les villes ou des maisons de campagne appelées *villas*, qui étaient de grandes fermes, des centres d'exploitation agricole [1].

En 471, notre pays fut envahi par les Wisigoths, peuple barbare et de religion arienne, qui y accumulèrent d'incroyables ruines « Quand l'océan, dit un écrivain de cette époque [2], aurait inondé les Gaules, il n'aurait pas fait de si horribles ravages; nos bestiaux, nos fruits et nos grains ont été enlevés, nos maisons ruinées... à peine reste-t-il quelque chose dans nos campagnes. Depuis dix ans, les Wisigoths font de nous une cruelle boucherie. » Les villes et les châteaux étaient brûlés, les églises pillées, les prêtres torturés et mis à mort.

Clovis ayant remporté sur ces barbares la bataille de Vouillé (507), le Rouergue entra dans l'empire des Francs en 508.

A défaut de documents écrits, une autre source de l'histoire, pour notre pays, ce sont les traditions orales. Sans doute elles nous arrivent souvent revêtues de toute la poésie de la légende; « n'importe, dit l'abbé Bousquet, elles ne sont pas à dédaigner sous cette enveloppe parfumée. »

Il en existe plusieurs et de fort honorables pour Sévérac-le-Château.

L'une d'elles prétend que les Romains auraient établi un camp sur les hauteurs de Courri, parois-

(1) Entre le Gévaudan et Laissac, dit de Goujal, I, 131, les Romains avaient établi des fabrications de briques.

(2) S. Prosper d'Aquitaine.

se de Saint-Grégoire. Certaines dispositions du terrain spécialement deux monticules réguliers qui semblent érigés par des mains d'hommes, en seraient, dit-on, la preuve. En même temps, sur le pic fortifié où fut bâti plus tard le château de Sévérac, les Romains auraient eu une sorte d'arsenal où armes et machines de guerre auraient été en sûreté.

L'historien Bosc rapporte une autre tradition qui n'est pas invraisemblable [1]. César, dit-il, ayant fait la conquête du Rouergue, chargea de la partie du Sévéraguais deux de ses officiers : *Sévérus* et *Sergius*.

Sergius se fortifia sur un rocher qui domine une vallée appelée depuis « *Vallis Sergii* », « Vallée de Sergius », dont on a fait *Valsergues*. Le château se nomma *La Roque Valsergues*.

Sévérus bâtit une forteresse sur une hauteur qui commandait à toute la riche et verdoyante plaine du Sévéraguais. Ce fut le « *Castrum Severi* » « *Camp de Sévérus* » d'où plus tard le nom de *Sévérac*.

« Ce qui paraît confirmer la vérité de ces étymologies, dit Bosc, c'est la dénomination de « *Camp de César* » qu'on donne encore à quelques plaines près de Saint-Geniez et de Sévérac-le-Château. C'est du moins une raison de conjecturer que quelques officiers de l'armée de César et peut-être César lui-même, avaient campé dans ces cantons pour réduire les Ruthènes. »

Une autre tradition, qui ne contredit pas la précédente mais plutôt la corrobore, prétend que Sévérus aurait poussé ses conquêtes depuis Meyrueis, dans le Gévaudan, jusqu'à Laissac. Tout ce terrain conquis lui ayant été donné en apanage par César, il aurait fait bâtir le château de Sévérac au milieu de ses possessions. On voit, près de Meyrueis,

(1) Mémoires pour servir à l'histoire du Rouergue. Edition Carrère-Rodez. 1905. P. 319.

les traces d'un Camp où l'on a trouvé certains objets d'origine romaine [1].

Quoi qu'il en soit, il paraît très vraisemblable que les Romains, pour affermir leur domination sur les Ruthènes, pour contenir nos ancêtres toujours très remuants et qui ne pouvaient se résoudre à faire pour toujours le deuil de leur liberté, dûrent bâtir une série de forteresses de manière qu'elles puissent correspondre entre elles et se porter secours. Millau pouvait facilement correspondre avec Sévérac. A son tour Sévérac correspondait avec La Roque Valsergues et celle-ci avec le château-fort de Saint Geniez [2].

****

Le Rouergue, délivré des Wisigoths par les Francs, commençait à respirer lorsqu'il fut envahi, en 725, par les Sarrasins, peuple musulman qui venait d'Afrique. Leur domination fut de courte durée, mais, sous la conduite de leur roi Ambiza, leurs excès et surtout leur persécution contre les chrétiens furent tels qu'ils firent presque regretter les Wisigoths.

Ces barbares vinrent dans le pays de Sévérac et s'y établirent. Diverses découvertes modernes sont venues corroborer sur ce point l'affirmation de nos anciens historiens.

Voici ce qu'écrivait, en 1837, M. Lescure, de Lavernhe, conseiller général du canton de Sévérac [3] :

« Vers la mi-avril 1831, il fut trouvé, dans un champ appelé les *Sarragats* (les Sarrazins), du domaine de Villeplaine, appartenant à M. Molinié,

---

(1) Abbé Bousquet, p. 7.
(2) id. p. 8.
(3) Communication faite à la *Société des Lettres*. Imprimée, en 1838, dans les *Mémoires de la Société des Lettres*, page 49.

deux squelettes humains, l'un d'homme et l'autre de femme : ce dernier portant douze anneaux de cuivre rouge au tibia de chaque jambe, larges d'un pouce et de circonférence inégale, comme celle des différentes parties sur lesquelles ils s'adaptaient.....

« Des petits anneaux, qu'on pourrait dire annulaires, de dimensions diverses, au nombre de douze, gisaient, sans jonction et comme une traînée, entre les deux squelettes; ils étaient pareillement de cuivre...

« Les deux individus dont on découvrit les restes, étaient adultes, de grandeur ordinaire et de sexe différent. Ils gisaient à fleur de terre, sous un grand tas de pierre, au milieu du champ.....

Dans les champs des environs, on a fréquemment trouvé des ossements humains; non par tas, mais séparés et d'une conservation parfaite. »

Des archéologues compétents [1] ont établi que ces divers objets étaient d'origine orientale. Ils sont aujourd'hui déposés au Musée de la Société des Lettres sous la désignation d'*anneaux sarrazins*. [2]

M. Dominique de S. Léons, pseudonyme de M. Frédéric de Chaliès, raconte que lors de la construction de la ligne de chemin de fer, de Millau à Sévérac, on découvrit au pic de Suége, non loin de Vezouillac, des anneaux sur lesquels étaient gravés des entrelacs de lignes, des feuillages et autres ornements. Les ingénieurs les reconnurent pour des anneaux que les arabes portent aux jambes.

A cette même époque, au col de la Roquette, des terrassiers, travaillant à la voie ferrée, trouvèrent, parmi les roches, plus de cent pièces sarrasines. Elles étaient en or, du format et du poids, à peu de chose près, de nos pièces de dix francs. [3]

---

(1) En particulier, MM. les Docteurs Rech et Dubreuil, professeurs à la Faculté de Médecine de Montpellier.

(2) Dr Molinié, p. 23 et suiv.

(3) *Pauvres Ruines.* p. 81.

Quant à conclure, comme l'ont fait certains, sur la foi de ces menues trouvailles qui n'ont aucun cachet militaire et par le jeu, toujours un peu fantaisiste, de l'étymologie du nom de deux terres voisines de Sévérac, s'appelant l'une « *Sarragats* » (Sarrasins !) et l'autre « *Marteliès* » (Charles-Martel !) qu'il y eut en ces lieux une bataille entre les Sarrasins et les Francs commandés par Charles Martel, c'est y aller un peu vite. L'histoire doit reposer sur des documents plus résistants. Or, des documents parlant de ce fait, jusqu'ici on n'en connaît pas.

Nos historiens [1] racontent qu'un des plus notables sarrasins se fixa définitivement dans le pays avec sa famille et demeura longtemps en possession des dîmes et des autres revenus de l'église de Campagnac qu'il avait usurpés.

Une vieille charte de l'église de Conques, datée du règne de Charles empereur, nous fait connaître qu'un de ses descendants, nommé Réginaldus, ayant embrassé la religion chrétienne, céda l'église de Campagnac, ses biens et son droit de justice au monastere de Conques. L'abbé, en reconnaissance, assura à Aldebert, surnommé le Sarrasin, fils aîné de Reginaldus, une rente annuelle d'un agneau et de quatre gerbes sur chacun des villages dépendant de l'église de Campagnac.

*
* *

On sait que Charlemagne établit dans son vaste empire une régulière et très sage administration. Il le divisa en comtés gouvernés par des comtes, non héréditaires, chargés de rendre la justice, administrer les finances et rassembler la milice. Le comté, dont les limites étaient les mêmes que celles du diocèse, s'appelait aussi « *pagus* » d'où est venu le mot *pays*.

(1) *Bosc.* 320.

Le pagus, à son tour, était divisé en un certain nombre de circonscriptions qu'on appelait « *ministerium* », « *aïce* » et « *vicaria* » ou *viguerie*.

Dans certains documents de l'époque, la vicairie ou viguerie et l'aïce semblent être une subdivision du ministerium ; parfois ces trois choses sont des divisions équivalentes du pagus. [1]

Le comte ne pouvant suffire seul à l'administration de tout le pagus, avait, dans chaque vicairie ou viguerie, un délégué nommé *vicaire* (d'où est venu le nom de *viguier*), qui le remplaçait pour diverses fonctions, surtout pour ce qui regardait la justice.

Le Rouergue, à cette époque, formait le *Pagus Ruthenicus*. On ignore exactement le nombre de ses subdivisions ; on connaît cependant aujourd'hui le chef-lieu d'environ quarante vigueries parmi lesquelles Sévérac, « *Vicaria Severacensis* ».

Une charte datée du règne de Charles le Gros, (883), dit que Bernard, comte par la grâce de Dieu, et Ermengarde, son épouse, donnent au monastère de Conques leur villa de Bautou, « *villa quœ nominatur Bautone* », dans la viguerie de Sévérac. [2]

Les vigueries se maintinrent jusqu'au XIe siècle, mais, à l'époque si troublée de la décadence des rois Carolingiens, elles se changèrent peu à peu en fiefs héréditaires.

Aux vigueries succédèrent les *Bailliages* comme divisions judiciaires. En 1252, il y en avait sept en Rouergue, parmi lesquels Sévérac. C'est une preuve que, dès cette époque, notre ville était déjà importante. Plus tard, les bailliages eux-mêmes furent remplacés par les *Sénéchaussées*. Il y en eut deux : Villefranche et Rodez dont dépendit Sévérac. Néanmoins les fonctions de viguier et de bailli se maintinrent dans quelques villes jusqu'à la Révolution, notamment à Sévérac.

---

(1) Gabriel Desjardins. *Préface du Cartulaire de Conques.*

(2) Bosc, p. 312. Notes et monum. *Nomb.* xvi.

PREMIÈRE PARTIE

Les temps féodaux
Seigneurs de Sévérac
Grands faits historiques

LE MARÉCHAL AMAURY DE SÉVÉRAC

(D'après une peinture du Musée de la Société des lettres de l'Aveyro
costume Henri-IV.)

CHAPITRE I

Les de Sévérac. — Antiquité et illustre noblesse de cette famille. — Fondation du couvent des Bénédictines. — La légende de Bellas. — Fondation du couvent des bénédictins.

La ville de Sévérac, avons-nous dit, paraît être une des plus anciennes du Rouergue; divers monuments écrits attestent qu'elle a été longtemps la première place forte de la province. Son château, quoique ruiné, s'annonce encore de loin comme une forteresse antique qui a résisté à plusieurs assauts. Elle fut la demeure de puissantes familles.

Le défaut de chartes et de documents historiques antérieurs à l'avènement de Hugues Capet au trône (987), ne nous a guère laissé que des notions traditionnelles sur la plupart des généalogies seigneuriales de ces temps reculés.

L'origine des seigneurs de Sévérac se perd dans l'obscurité du Xe siècle. Ce qui est certain c'est que les *barons de Sévérac*, (c'est le premier nom qu'ils portèrent), descendaient d'une illustre race. Dès leur apparition sur la scène politique, on les voit figurer avec tous les caractères de puissance et de splendeur qui distinguaient la noblesse de premier ordre [1].

Andoque [2] prétend que les *de Sévérac* descendaient

(1) H. de Barrau. *Documents historiques sur les familles et hommes remarquables du Rouergue.* I, 469.

(2) *Histoire du Languedoc*, p. 292.

des rois d'Aragon; de Gaujal [1] le conteste. En vérité cela paraît impossible car la famille de Sévérac est plus ancienne en Rouergue que celle d'Aragon, dont on voudrait les faire descendre. En effet, le premier prince de cette maison, qui fut vicomte de Millau, était Raimond Bérenger, comte de Barcelone qui, en 1102, épousa Doulce fille de Gilbert, vicomte de Millau, et l'on trouve, dès 1003, un Gui de Sévérac.

Andoque appuie son opinion sur ce fait que les d'Arpajon, qui ont succédé aux biens de la maison de Sévérac, *écartèlent d'Aragon, qui est d'or à trois pals de gueules*. Mais cet historien peu sûr, qui, d'après dom Vaissette, « mêle le vrai avec le faux », se trompe ici deux fois : d'abord, les armes de la maison d'Aragon étaient d'or à *quatre* et non à *trois* pals de gueules et puis celles de la maison de Sévérac étaient d'*argent* à quatre pals de gueules.

Il est probable cependant que la première famille *de Sévérac* descendait des premiers vicomtes de Millau, qui possédèrent cette vicomté avant les comtes de Barcelone. Cette présomption est fondée sur ce que, en 937, la contrée connue sous le nom de Sévéraguais faisait partie de la vicomté de Millau. Plus tard elle fut encore de la mouvance des vicomtes. [2]

Quoi qu'il en soit, les seigneurs de Sévérac furent pendant longtemps une des maisons les plus puissantes du Rouergue. Leur domination s'étendait depuis Saint-Chély de Lozère jusques aux portes de Rodez, ils présidaient la noblesse dans les états de province.

« On voit encore, dans les archives du château, plusieurs monuments qui leur confirment ce privilège. Ils étaient alliés des comtes de Rodez, des vicomtes de Narbonne, de ceux de Millau et de plusieurs autres seigneurs de leur rang. On a même pré-

---

(1) de Gaujal. *Etudes historiques sur le Rouergue.* iv, 119.
(2) de Gaujal, iv, 120.

tendu que Déodat de Sévérac, qui vivait en 1212,
épousa Constance de Toulouse qui avait été mariée
à Sanche VI, roi de Navarre ». [1]

Deux familles ont porté successivement le nom
de *de Sévérac* et leurs membres ont été seigneurs
de cette ville forte. Nous allons raconter ce que nous
savons de leur histoire.

* * *

Première famille — Armes : d'argent à quatre
pals de gueules.

Gui 1ᵉʳ de Sévérac. — Plusieurs de nos historiens
affirment que le premier seigneur de Sévérac connu
est *Déodat* ou *Deusdet* 1ᵉʳ qui vivait en 1070. Seul
M. de Gaujal [2] croit que, vers 1050, il existait un
Gui, seigneur de Sévérac.

Des documents, découverts depuis, nous permettent de remonter plus haut et établissent de manière
certaine qu'aux environs de l'an 1000 il y avait
déjà à Sévérac un seigneur nommé Gui.

C'est lui qui fonda, dans cette ville, un couvent
de religieuses bénédictines. Des actes trouvés à nos
archives départementales et une charte de l'abbaye
de Saint-Châffre, (1ᵉʳ mars 1103) jusqu'ici peu connue ou mal interprêtée, ne laissent plus aucun doute
sur ce point discuté de notre histoire.

Ce dernier document [3] dit que Gui, « noble et
puissant homme et qui était seigneur de ce pays »,
n'ayant pas de descendance masculine, forma le
projet, de concert avec sa femme Aldoinde, de consacrer à Dieu, dans la vie religieuse, deux de ses
filles.

Dans ce but, il fit bâtir, « au bas et au sud » [4] de la

---

(1) Bosc 312. *Histoire du Languedoc*, III, 232.
(2) *Etudes Historiques*, III, 232.
(3) *Cartularium S. Theofredi.* § 394, p. 136.
(4) « *In pacte inferiori à playà australi.* » ibid. p. 136.

place forte de Sévérac, une église et un monastère
« dédiés au Saint-Sauveur et à sa très-bienheureuse
Mère ». Le monastère fut placé sous la régle de S.
Benoît. Gui prit en même temps sur ses propres
biens, pour doter l'église et le monastère, les domaines et les rentes qui lui parurent suffisants [1].

Un acte de transaction au sujet de l'Aumône,
signé par Mgr de Paulmy, évêque de Rodez, et le
duc Louis d'Arpajon, du 2 juillet 1668, dit à son
tour que Gui de Sévérac dota le monastère « de plusieurs et grands domaines, rentes et revenus nobles
et allodiaux, tant pour l'entretien des susdites religieuses, y servant Dieu, que pour nourrir les pauvres, recevoir les étrangers et pèlerins... A laquelle
fondation autres personnes nobles et pieuses auraient
donné certains autres domaines et rentes pour plus
facilement subvenir à l'entretien des fondations. » [2]

A quelle date fut fondé le couvent des bénédictines ?

L'abbé Bosc [3] dit vers le milieu du XIe siècle.
H. de Barrau et de Gaujal [4], qui vraisemblablement
n'ont connu la charte de Saint-Chaffre que par des
écrits de seconde main, qui l'avaient mal interprêtée, placent cette date au 1er mars 1103.

C'est, au contraire, ce jour-là que le couvent des
religieuses fut fermé.

En quelle année Gui 1er en avait-il fait la fondation ?

D'après un *Mémoire* qui se trouve aux Archives
départementales [5] c'est aux environs de l'an 1011.

Un second *Mémoire* [6] reproduit en partie l'acte

(1) *Cartulaire de S. Chaffre.* p. 136.

(2) Cet acte se trouve aux archives de la famille de Lescure,
à Lavernhe-de-Sévérac.

(3) *Mémoires*, 312.

(4) *Etudes Historiques et généalogiques.* i, 470.

(5) L. G. 328.

(6) *Arch. Dép. Inventaire* dressé par M. Lempereur, ar-
chiviste-paléographe.

par lequel Gui de Sévérac cède « de ses biens » aux religieuses de Saint-Sauveur les villages de Romagnac, de Villeplaine, de Bellas, d'Huguiès, du Villaret, etc. Cet acte porte, en toutes lettres, la date de 1003.

Ces dates concordent pleinement avec ce que nous lisons dans la charte du cartulaire de Saint-Châffre. Celle-ci nous apprend, en effet, que cinq abbesses se succédèrent à la tête du couvent des bénédictines. Le gouvernement de la première, fille du fondateur, fut très long; le texte dit qu'il dura « de nombreux jours. » Il n'est pas impossible, vu qu'elle dut entrer au couvent à un âge relativement jeune et qu'elle fut immédiatement placée à sa tête, qu'elle y ait vécu pendant quarante ans et même plus. Il suffirait ensuite, pour que cette maison ait duré un siècle (de 1003 à 1103), que les dernières abbesses l'aient gouverné chacune pendant une moyenne de quinze ans.

Après entente avec l'évêque de Rodez, les seigneurs de Sévérac se réservèrent le droit de nommer l'abbesse du monastère. La première fut Adalburge, fille aînée du fondateur. A sa mort, sa sœur lui succéda, et, après elle, trois autres, originaires du lieu de Sévérac [1].

Déodat ou Deusdet 1er *de Sévérac*. — Il vivait en 1070 et est mentionné dans une donation faite par Bérenger II, vicomte de Millau [2] Nous n'avons aucun autre détail concernant sa vie.

Les historiens qui placent la fondation du couvent des bénédictines en 1103, disent que Déodat Ier eut pour successeur Gui Ier dont ils ne savent rien

(1) Bosc. *Mémoires*, 312.
(2) *Archives de Millau.*

sinon qu'ils lui attribuent, la fondation de ce monastère. Nous pensons que ce seigneur n'a pas existé, du moins à cette époque. Il n'est pas autre, d'après nous, que le vrai fondateur qui vivait après l'an 1000. Si nos historiens le reportent plus tard, c'est uniquement pour le besoin de leur thèse.

***

DÉODAT II DE SÉVÉRAC, dont la femme s'appelait Ermengarde, eut quatre enfants nommés Gui, Hugues, Gagon et Déodat.

De son temps, la ferveur première des Bénédictines s'était totalement relâchée. On s'en étonnera moins si on sait qu'à cette époque il n'était pas rare que des jeunes filles fussent envoyées au couvent par voie d'autorité de leurs parents et sans consulter leur inclination.

A la mort de la dernière abbesse, on ne trouva dans la communauté aucune religieuse jugée digne de lui succéder. Une d'elles cependant ayant été élue, on découvrit qu'elle était parvenue jusque-là à cacher une vie de véritable désordre. Même les biens du monastère, par suite d'incurie et de vols, commençaient à manquer. [1]

Un si triste état de choses ne pouvait durer; aussi Déodat II, après en avoir délibéré avec les hommes nobles de la ville, résolut d'y porter remède.

A ce sujet, il s'est créé une légende que, presque tous les historiens : Bosc, H. de Barrau, Touzery, [2] etc., ont acceptée de confiance et comme de l'histoire. Le premier qui paraît l'avoir écrite est Jean Costes, viguier et garde-archives du château avant la Révolution. [3]

---

(1) *Cartulaire de S. Chaffre.* Voir la charte aux *Pièces documentaires*, à la fin du volume.

(2) *Bénéfices du diocèse de Rodez.*

(3) Cité par H. de Barrau, I. 470.

Cette légende raconte que, sur l'initiative du seigneur de Sévérac et par ordre de l'évêque de Rodez, les religieuses folles furent toutes enfermées dans une maison du village de Bellas, paroisse de Saint-Dalmazy.

Le nom même du village, *Bellas, les Belles*, a dû favoriser la création de la légende. Quelqu'un sans doute a supposé d'abord que c'est là que ces femmes furent enfermées et, plus tard, l'hypothèse s'est changée en opinion historique.

La vérité est toute différente.

Déjà l'abbé Bousquet, [1] se basant sur un titre du château de Sévérac, avait écrit « que le patron et l'évêque de Rodez trouvèrent à propos de placer l'abbesse et les religieuses dans d'autres monastères de l'ordre de Saint-Benoît. »

Le cartulaire de Saint-Châffre ne laisse aucun doute sur ce fait

Il est dit que Déodat de Sévérac, après en avoir conféré avec les hommes nobles de la place forte, appela près de lui *Vuilhermus* ou *Vilhelmus*, abbé du monastère de Saint-Châffre et le pria de prendre les moyens pour ramener à une vie meilleure des religieuses « qui erraient comme des brebis sans pasteur. »

Celui-ci, ne croyant pas pouvoir agir sans avoir pris conseil et avoir reçu l'ordre de l'évêque de Rodez, convoqua Adémar, évêque de cette ville, qui vint avec son archidiacre, Odalric.

L'avis de Déodat et de Vilhelmus ayant été pleinement approuvé, on eut soin encore de consulter les religieuses elles-mêmes et de leur demander si elles agréaient les projets qu'on avait formés pour leur propre bien. Celles-ci acceptèrent unanimement. C'est alors que l'abbé Vilhelmus les envoya dans d'autres ferventes maisons religieuses soumises à sa juridiction.

(1) Notice Historique, p. 62.

Le même jour, 1er mars 1103, après avoir pris l'avis de l'évêque Adémar et d'Odalric, son archidiacre, et avoir tenu une assemblée à laquelle prirent part : Déodat, seigneur de Sévérac, sa femme Ermengarde, leurs quatre fils, Gui, Hugues, Gagon et Déodat, tous les hommes nobles « et tout le peuple de la place forte » [1] (on consultait donc le peuple à cette époque), il fut décidé que des moines de l'abbaye de Saint-Théofrède succéderaient aux religieuses bénédictines, dans leur maison de Sévérac, et hériteraient de leurs biens. L'acte qui les en investit porte la signature de nombreux témoins : Richard, vicomte et son frère Girbert; Ugolin, ses fils et sa femme; Raymond et Vilhelmus, frères; Pierre et Gausbert, frères,; Hugon, Adalbert, Bernard, Rostaing, et autres présents qui donnent leur consentement.

« Ce don fut fait la première férie du mois de mars, de l'an de l'Incarnation du Seigneur 1103, indiction 7e, lune 20e, régnant Philippe, roi des Francs. » Les religieux prirent possession du couvent de Sévérac le 20 mars 1104.

Trois ans après cette fondation, par acte du 3 mars 1106 [2], l'évêque Adémar fait don à perpétuité à l'abbaye de Saint-Châffre et à l'église de Saint-Sauveur de Sévérac, dont Etienne était alors *prieur*, de l'*église paroissiale* de Saint-Chély et de la chapelle de Saint-Jean du Château.

C'est donc à tort que H. de Barrau fixe la création du prieuré de Sévérac seulement en 1116.

Vers cette époque, les églises de Saint-Dalmazy et de Gaillac furent également données aux bénédictins de Saint-Châffre.

Dans une bulle du pape Clément IV, sont énoncées comme relevant de ce monastère les églises suivantes, du diocèse de Rodez : « l'église de Sévé-

---

(1) « Cœterisque nobilibus viris cum omni plebe castrensi. *Cart. S. Ch.* p. 137.

(2) Le texte aux *Pièces documentaires*, page 387.

rac avec ses dîmes et redevances, les églises de
Saint-Dalmazy, de Saint-Hilaire, de Bonneterre,
l'église de Gaillac avec ses dîmes, terres, vignes,
pâtures, bois et toutes ses appartenances. » [1]

Le monastère de Sévérac contribuait à l'entretien du vestiaire de Saint-Châffre par le payement
d'une redevance annuelle de 30 sols. Avec les monastères de Sainte Enimie et de Saint-Pierre du
Puy, Sévérac était l'un des plus lourdement imposés. Bonneterre ne payait que 5 sols. [2]

A l'époque de Déodat II de Sévérac, vivaient :
Hugues de Sévérac qui donna à l'abbaye de Bonnecombe diverses possessions qu'il avait à Fréjamaïoux, à Carbasse et dans les environs de Trémouilles.

Dieudonné de Sévérac, abbé de la célèbre abbaye
de Saint-Victor de Marseille.

Raymond de Sévérac, frère de Déodat, dont
l'existence nous est révélée par un titre de 1147. [3]
C'est le mariage de sa fille, nommée Plaz, avec
Raymond d'Aigrefeuille. Ce titre est précieux
parce qu'il jette quelque jour sur la famille et
les biens de la maison de Sévérac en ces temps reculés et qu'il est le plus ancien monument
écrit des actes de mariage de la province. Il nous
apprend que Raymond de Sévérac possédait une
partie du château de ce nom. Il avait des possessions non seulement dans tout le mandement de
Sévérac, mais encore jusqu'à Saint-Beauzély et à
Montpaon. Il y est dit que, dès cette époque, Altès

____

(1) *Cart. de S. Châffre*, p. 193.

(2) Le vestiaire devait fournir aux moines non seulement
leurs habits, mais aussi les menus objets : couteaux aiguilles,
grattoirs, tables, etc. *Cart. S. Ch.* p. p. 35 et 36.

(3) H. de Barrau. I. 471.

avait une église, ainsi que Saint-Dalmazy; pour cette dernière paroisse, la même sans doute que celle qui existe aujourd'hui.

****

Gui II de Sévérac. — On a prétendu qu'il avait épousé une des sept filles de Gilbert, comte de Barcelone [1]. Cela ne paraît pas possible. En effet, Gilbert vivait à la fin du XIe siècle. Il mourut en 1108 [2]. Raymond Bérenger, comte de Barcelone, épousa une de ses filles nommée Douce 1re. Si un Gui de Sévérac en épousa une autre, ce ne peut être celui dont nous parlons, car il vécut bien plus tard.

Quoi qu'il en soit, une guerre ayant éclaté entre Alphonse, roi d'Aragon, et Raymond, comte de Toulouse, Gui II de Sévérac, parent de Raymond Bérenger III, vicomte de Millau et frère du roi d'Aragon, fut entraîné à y prendre part afin de soutenir Alphonse. Ce fut pour son malheur.

En effet, Adémar, fils de Sicard, seigneur de Murviel, qui tenait le parti du comte de Toulouse, ayant marché, en 1181, à la tête d'un certain nombre de chevaliers, se mit en embuscade, surprit Raymond-Bérenger, aux environs de Montpellier, et le tua, le jour de Pâques, 5 avril 1181, avec Gui de Sévérac qui l'accompagnait [3].

****

Gui III de Sévérac, fils du précédent, chevalier, confirma, en 1189, la donation de l'église de Pierrefiche, que son père avait faite à dom Pierre Ier, abbé de Bonneval. Il avait épousé Béatrix,

---

(1) C'est ce que rapporte *Gaufridus, prior Vosiensis.* Hist. du Lang. vi, 93, ainsi que H. de Barrau. i, 372.

(2) De Gaujal. i, 237.

(3) *Hist. du Lang.* vi, 93.

héritière de la puissante maison de Canillac, en Gévaudan, dont il n'eut qu'une fille, nommée Irdoine de Sévérac. Celle-ci épousa d'abord Guillaume, comte de Rodez, qui mourut en 1208. L'année suivante, Irdoine se remaria avec Déodat de Caylus, de l'illustre famille dont le château dominait la ville de Saint-Affrique. Ce Déodat prit le nom et les armoiries des de Sévérac et fut ainsi appelé à perpétuer la descendance de cette maison [1].

Gui III fut le dernier de la première famille des de Sévérac. Il vivait encore en 1209, ainsi que nous le voyons par un acte du 10 juin de cette année, passé au château de Verrières, par lequel il donne à Déodat, son gendre, l'usufruit du château de Saint-Gervais, au diocèse de Mende, et de toutes ses dépendances.

(1) Codicile du testament d'Irdoine. Titres de la maison de Sévérac.

CHAPITRE II

Les « de Sévérac-Caylus » — Déodat III, hérétique albigeois — Siège de Sévérac par Simon de Montfort — Les seigneurs de Sévérac aux Croisades.

Déodat de Caylus, dit *Casluron*, qui prit le nom de *Déodat III de Sévérac*, aurait épousé d'abord, d'après certains historiens, Constance de Toulouse, répudiée par Sanche VI, roi de Navarre. Il est vrai que ce fait est contesté. Son mariage avec Irdoine, veuve de Guillaume, comte de Rodez, est certifié par un codicile du testament d'Irdoine et un titre fort ancien du couvent de Bonnecombe.

Un acte du 4 des ides de mars 1215, relate que Irdoine de Sévérac et Déodat, son mari, vendirent à Pierre, évêque de Rodez, le château de Corrozarguas (Coussergues), avec toutes ses appartenances, pour la somme de 8.450 sous de la monnaie de Rodez. Cette vente fut passée dans le réfectoire des religieux de Sévérac.

En 1221, Irdoine et Déodat III rachetèrent le château même de Sévérac, pour la somme de 2.100 sous rodanois, à Guillaume de La Tour qui devait en avoir hérité de son oncle Hugues de Sévérac, frère de Gui II

Du mariage d'Irddoine et de Déodat III naquirent deux enfants nommés Gui et Déodat, et deux filles : Guize et Béatrix.

Par son testament du 1er novembre 1220, Irdoine, après avoir fait plusieurs dispositions pieuses, lègue 2.000 sous à sa fille Guize et 300 marcs d'argent à Béatrix; elle établit ensuite son fils Gui héritier du château de Sévérac et ses appartenances, qu'elle tenait de son père, et son second fils Déodat héritier du château et de tous les domaines de Canillac, qu'elle tenait de sa mère. [1]

Déodat III de Sévérac abjura le catholicisme pour embrasser l'hérésie des Albigeois. Ce fut la cause, pour nos pays, de troubles et grands malheurs que nous allons raconter.

Auparavant, rappelons en quelques mots en quoi consistait cette hérésie.

Certains manuels qu'on met entre les mains des enfants, justement condamnés parce qu'ils faussent l'histoire, représentent les Albigeois comme des gens pacifiques et de mœurs pures. Ils furent, disent-ils, persécutés par l'Église parce qu'ils « ne comprenaient pas la religion chrétienne de la même manière que les catholiques. » [2]

La vérité est toute différente. Cette hérésie contenait un ensemble de grossières erreurs provenant, à travers les siècles, de l'abominable doctrine des Manichéens, hérétiques des premiers temps du christianisme. D'après les Albigeois, ainsi dénommés parce qu'Albi était le centre et comme la capitale de la secte, il n'existe pas de responsabilité morale. Une partie des hommes doit irrévocablement être sauvée; l'autre doit fatalement être damnée. Ces hérétiques étaient divisés en deux catégories : les *parfaits* qui affichaient extérieurement une vie austère et les autres qui pouvaient

---

(1) « Guizo mo fill faz e establisse here el castel de Severac e en tols sos pertenemens e en tota la terra que fo de mon paire... Dausde mo fill faz e establisse here el castel de Canillac et de tots sós pertenemens et en tota la terra que fo de ma maire. » *Testament d'Irdoine.*

(2) Aulard et Debidour. *Cours moyen,* p. 29.

impunément se livrer à tous les désordres et recevoir, à la mort, le pardon de leurs fautes par la seule imposition des mains d'un *parfait*, sans avoir besoin de se repentir.

Non seulement pareille doctrine était la négation totale du dogme catholique, mais elle tendait encore à bouleverser la société et à la ramener à la barbarie. Les Albigeois prohibaient le mariage, niaient la famille et poussaient leurs adeptes au suicide sous prétexte que, la vie étant mauvaise, il faut s'en débarrasser au plus tôt.

Il était urgent d'arrêter un mal qui déjà mettait en révolution tout le Midi de la France. Le pape Innocent III envoya des missionnaires, parmi lesquels saint Dominique, qui s'efforcèrent de ramener les hérétiques par la persuasion. Ce fut en vain. Raymond VI, comte de Toulouse, chef des Albigeois, répondit en faisant assassiner le légat du Pape, Pierre de Castelnau.

Voyant que le droit des gens était violé ouvertement, le pape fit alors prêcher la croisade. La guerre qui s'en suivit était juste; elle fut malheureusement poussée de part et d'autre avec une rigueur qu'expliquent les mœurs du temps et l'exaspération des partis. [1]

Le commandement des armées catholiques fut confié à l'illustre comte Simon de Montfort qui battit les Albigeois dans une foule de rencontres. Devenu maître de Toulouse par la victoire de Muret (1212), il vint faire la guerre aux hérétiques dans le Quercy et le Rouergue.

Déodat III avait vraisemblablement entraîné dans l'hérésie un grand nombre d'habitants de Sévérac.

Avec une armée de soldats mercenaires et d'aventure, appelés *routiers*, qu'il avait réunis et qu'il

____

(1) Jean Guiraud. *Histoire partiale. Histoire vraie.* 1 vol. ch. XXIII, p. 264 et suiv.

commandait, il terrorisait le pays et exerçait au loin des ravages.

Un chroniqueur de l'époque, Pierre de Vaulx-Cernay [1], dit qu'il infestait « non seulement le diocèse de Rodez mais encore toute la contrée environnante jusqu'au Puy. »

Simon de Montfort, se trouvant à Rodez en 1214, fit sommer le seigneur de Sévérac de cesser ses brigandages et de lui faire sa soumission. Déodat répondit par un refus hautain. Il comptait, pour se défendre, sur sa citadelle qui paraissait imprenable et sur la rigueur de l'hiver qui devait empêcher l'ennemi de tenir un long siège.

Immédiatement Simon décida de marcher sur Sévérac avec son armée. Voici le récit de l'expédition par Pierre de Vaulx-Cernay [2].

« Une nuit, Gui de Montfort, frère de Simon, prenant avec lui chevaliers et servants, sortit de Rodez et se porta nuitamment sur le château de Sévérac dont, à l'aube du jour, il envahit subitement le bourg inférieur, le prit d'un coup et s'y logea ; sur quoi les gens de ce bourg, qui s'étendait en dehors de la forteresse (mais dans l'intérieur des remparts), sur le penchant de la montagne au faîte de laquelle elle était située, se retirèrent dans la citadelle. Ainsi Gui occupa le dit bourg, de peur que les ennemis (les soldats de Déodat III) ne voulussent y mettre le feu à l'arrivée de l'armée laquelle, étant venue avec le comte Simon à Sévérac, trouva ce lieu en son entier et contenant bon nombre de maisons propres à recevoir nos soldats qui s'y établirent et formèrent le siège.... Peu de jours après nos gens dressèrent une machine dite *perrière* et la firent jouer contre le château, où fut pareillement, par les assiégés, élevée une pareille

(1) *Histoire des Albigeois*, ch. 80.

(2) *Ibid.* Cité par de Gaujal. II vol. p. 92 et 93.

machine dont ils se servaient pour nous nuire autant que possible.

Ni est-il à omettre qu'ils étaient privés de vivres à ce point qu'ils souffraient d'une disette, outre que le froid et l'âpreté de l'hiver les affligeaient tellement, presque nus qu'ils étaient et mal couverts, qu'ils ne savaient que faire.

Au demeurant, si quelqu'un s'étonne de leur misère et pauvreté, il saura qu'ils furent si à l'improviste attaqués qu'il ne leur avait pas été possible de se munir d'armes et de provisions. En effet, ils n'imaginaient pas, comme nous l'avons dit, que les nôtres (les catholiques) pussent tenir le siège au milieu de la rude saison et dans un lieu où elle était si rigoureuse. Finalement, quelques jours après, exténués de faim et de soif, mourant de froid et de nudité, ils demandèrent la paix.

Après longues et diverses disputes sur le genre de composition, les Croisés, comme le seigneur du château, se rangeant à l'avis des gens de bien, convinrent qu'il rendrait la place au comte Simon de Montfort qui lui-même la livrerait en garde à l'évêque de Rodez et à un certain chevalier nommé Pierre Brémont. Ce qui fut fait. »

Les conventions étant signées, Simon de Montfort se montra fort libéral. Il rendit spontanément au seigneur de Sévérac toutes les terres dont s'était emparé son frère Gui de Montfort, à la seule condition qu'il ne serait fait aucun mal aux hommes qui les cultivaient pour le fait d'avoir fait leur soumission à Gui. Le chef des Croisés fit plus : il rendit le château de Sévérac à Déodat III après avoir reçu son hommage et son serment de fidélité.

Le vieux chroniqueur termine par ces mots : « N'oublions pas de dire que, par la reddition de ce château, la paix et le repos furent ramenés dans tout le pays, ce dont Dieu doit être loué grandement et aussi son très-fidèle athlète, savoir le très-chrétien comté Simon de Montfort. »

Pendant le siège de Sévérac [1], fut signée, le 16 novembre 1214, une convention entre Simon de Montfort et les évêques de Rodez et de Mende, en vertu de laquelle lesdits évêques mettaient sous la garde et protection de Simon de Montfort les châteaux de La Roque-Valzergues et de Saint-Geniez. Simon s'engageait à les rendre plus tard moyennant la somme de 9.000 sous melgoriens qui lui serait payée pour ses dépenses. [2]

***

GUI IV DE SÉVÉRAC. — Déodat III eut pour successeur son fils Gui IV qui épousa, en 1232, Richarde, fille d'Hector de Panat. De ce mariage naquirent sept enfants : Gui V, Hector, prêtre, Alzias, Déodat, un autre Gui, Guischarde et Pierre.

Nous ignorons la date à laquelle Gui prit la succession de son père. Le 3 mai 1244, dans l'église de La Canourgue, il rendit hommage à l'évêque de Mende pour les châteaux de Lévéjac, de Dolan et du Recous, en présence de Pierre Amblard, de Bernard de Cénaret et de Guillaume de Mostuéjouls, chevaliers. [3]

Lui-même fut fait chevalier aux fêtes de Noël de la même année, dans une cour plénière que tint à Toulouse le comte Raymond VII.

---

(1) « *Actum in obsidione Severiaci.* »

(2) La monnaie *melgorienne*, en cours au Moyen-Age, était ainsi nommée parce qu'elle était frappée au château de *Melgueil*, en latin *Melgorium* aujourd'hui Mauguio (Hérault) (*His. du Languedoc*. t. VIII, p. 658).

(3) *Arch. du Comté de Rodez*. L'acte est rapporté dans l'*Histoire du Languedoc*.

Il souscrivit, en 1249, au testament du comte de Toulouse et de Rouergue. Des dix sceaux que porte l'acte, celui de Gui de Sévérac est le premier, du côté droit.

Ce même Gui IV adressa, en 1260, à Alphonse, comte de Toulouse, une plainte fort vive contre Vivian, évêque de Rodez. Il se plaint amèrement contre ce prélat, l'accusant de divers griefs, en particulier d'abuser de l'emploi des peines canoniques contre prêtres et fidèles et de se montrer dur dans l'exigence de ses droits. [1]

Au mois de juin 1270, Gui IV, qui était bon pour ses sujets et qui se disposait à partir pour la Croisade, affranchit de la *taille* et de la *toulte* les habitants de Sévérac et de son mandement. [2] Le 3 novembre de l'année précédente il avait réduit, pour le temps de paix, de *douze à deux*, le nombre des hommes que les habitants de Sévérac devaient fournir pour la garde du château. [3] En même temps, la quantité de blé que devaient donner les habitants pour la nourriture des gardes, appelés *guaches*, fut aussi réduite d'une demi-émine par habitant à un total de 20 setiers. Le setier de blé qu'on payait annuellement pour chaque paire de bœufs fut réduit de moitié. [4]

(1) L'abbé Bosc. *Mémoires*, p. 313 et suiv., donne le document en entier.

(2) La *taille* était une contribution annuelle due par les vassaux à leur seigneur et qui ne devint fixe que lors de l'émancipation des Communes.

La *Toulte* ou *tolte* était une certaine redevance payée par les vassaux, dont la légitimité était très contestée et qui n'était souvent perçue qu'avec de grandes difficultés. (H. Affre. *Dictionnaire des Institutions, mœurs et coutumes du Rouergue.*)

(3) J. A. Molinié, p. 54.

(4) Cet acte fut reçu à Sévérac, devant la porte de l'église Saint-Sauveur, par Pierre Fabri, notaire. Déodat Hugonenq,

Gui IV, craignant sans doute que ses libéralités ne fussent pas maintenues après lui, voulut qu'elles fussent approuvées par sa femme Richarde et son fils Gui V, qui devait lui succéder. [1]

Ces diverses réductions furent si appréciées par le peuple, que, plus tard, les consuls qui se succédaient demandaient leur maintien à chaque renouvellement d'hommage.

Une pièce tirée des archives du Domaine de Montauban, parle de Gui IV à une époque où les seigneurs se faisaient souvent des guerres acharnées pour vider des querelles particulières, au grand détriment des populations qui leur étaient soumises. C'est une procuration de l'an 1270 de Pierre del Brolh, du village del Fau, faite à son fils pour que ce dernier reçoive de Gui de Sévérac des dédommagements pour la perte qu'il lui avait causée, au village de Gauriazel, par incendies, rapines et autres excès commis par ses soldats au temps où il faisait la guerre à Raymond de Panat. La perte se montait à plus de mille livres. [2]

Les Seigneurs de Sévérac et les Croisades. — Un écrivain a dit que les Croisades furent la grande épopée du christianisme au Moyen-Age. Si le grand nombre parut échouer et n'obtint pas le but immédiat pour lequel elles étaient faites, les résultats

Raimond Petit, Pierre Guiral et Guillaume de Solabre, traitèrent pour les habitants du lieu et du mandement. — Dr Molinié, p. 55.

(1) Gui donna son approbation le jour même où fut passé l'acte; Richarde le fit, le 6 juillet suivant, à Montpellier, dans le jardin de Michel Pelet.

(2) Archives du Domaine de Montauban. H. de Barrau. I, 277.

généraux en furent inappréciables au point de vue religieux, politique, social et même scientifique et littéraire. Ce n'est pas ici le lieu de les expliquer en détail. Rappelons seulement que ces expéditions militaires soulevèrent un grand enthousiasme soit parmi les gentilshommes, soit parmi le peuple et toutes les classes de la société. Le Rouergue fournit un grand nombre de combattants. A la première Croisade, Raymond, comte de Toulouse, conduisit une armée de cent mille hommes levée dans ses Etats dont notre pays faisait partie.

Il est très probable, pour ne pas dire certain, que les seigneurs de Sévérac, accompagnés de plusieurs de leurs vassaux et de leurs hommes d'armes, durent prendre part à beaucoup de ces lointaines et glorieuses expéditions. Grand nombre de documents, où étaient relatés les noms des plus célèbres croisés, sont aujourd'hui perdus; non pas tous cependant.

Nous savons, par de vieux parchemins qu'un *Raymond de Sévérac* prit part à la première croisade de saint Louis, en 1248.

Gui IV se croisa à son tour en 1270. Sa présence à cette croisade est constatée par un titre original des annales du royaume. Son écusson figure dans une salle du Musée de Versailles.

Il paraît que ses terres ne furent guère respectées pendant son absence. En 1271, le baille de Sévérac se plaignait de ce que « le baille de Peyrusse avait mis ses hommes au château de Sévérac au préjudice de Gui qui était alors *au service de Dieu contre les infidèles* et de ce qu'il était venu avec des hommes armés envahir le village de Lapanouse et forcer l'église contre les défenses du roi. » [1]

Certains historiens, parmi lesquels H. de Barrau, [2] affirment que Gui IV mourut dans le voyage de Jérusalem.

(1) *Archives* du Domaine de Montauban.

(2) D'après les *archives* du château de Sévérac.

D'autres [1] prétendent qu'il revint de Terre-Sainte et vécut encore quelque temps à Sévérac. La preuve en serait une pièce datée du mois de juin 1274 d'après laquelle son fils Gui V « *de l'ordre et consentement de son père et tant en son nom qu'en celui de son dit père* », affranchit de la *taille* et de la *toulte* les habitants de Lapanouse et du mandement. Si Gui IV vivait encore à cette époque, il n'était donc pas mort à la Croisade.

Guɪ V succéda comme seigneur de Sévérac à son père Gui IV. Il épousa, vers 1273, Gaillarde de Bruniquel, fille de Barthélemy de Tolose, qui lui porta en dot 30.000 sous et des terres assez considérables.

Il eut sept enfants : Gui VI, qui lui succéda, Déodat, Alzias, Raymond auquel son père donna, en 1282, le château de Novis, Bertrand, Richarde, mariée au baron d'Estaing, et Hélène. H. de Barrau pense que Dieudonné de Sévérac, évêque de Castres vers 1319, était aussi fils de Gui V.

Dans son testament, fait en 1282, Gui V impose à son fils, Gui VI, dit Guion, l'obligation d'envoyer au secours des Lieux-Saints un chevalier portant son nom et à ses frais, jusqu'à concurrence de 3.000 sous tournois et plus, s'il était nécessaire. Ce chevalier devait y passer deux ans.

Marchant sur les traces de son père, Gui VI concéda certaines libertés à divers sujets de son mandement. Aux habitants de Lapanouse, outre la taille et la toulte, il fit diverses concessions au sujet des herbages, des bois et des eaux moyennant l'albergue de deux cents sols. Ceux-ci, de leur côté, libérèrent les seigneurs de Sévérac des injures et vexa-

(1) Abbé Bousquet, p. 19.

tions dont ils pouvaient être coupables envers la communauté.

Les croisés avaient apporté d'Orient le mal terrible de la *lèpre* qui, à cette époque, fit des ravages en Rouergue. Pour soigner les malheureux qui en étaient atteints et supprimer la contagion, on construisit un peu partout des *léproseries* ou *maladreries*.

En 1282, il y en avait trois sur les terres du seigneur de Sévérac, probablement fondées et entretenues par lui : une à Sévérac, une à Lapanouse et une à Belcayre près Combret de Marcillac.

CHAPITRE III

*Les seigneurs de Sévérac et la guerre de Cent-Ans. —
Les routiers. — Siège de Compeyre.*

Gui VI, baron de Sévérac, épousa, en 1293,
Béatrix de Béziers dont il eut un fils qui mourut
empoisonné et deux filles : Richarde, morte vers
1326 et Saurine de Sévérac.

Il porta les armes, en 1303, sous le comte d'Artois. Il fut, la même année, député de la noblesse
aux Etats du Rouergue, convoqués à Montpellier
par Philippe le Bel, dont le pape Innocent III menaçait de mettre le royaume en interdit.

En 1307, une rixe ayant eu lieu au village de La
Bastide, terre soumise au baron de Sévérac mais
située en Gévaudan, la cour commune fit une enquête à ce sujet. Gui de Sévérac protesta, soutenant
que toutes ses terres ressortissaient du sénéchal du
Rouergue de temps immémorial, même celles qui
étaient dans le diocèse de Mende. [1]

Il mourut en 1319 sans laisser d'enfants mâles,
ayant institué pour son héritier le premier enfant
de son frère Déodat.

Ses filles plaidèrent longtemps pour sa succession. Elles cédèrent enfin, par transaction du 5 mai
1352, moyennant certains biens qu'on leur concéda.

**

Déodat IV, frère de Gui VI, lui succéda. Il
avait épousé, en 1324, Jeanne, fille d'Amalric II,

(1) *Hist. du Languedoc.* t. ix, p. 296.

vicomte de Narbonne [1] qui lui survécut et termina les procès au sujet des terres de Sévérac.

Leurs enfants furent : Gui VII, Amalric de Sévérac, archidiacre d'Albi et de Rodez, mort en 1399; Déodat, chanoine de Narbonne; Gaillarde, mariée à Bertrand de Montal, seigneur de Roquebrou; Alzias de Sévérac, seigneur de Belcayre et d'Espeyrac, qui contribua beaucoup à chasser les Anglais de Guienne et à rétablir l'autorité du roi de France, Jean le Bon. En reconnaissance, Charles V lui fit don, en 1369, de tous les biens qu'un officier du prince de Galles avait à Combret. Alzias fut le père d'Amaury, maréchal de France.

Déodat IV, ayant dissipé beaucoup de biens dans ses procès avec ses nièces, mourut fort endetté.

***

Gui VII, baron de Sévérac, s'allia à Delphine de Canillac, seconde fille de Marquês, seigneur de Canillac et d'Alix de Poitiers. On lit dans l'*Histoire du Languedoc* [2] qu'en 1339, année de sa mort, il eut recours au roi de France pour forcer les habitants de sa seigneurie à contribuer pécunièrement aux frais que lui imposaient diverses convocations qu'il était obligé de faire. Il fit son testament le 29 août 1339 et mourut avant la naissance de son fils Gui VIII, qui lui succéda.

***

Gui VIII, dit le *Posthume*, baron de Sévérac, se maria, le 2 novembre 1364, avec Jeanne, dauphine d'Auvergne, fille de Bernard Ier, dauphin

---

(1) *Ibid.* t. x. p. 1426.
(2) tom. ix, p. 514.

d'Auvergne et comte de Clermont. Après la mort de sa mère et de Marquès, seigneur de Canillac, son aïeul, il transigea avec Roger, comte de Beaufort, au sujet de la succession de sa mère et ent les terres de Chaudesaygues, de Ferrières et de Mories.

Gui VIII vivait à l'époque de la guerre de Cent-Ans (1337-1453). Il prit parti pour les Anglais et il joua un rôle important dans les affaires de son temps. L'Aquitaine, à ce moment, était gouvernée par le prince de Galles, surnommé le Prince Noir. Comme il avait grand besoin d'argent, il en demandait sans cesse. C'est ce qui le rendit impopulaire et fut cause que la domination anglaise fut de courte durée.

En 1364, il convoqua à Périgueux les Etats Généraux d'Aquitaine. Nous y voyons figurer Gui VIII de Sévérac ainsi que deux consuls de Millau nommés Johan Aldebert et Etienne Laurens.

Cette assemblée vota un impôt extraordinaire dit *fouage*, c'est-à-dire, *par feu*, d'un *guianez* [1]. Cet impôt fut mal accueilli en Rouergue et suscita de nombreuses protestations.

Deux ans plus tard, 1366, Gui VIII de Sévérac suivit le Prince Noir en Espagne pour soutenir don Pedro, dit le Cruel, roi de Castille, que son frère Henri de Transtamare, voulait détrôner.

Dans cette guerre les Anglais eurent à combattre contre le célèbre *Bertrand Duguesclin* qui, voulant délivrer le midi de la France de bandes armées et pillardes appelées *routiers*, les avait entraînées en Espagne pour se joindre à l'armée d'Henri de Transtamare.

Le pays Sévéraguais avait déjà souffert et eut à souffrir encore des ravages des routiers, qu'un historien de l'époque appelle « malvades gens et qué fazian grans mals. »

---

(1) Le guianez valait alors seize sous et trois deniers. Le fouage avait été voté pour cinq ans.

Le 6 septembre 1367, Mme de Sévérac [1] envoyait aux consuls de Millau que les routiers étaient campés au Tensonnieu et au Massegros, aux portes de Sévérac. Deux jours après, ces bandes, commandées par Pierre Merle, Ussonat et le Bâtard de Saint-Marsal, s'emparèrent de Peyrelade, place très forte, non loin de Compeyre.

Pour délivrer le pays des routiers, une armée de 2.000 hommes fut constituée en Rouergue, et un de leurs chefs fut Alzias de Sévérac, oncle de Gui VIII.

En 1368, un grand nombre de puissants seigneurs de la province de Guienne se liguèrent pour secouer le joug des Anglais et les chasser du pays.

Gui de Sévérac semble avoir hésité à ce moment le parti à prendre. Il avait été jusque là bien traité sur et honoré par les Anglais. Le 22 février 1369, Raymond de Rabastens, sénéchal de Toulouse, qui était venu à Rodez, le somma de faire sa soumission au roi de France et de le laisser jouir du pays du Rouergue en qualité de souverain seigneur, sous peine de dix mille marcs d'argent « et de toute autre punition qu'un souverain seigneur peut infliger à son sujet, à peine même de confiscation de corps et de biens et d'être réputé traître au roi. » [2]

Effrayé par ces menaces le seigneur de Sévérac comprit son devoir et fit sa paix avec le duc d'Anjou au commencement de mai 1369. [3]

C'est à lui que le roi Charles V, ayant reçu l'appel du comté de Rodez contre l'impôt du fouage établi par le Prince Noir, avait écrit, à la date du 3 décembre 1368, pour ne pas paraître violer le traité de Brétigny, une longue lettre, que M. de Gaujal qualifié de *manifeste* [4] et qu'il cite en entier. [5] Il

(1) Abbé Rouquette. *Le Rouergue sous les Anglais*, p. 113.
(2) Hôtel de Ville de Villefranche. Manuscrits de Colbert.
(3) Abbé Rouquette, p. 205.
(4) *Etudes Historiques*. t. II, p. 208.
(5) Cette lettre, dit l'abbé Rouquette, a été trouvée par Bonal qui l'a insérée dans ses *Mémoires*.

l'y exhorte à faire entendre aux peuples que son dessein est d'être fidèle aux traités, mais que jamais le souverain domaine de la Guienne n'a été cédé au roi d'Angleterre.

Depuis cette époque, Gui VIII, complètement retourné, ne cessa de combattre pour la cause du roi de France et il accomplit plusieurs faits d'armes qui sont des plus glorieux.

En 1369, le duc d'Anjou le chargea, avec trois autres chevaliers et seize écuyers de sa suite, de la garde de la ville de Saint-Affrique. [1]

La part qu'il prit, la même année, au siège de Compeyre mérite d'être contée plus au long. Ce siège est resté mémorable tant à cause de la valeur des guerriers qui y prirent part que de la situation particulière où se trouvèrent, à un moment donné, les armées belligérantes.

Compeyre était alors une petite place forte admirablement située. Bâtie sur le penchant d'une montagne, elle dominait majestueusement la belle et riche vallée du Tarn. Sa forteresse, véritable couronne murale, élevée sur un plateau, au sommet de la ville, en faisait à la fois et l'ornement et la principale défense.

Elle comptait alors près de 500 feux et était chef-lieu d'un bailliage. Le roi de France y avait érigé un consulat et un siège de justice. Tous les seigneurs des environs avaient une maison dans cette petite cité qui était du plus agréable séjour. [2]

Depuis longtemps le comte d'Armagnac et Gui de Sévérac cherchaient à gagner Compeyre au parti du roi de France. Pour y mieux réussir, au mois de mars 1369, on fit venir à Rodez les consuls de cette place forte, et, soit par prières, soit par menaces, on les décida à entrer dans la ligue formée contre les Anglais.

(1) Dom Vaissettes. *Histoire du Languedoc*, II, 812.

(2) Abbé Rouquette. *Le Rouergue sous les Anglais*, p. 193 et suiv.

Diégo Massi, châtelain de Millau, ayant eu bruit de ces menées, se transporta à Compeyre, avec sa compagnie d'archers, afin de maintenir la place dans le devoir.

De son côté, Gui de Sévérac, voulant appuyer les bonnes intentions des habitants de Compeyre, se rendit à Verrières un de ses châteaux-forts, y réunit plusieurs compagnies de gens d'armes, et, le 22 juin, parut à leur tête sous les murs de Compeyre. A son approche, peuple, nobles, bourgeois, tous agissant de concert, se déclarèrent ouvertement pour la France et ouvrirent à Gui les portes de la ville. Diégo Massi, trahi par les consuls, a beau crier et menacer, il faut abandonner la ville et se retirer dans la citadelle où il est assiégé, pressé fortement par les Français.

Quand l'anglais Thomas de Wentenhale, sénéchal de Rouergue, qui se trouvait du côté de Villefranche, apprit l'entreprise de Gui de Sévérac, il se hâta de courir au secours de la place assiégée. Son armée, forte d'environ 4.000 hommes, avait pour principaux chefs Robert Chenay, Russel, Jean Chaeke et David Cradoc, tous chevaliers anglais.

A leur arrivée devant Compeyre, la situation se trouva fort singulière : le château, occupé par Diégo Massi, assiégé par les Français; ceux-ci, maîtres de la ville, assiégés à leur tour par les Anglais.

Le sénéchal, dépourvu de tout, demanda à Millau des vivres, de la toile pour faire une bannière, des machines de guerre, des ouvriers maçons et charpentiers, afin de travailler au siège; il fit publier par les consuls de Millau que ceux qui voudraient apporter à Compeyre des provisions de toute sorte pour les vendre aux troupes anglaises, pourraient le faire en toute sécurité. Ces ordres furent exécutés très ponctuellement.

Cependant le siège n'avançait pas. Le temps était chaud et la vie dure pour les capitaines anglais exposés tout le jour aux ardeurs du soleil. Aussi les voyons-nous, du 4 au 12 juillet, quitter tour à tour le siège pour venir à Millau faire avec leurs amis d'excellents repas aux frais de la communauté. La ville leur envoie au camp des provisions de toute sorte. Les consuls eux-mêmes, montés sur des roussins de louage, vont deux fois visiter le sénéchal dans son camp et lui apportent, entre autres provisions de bouche, six pâtés froids de poulardes désossées.

En Rouergue, tous les yeux étaient tournés vers Compeyre dont la possession était si vivement disputée. Les Anglais, qui ne doutaient pas du succès, croyaient l'avoir par la famine. Mais voici que le comte d'Armagnac, connaissant la position critique de Gui de Sévérac, réunit à la hâte une armée qu'il confie à son fils Jean et qui, à marches forcées, vient au secours de la place. Elle arriva le 16 juillet, de grand matin.

Sans plus de retard, les Français se rangent en bataille et attaquent les Anglais. Ceux-ci, se trouvant pris entre deux corps ennemis : les troupes de Jean d'Armagnac et les Français de la ville qui font une vigoureuse sortie, ont à soutenir un choc épouvantable. Ils résistent quelque temps et ce n'est qu'avec peine qu'on parvient à les entamer. Alors se fait une affreuse mêlée où Français et Anglais tombent sous les coups les uns des autres. Le combat se prolongea jusqu'au soir. A la fin du jour, les Anglais, forcés d'abandonner leurs positions, se retirèrent sur le *Puech* de Compeyre. Les Français allèrent camper à Aguessac. Pendant la nuit les Anglais ayant voulu opérer leur retraite, les Français se mirent à leur poursuite et en firent un grand carnage.

Selon une expression pittoresque d'une lettre écrite quelques jours auparavant par Amalric de Narbonne à Gui de Sévérac, ils leur en donnèrent « sur la tufa » [1]

______

[1] Lettre que M. Aug. Molinier (*Hist. du Lang.* t. x, p. 1426) date, à tort, de 1370. Elle est du mois de juin 1369.

Les Français perdirent plusieurs chevaliers et « grands hommes d'armes », parmi lesquels Aymery de Talayran et Jean Trossit. [1]

En se retirant, Jean d'Armagnac laissa une garnison à Compeyre. Un peu plus tard, Gui de Sévérac, qui avait beaucoup contribué à prendre cette place, en fut nommé gouverneur.

Au sujet du siège de Compeyre, M. de Gaujal [2] commet plusieurs erreurs. Il fait capituler la place le 2 juillet. Or ce ne fut que le 16 juillet qu'arriva, devant Compeyre, l'armée de Jean d'Armagnac, dans laquelle se trouvaient « plusieurs grands comtes et barons et grande quantité de gens d'armes » [3]

De Gaujal, ne faisant nulle mention de la bataille que nous venons de raconter, se contente de dire que Diégo Massi fut obligé de capituler et de remettre la tour de Compeyre à Gui de Sévérac. Celui-ci, de son côté, devait faire conduire Massi aux portes de Millau ; et, au cas où on ne voulut pas l'y recevoir, il devait lui procurer un sauf-conduit du gouverneur du comté de Rodez, pour aller, lui et ses compagnons, où bon lui semblerait. Cette version ne concorde nullement avec le récit du « Consul boursier de Millau », contemporain de cet évènement, et avec d'autres documents authentiques qui ont été entre les mains de l'abbé Rouquette [4].

(1) « Al qual combatemen mori Mossenhen Amerie de Talaria et Mossenhen Johan Trossit et moltes d'altres grans homes de la part fransesa e dels Engleses. » *Relation* du consul boursier de Millau.

(2) *Etudes Historiques*. t. II, p. 209.

(3) « Dilus, a XVI de julh, vengron davan Compeyre Mossenhen Johan d'Armanhiac am mols d'altres grans comtes e baros am gran cantitat per la part fransesa ezaqui de contenen deran combatemen al, seti dels Engleses que tenian hasetiat Compeyre. » *Relation* du consul boursier de Millau.

(4) L'abbé Rouquette, originaire de Millau, curé d'une paroisse de Paris, a écrit plusieurs ouvrages sur la ville de Millau. Son volume « *Le Rouergue sous les Anglais* » publié en 1887, aujourd'hui presque introuvable, jouit de la plus grande autorité sur ces questions.

De Gaujal [1] raconte qu'en 1371 le connétable du Guesclin, qui, dans l'hiver 1370 à 1371, avait entrepris une expédition en Auvergne et en Rouergue, avec les ducs de Berry, de Bourbon et le comte de Vendôme, mit le siège devant le château de La Roque-Valzergues, non loin de Sévérac, qui se rendit par composition. « Ce fut, dit-il, la dernière place forte du Rouergue qui reconnut l'autorité du roi. »

Ce texte, basé sur le récit de Froissart, contient des inexactitudes.

« Du Guesclin, dit l'abbé Rouquette, [2] n'a jamais guerroyé dans notre province..... Comment aurait-il pu s'emparer de La Roque-Valzergues puisqu'à l'époque de la prise de La Roque-Valzergues par le fils du comte d'Armagnac, janvier 1369, le connétable était en Espagne, d'où il ne revint, pour faire la guerre aux Anglais dans le Périgord, qu'après les six premiers mois de l'année 1370 ».

D'ailleurs, La Roque-Valzergues, tombée au pouvoir des Français en 1369, ne fut plus reprise par les Anglais pour être de nouveau prise par les Français en 1371, ainsi que l'affirme de Gaujal.

Gui VIII de Sévérac continua à combattre les Anglais. Il fit, en particulier, beaucoup de mal à Millau pour punir cette ville de sa fidélité à l'Angleterre.

Le roi de France, voulant l'encourager dans sa résolution et le récompenser de son dévouement à la cause nationale, lui écrivit de Rouen, le 15 septembre, la lettre suivante :

« Sire de Sévérac, nous vous avons très-grand gré de la grande cure et bonne diligence que vous avez mise et mettez en nos besognes par delà, ainsi que de ce sommes acertenés; si vous prions que en démontrant toujours la bonne affection que vous avez à nous et à la couronne de France, vous veuil-

____

(1) *Etudes Historiques*, ii, 212.
(2) *Le Rouergue sous les Anglais*, p. 268.

lez continuellement persévérer; car nous tenons par votre proveüe discrétion et bonne prudence lesdites besognes avaient bon effet à l'aide de Notre-Seigneur; et certainement nous vous faisons tant sur ce qu'il vous venra à gré et à pleine suffisance. » [1]

« Tandis que, dit de Gaujal, Gui de Sévérac méritait devant Compeyre ces louanges de son roi, les gens à qui il avait confié la garde de ses châteaux de Layssac et de Gagnac, les livrèrent, dans les premiers jours du mois de juillet, à des soldats de Walkefare et de David Cradet, chevalier anglais, peut-être même à ceux qui sortirent de Compeyre, et non seulement ils les y reçurent, mais les approvisionnèrent et prêtèrent serment de fidélité au roi d'Angleterre. Ces châteaux furent repris quelque temps après et les syndics de Gagnac, pour expier la déloyauté de ceux qui avaient trahi le seigneur de Sévérac, s'engagèrent, le 14 décembre, à lui payer 50 florins d'or pour obtenir leur grâce. » [2]

Vers cette époque, craignant que les Anglais ne fassent une expédition pour recouvrer la province, le duc d'Anjou donna ordre de rassembler 400 hommes d'armes. On attendait, d'un autre côté, 800 lances que devait envoyer le sire d'Albret. Gui de Sévérac et Alzias, son oncle, réunirent 61 hommes d'armes, dont 6 étaient chevaliers. Ces précautions furent inutiles et les Anglais se retirèrent du côté d'Agen. Cependant on se garda de désarmer et, le 8 octobre, Gui de Sévérac se montre à Villefranche, devant Arnaud de Landorre, sénéchal, à la tête de 19 hommes d'armes. [3]

Le parlement, dit de Gaujal, [4] tint, en 1373, de grands jours en Rouergue. Il fut permis au sire de Sévérac Gui VIII, (qu'il appelle Gui VI), de s'y

(1) Abbé Rouquette, 206.
(2) *Archives de Rodez*. Manuscrits de Colbert.
(3) Hôtel de ville de Villefranche. Manuscrits de Colbert.
(4) Etudes Historiques. II, 219.

faire représenter par procureur au sujet d'un procès qui lui était fait pour violences et vexations qu'il avait commises.

En 1384, nous le voyons rendre hommage au comte de Rodez pour sa baronnie de Sévérac comme étant du ressort de La Roque-Valzergues. Dans cet hommage en est inséré un autre où ce seigneur confesse avoir reçu 50 livres pour un cheval que le comte était tenu de lui bailler toutes les fois qu'il recevait son hommage. [1]

Nous avons dit que Gui VIII avait épousé Jeanne d'Auvergne. Il en eut trois enfants :

Gui IX qui lui succéda ; Jeanne de Sévérac, mariée, en 1385, à Hugues III d'Arpajon, auquel elle apporta 12.000 livres en dot ; Blanche, qui épousa, le 13 mars 1391, Bertrand de Pierre, seigneur de Pierrefort et de Gange, et eut en dot 8.000 florins d'or.

Gui VIII laissa en outre un fils naturel, nommé Jean, qui testa en 1412 et demanda à être inhumé dans le cimetière de l'église Saint-Sauveur.

Gui VIII fit son testament le 14 juillet 1390 et fit héritier son fils Gui IX. Au cas où celui-ci mourrait sans enfants, il statua que les titres de la seigneurie de Sévérac passeraient aux enfants mâles de Jeanne de Sévérac, femme d'Hugues d'Arpajon, à condition expresse de porter le nom et les armoiries de Sévérac. A défaut de ceux-ci, il désigna Amalric de Sévérac, son cousin. [2]

Ce fut en vertu de cet acte que les d'Arpajon entrèrent dans la suite en possession de tous les biens de la maison de Sévérac.

Gui VIII demanda à être enterré dans l'église Saint-Sauveur. Il donna une châsse d'argent à l'église St-Jean-Baptiste du château et légua 1500 florins d'or pour y fonder cinq chapellénies.

(1) H. de Barrau i. *Archives de Sévérac.*
(2) H. de Barrau. *Archives* du château de Sévérac.

Ce fut sa veuve, qui lui survécut longtemps, qui exécuta cette dernière volonté. Le 13 octobre 1407, de concert avec son fils, elle établit *une collégiale de six prêtres* dans le château de Sévérac et elle voulut que l'un d'eux portât le titre de curé.

***

Gui IX de Sévérac épousa, le 5 mars 1382, Hélips de Landorre, fille d'Armand III, baron de Landorre, dont le berceau était le château de Landorre, sur le Viaur, près de La Capelle-Viaur, (commune de Flavin).

Gui IX n'eut pas d'enfants. Les historiens ne racontent aucun événement important de sa vie. En 1391, il rendit hommage au comte de Rodez pour les lieux de Banc, Cornuéjouls, le Bès et Tentayrou. Jean d'Armagnac avait donné Banc à son père, le 13 juillet 1384.

Par un premier testament Gui IX institua sa sœur, Jeanne de Sévérac, femme de d'Arpajon, son héritière universelle, et sa mère Jeanne, dauphine d'Auvergne, son usufruitière.

Peu de temps après, en 1416, ayant accompagné à Paris le connétable d'Armagnac, qui allait recevoir l'épée des mains du roi, il y tomba malade et y mourut. A ce moment, fut-il circonvenu et subit-il de puissantes influences ? Le tout est qu'il fit une second testament tout en faveur de son cousin, Amaury de Sévérac, déjà maréchal de France, et où il n'est plus question ni de sa sœur ni de sa mère.

CHAPITRE IV

Amaury de Sévérac maréchal de France.

AMALRIC ou AMAURY DE SÉVÉRAC était petit-fils de Déodat IV et fils du célèbre Alzias de Sévérac et de Marguerite de Campendu, dame de Sallèles, veuve du seigneur d'Anau, qu'Alzias avait épousée en secondes noces. Les historiens ne donnent pas la date de sa naissance. Nous savons seulement qu'Alzias s'était marié, une première fois, en 1352, avec Marguerite du Breuil, dont il n'eut pas d'enfants. Combien de temps vécut cette première femme ? On ne le dit pas. Amaury fut le seul enfant né du second mariage.

« La maison de Sévérac [1] a donné plusieurs prélats à l'Eglise et plusieurs chefs aux troupes du roi, mais Amaury, ou Amalric, maréchal de France, fut sans doute celui qui illustra le plus cette ancienne famille. »

Destiné d'abord à l'état ecclésiastique, il fut élevé auprès de son oncle, archidiacre d'Albi et de Rodez, mais bientôt des goûts très prononcés l'entraînèrent vers la carrière militaire.

Avant de raconter les nombreux faits par lesquels il s'illsutra, rappelons d'abord qu'Amaury de Sévérac épousa, en 1393, Souveraine de Solages, fille de Guillemot de Solages, dont il n'eut pas d'enfants.

(1) Abbé Bosc, 316.
La vie d'Amaury de Sévérac est racontée, d'après les documents du temps, par H. de Barrau, de Gaujal, l'abbé Bosc, l'abbé Bousquet. Nous noterons certains détails au sujet desquels ces historiens diffèrent entre eux.

En 1416, d'après H. de Barrau, en 1415, d'après Bosc, il fonda, à Saint-Christophe, près Valady, une collégiale de douze chanoines chargés de prier pour son âme et celle des membres de sa famille. [1] S'il choisit pour cette fondation un lieu si éloigné de Sévérac, c'est à cause de sa dévotion spéciale pour Saint Christophe qu'il avait choisi « pour son avocat propice auprès de Notre-Seigneur Jésus-Christ. » [2]

Il dota cette collégiale de divers revenus, propriétés, livres, habits et calices. Avec le consentement du Souverain Pontife, il lui fit attribuer plusieurs bénéfices du diocèse de Rodez et il lui donna lui-même divers revenus et propriétés qui lui appartenaient, situées sur les paroisses de Saint-Grégoire de Lapanouse, de Recoules, de Lavernhe et de Saint-Privat. [3]

Plusieurs historiens, entre autres l'abbé Servières [4], affirment qu'Amaury fonda aussi à Sévérac une communauté de six prêtres. C'est une erreur. Il n'y eut jamais à Sévérac d'autre communauté, en dehors des Bénédictins, que celle des *prêtres fra-*

---

(1) L'acte de fondation du chapitre de Saint-Christophe se trouve aux *archives départementales*. Il est daté du 5 septembre 1415, et passé devant un commissaire délégué par le Saint-Siège.

(2) *Livre de paroisse* de S. Chély.

(3) M. l'abbé Volpelier, ancien curé de S. Chély, a transcrit et traduit du latin un acte très intéressant, de l'année 1454, dont l'original est aux archives de la Généralité de Montauban. Cet acte est inséré dans une « Reconnaissance féodale en faveur des prêtres de S. Christophe » faite le 22 Avril 1687, par Julien, notaire. Les diverses terres du domaine de *Recoulettes*, appelé primitivement *Domaine de la Tour*, et donné par Amaury de Sévérac aux chanoines de Saint Christophe, y sont énumérées. On donne le nom des terres appartenant à ce domaine, le nom des terres qui confrontent, ainsi que le nom des propriétaires. En 1694, Marc du Bousquet est qualifié « sieur de Recoulettes. (*Livre de paroisse de S. Chély.)*

(4) *Histoire de l'Eglise du Rouergue*, p. 310

ternisants [1] desservant les chapellenies de Saint-Jean du Château dont nous avons raconté la fondation par Jeanne d'Auvergne, veuve de Gui VIII.

L'époque où vécut Amaury de Sévérac est une des plus tristes et des plus troublées de l'histoire de France. Le roi Charles VI, tombé en état de démence, était incapable de gouverner le royaume. Après lui, son fils Charles VII, dépossédé de nos plus belles provinces, était appelé, par dérision, le *roi de Bourges*. Deux grandes et funestes factions, les d'Armagnac, fidèles au roi légitime, et les Bourguignons, vendus aux Anglais, se déchiraient entre elles et conduisaient la patrie à sa perte. Jamais la France ne parut en si grand danger de mourir. Heureusement que le temps était proche où Dieu allait visiblement intervenir en sa faveur et faire pour elle un miracle unique dans l'histoire des peuples en lui envoyant sainte Jeanne d'Arc.

Le grand honneur d'Amaury de Sévérac est d'avoir combattu toute sa vie pour la cause du roi de France.

Nous avons dit qu'à ses derniers moments (1416), Gui IX avait fait un testament en sa faveur. Aussitôt après la mort de son cousin, Amaury s'empara de tous les biens de la maison de Sévérac. Il appuyait ses prétentions non seulement sur le testament de Gui, mais encore sur certains droits qu'il prétendait lui appartenir et qu'il faisait remonter jusqu'à Gui IV.

Au mois de janvier 1417, il transigea avec Jeanne d'Auvergne, mère de Gui IX. Moyennant une pension et certains biens qu'il lui céda, celle-ci renonça à l'usufruit de la baronnie de Sévérac.

A ce moment Amaury était déjà un des hom-

(1) *Les prêtres fraternisants*, qui existaient alors dans beaucoup de paroisses du diocèse ne vivaient pas en communauté. Ils habitaient souvent dans leur famille et étaient seulement soumis à un règlement fait par les évêques de Rodez.

mes de guerre les plus connus et les plus illustres de France.

Il avait fait ses débuts, très jeune encore, dans la guerre des Flandres, sous les ordres du comte d'Armagnac. Au retour de cette expédition, à la tête des troupes confiées à son jeune courage, il assiégea le château de La Garde et en chassa les Anglais qui l'occupaient.

Son humeur guerrière le fit accompagner Bernard d'Armagnac (depuis connétable) en Aragon (1398) où le comte Jean III, son frère, l'envoyait porter la guerre, tant pour se débarrasser des *routiers* qu'il avait pris à sa solde que par des motifs d'ambition personnelle; il s'agissait d'enlever au roi d'Aragon le Roussillon et Majorque. Mais cette entreprise ne réussit pas; dans une rencontre malheureuse Amaury de Sévérac fut même fait prisonnier.

Ce fut pendant sa captivité que, fidèle aux pieuses traditions de sa famille, il prit la résolution d'aller visiter les Lieux-Saints, projet qu'il s'empressa de réaliser dès qu'il eut payé sa rançon et reconquis sa liberté.

Revenu en France, il suivit en Lombardie (1391) le comte Jean III d'Armagnac qui allait porter secours à son frère Charles Galéas Visconti, seigneur de Milan, qu'un de ses oncles menaçait de dépouiller de ses états. Cette expédition eut en même temps pour effet de débarrasser le Rouergue des compagnies de routiers.

Le comte d'Armagnac, ayant réuni en Dauphiné toutes ses troupes, dont faisaient partie 15.000 routiers, passa les Alpes à la tête d'une armée considérable; il traversa le Piémont et réduisit presque toutes les villes de Lombardie. Mais, près d'arriver à Milan, il périt dans un combat près d'Alexandrie dont il était allé faire la reconnaissance, à la tête de 500 hommes d'élite.

Dès ce moment, ses troupes, du moins en grande partie, tombèrent dans un extrême découragement, risquant d'être dispersées et anéanties. C'est alors qu'Amaury de Sévérac, encore très jeune, mais déjà vieux guerrier, dit de Gaujal, prit le commandement des soldats qu'il put réunir, surtout de ceux qui étaient vassaux de Jean III, pour les reconduire en France. Il eut à combattre, outre la faim et la misère, une foule d'obstacles, parce que les passages étaient gardés. Parvenu à la frontière, il fut assez hardi pour attaquer, à la tête d'un corps peu nombreux, la noblesse d'une partie du Dauphiné commandée par le comte de Valentinois, l'évêque de Valence et le prince d'Orange qu'il fit prisonniers. Il reçut des rançons considérables et, de plus, obtint la liberté de passage pour lui et les siens qui rentrèrent chez eux chargés de dépouilles.

Cette retraite fit le plus grand honneur aux talents militaires d'Amaury de Sévérac et il passa, dès ce moment, plus que jamais, pour un homme de guerre des plus habiles.

Quelques historiens, parmi lesquels Bosc, parlent d'une deuxième expédition qu'Amaury aurait faite en Lombardie à la tête des troupes du comte d'Armagnac et dans laquelle il aurait pris 160 places et fait prisonnier le comte de Valentinois.

H. de Barrau prétend qu'il y a, sur ce point, erreur ou confusion. Il fut, il est vrai, question, en 1398, d'envoyer une armée en Lombardie sous les ordres de Bernard d'Armagnac et d'Amaury de Sévérac. M. de Gaujal dit que toutes les dispositions étaient prises. Le roi avait fait remettre au comte d'Armagnac 60.000 francs d'or et 38 coffres contenant 300 arcs et 600 trousses de flèches, fait digne d'attention parce qu'il montre combien fut lente l'introduction des armes à feu dans nos troupes. Mais tous ces préparatifs furent inutiles, car, au dernier moment, l'expédition fut suspendue par ordre du roi.

Libre de ce côté, Amaury de Sévérac, accompagné de plusieurs seigneurs du Rouergue, alla porter secours, à la tête de 3.000 hommes, à son parent, Raymond-Louis de Beaufort, qui faisait, en Provence, la guerre à Louis d'Anjou.

Ces divers exploits, l'humeur guerrière d'Amaury, sa réputation grandissant tous les jours, semblent, à cette époque, avoir porté ombrage au gouvernement de Charles VI. Nous trouvons, en effet, dans les archives du comté de Rodez, que le connétable de Sancerre donna ordre au Sénéchal de Rouergue de réparer toutes les forteresses du pays et de les pourvoir de munitions à cause de la guerre de Provence. Le roi manda au sénéchal de Beaucaire de combattre Amaury de Sévérac, de s'emparer de sa personne et de ceux de sa suite. Mais il paraît que cette suspicion fut de courte durée. Le roi ne tarda pas à rendre toute sa confiance à Amaury et à le charger des commissions les plus importantes, ainsi qu'en font foi divers monuments du Rouergue et du Languedoc.

En 1410, Amaury de Sévérac fut nommé par le duc de Berry sénéchal de Rouergue et de Quercy. C'est ce qu'affirment presque tous nos historiens quoique son nom ne se trouve pas sur la liste des sénéchaux du Rouergue publiée par Affre [1].

Après la funeste bataille d'Azincourt (1415), le comte d'Armagnac appela près de lui Amaury de Sévérac, son vieux compagnon d'armes, et lui confia le commandement de l'avant-garde de son armée. Celui-ci se mit aussitôt à la poursuite des Anglais et il les battit en Normandie.

Lorsque, quelque temps après, Jean-Sans-Peur vint mettre le siège devant Paris, Amaury harcela son armée avec un petit corps de troupes, il lui dressa même une embuscade où il tailla en pièces un grand nombre de ses gens.

Ce fut au milieu de cette lutte acharnée que la trahison de Perrinet-le-Clerc ouvrit aux Bourgui-

____

(1) *Dictionnaire des Institutions, mœurs et coutumes du Rouergue*, p. 412 et suiv.

Le Sénéchal, en Rouergue, était le chef de la Justice.

gnons les portes de Paris et que le comte d'Armagnac périt dans l'horrible massacre du 12 juillet 1418. Amaury se retira alors en Guienne, auprès de la veuve du malheureux comte. Avec quelques troupes qu'il avait rassemblées, il put aller prendre, à Nîmes, le jeune fils de la victime qui y était environné de Bourguignons et le ramener dans son pays.

Alors s'accomplirent successivement de graves évènements qui composent une des pages les plus tristes de l'histoire de France : l'assassinat du duc de Bourgogne à l'entrevue de Montereau; le traité de Troyes par lequel Philippe le Bon et la reine Isabeau livraient la France au roi d'Angleterre (1420); la mort de Charles VI (1422); l'avènement de son fils, Charles VII, qui se fit couronner à Poitiers, tandis qu'un anglais de quelques mois, Henri VI, était proclamé, à Paris, roi de France et d'Angleterre.

Pendant ce temps Amaury de Sévérac vivait retiré sur ses terres et retenait, autant qu'il pouvait, son pays sous l'autorité royale. C'est pendant ce séjour à Sévérac qu'il créa, pour cette ville, les premières foires et les marchés du samedi. Il établit aussi des foires à Laissac.

Le nouveau roi, qui connaissait ses mérites et ses talents, s'empressa de l'appeler près de lui et le créa *Maréchal de France* (1422), charge, dit H. de Barrau, qu'il fut obligé d'accepter quoique sa modestie l'eut d'abord incliné à la refuser.

Immédiatement Amaury se mit en campagne contre les Anglais. A la tête de 800 hommes d'armes et de 400 archers, il les empêcha de passer la Loire à Cosne.

Malgré ce petit succès, le parti de Charles VII était loin de prospérer; il perdit successivement plusieurs villes. L'action la plus importante eut lieu devant Crevant, près d'Auxerre (1423). Plusieurs chefs bourguignons surprirent cette place qui était dans le parti du roi et en enlevèrent la garnison. Aussitôt les partisans de Charles VII se portèrent à son secours avec de l'artillerie. Le roi envoya des troupes sous la conduite du maréchal de Sévérac. Les Anglais, de leur côté, avaient réuni une armée sous les ordres des comtes de Sallisbury et de Suffolck. La bataille fut rude et très acharnée, mais la victoire resta au parti des Anglais. Les Français eurent 1200 morts et plusieurs seigneurs de marque furent faits prisonniers.

La perte de Couci et de plusieurs forteresses du Mâconnais, et de Champagne furent la suite de la défaite de Crevant.

Non seulement le roi ne garda pas à Amaury rancune de cet échec mais, trois ans après (1426), il le nomma son *lieutenant-général* en Mâconnais, Lyonnais et Charolais. L'année précédente, il lui avait assigné la somme de 8.000 livres sur les états du Languedoc pour lever un certain nombre de gens d'armes et aller ensuite forcer le comte de Foix à obéir aux ordres du roi. Peu de temps après cependant une profonde mésintelligence paraît avoir régné entre Charles VII et le maréchal de Sévérac.

On lit, en effet, dans l'*Histoire du Languedoc* [1] qu'au mois d'août 1426, Amaury écrivit au parlement siégeant à Narbonne une lettre dans laquelle il menaçait de porter la guerre dans le Velai, le Gévaudan et le Vivarais et d'y mettre tout à feu et à sang s'il n'était payé par le roi de certaines sommes qui lui étaient dûes et si on ne lui rendait les domaines dont Sa Majesté avait disposé quoiqu'ils lui appartinssent.

L'abbé Bosc conclut de ce fait qu'à cette époque Amaury trahissait le roi. Il semble que ce n'est pas une preuve suffisante, car ses revendications pouvaient être légitimes. Les présomptions seraient plutôt contre le roi alors à bout de ressources.

Les menaces du maréchal obligèrent le roi à faire,

(1) *Hist. du Lang. t. 4. Archives de Sévérac.*

en 1427, un voyage en Languedoc et le sénéchal de Beaucaire convoqua la noblesse du pays pour se mettre en défense. Mais la mort tragique d'Amaury de Sévérac vint mettre fin à toutes leurs alarmes. Voici la suite des circonstances qui préparèrent ce triste événement.

Le maréchal, avons-nous dit, était sans enfants. Se trouvant à la tête d'une fortune considérable, il en disposa, par testament du 11 avril 1421, en faveur du comte de Pardiac [1]. C'était faire passer ses biens à une maison étrangère. Hugues d'Arpajon, époux de Jeanne de Sévérac, en conçut une vive animosité. Il prétendait avoir lui-même des droits sur les biens de la baronnie de Sévérac parce que d'abord le premier enfant mâle de Jeanne de Sévérac avait été substitué pour succéder aux biens laissés par Gui VIII, si son fils Gui IX venait à mourir sans enfant mâle, ce qui arriva en réalité; parce que ensuite Hugues d'Arpajon avait été substitué à son tour à Amaury si ce dernier ne laissait pas de postérité masculine.

A cette première cause de haine de la part de d'Arpajon, vint bientôt s'en ajouter une autre.

Amaury, très dévoué au comte de Pardiac, avait pris parti pour lui dans quelques démêlés que ce dernier avait avec son frère, Jean IV, comte d'Armagnac.

Jean IV s'en plaignit au duc d'Arpajon et lui demanda même son assistance. Celui-ci, déjà aigri contre le maréchal, se mit dans le parti de Jean IV. Il y eut des paroles injurieuses échangées entre Amaury et d'Arpajon, suivies de ce qu'on appelait alors des « *lettres de défiances* ».

Le Rouergue se vit au moment d'éprouver tous les désastres que pouvait amener une guerre entre

(1) D'après de Gaujal et de Barrau. L'abbé Bosc fait tester, dès 1421, Amaury en faveur du comte de Lomagne. Cela ne pouvait modifier les sentiments d'Arpajon.

Le comte de Pardiac était fils du connétable Bernard VII d'Armagnac

les deux plus puissantes maisons de ce pays. Le roi, heureusement informé de cette brouillerie, défendit d'en venir aux mains à ces deux seigneurs qui cependant prétendaient « qu'ils pouvaient en Guienne faire guerre l'un à l'autre de leur propre autoritée », et il les convoqua devant le Parlement.

Ils y parurent « diverses fois et il y eut sur ces matières de grands plaidoyers et escritures longues et prolixes. »[1]

On a prétendu que, le roi ne pouvant les faire tomber d'accord, ils s'étaient réconciliés à la suite d'une rencontre fortuite un jour que, à Meun-sur-Yère, Amaury sortant de la chambre du roi et d'Arpajon se préparant à y entrer, « ils se rencontrèrent l'un l'autre et se heurtèrent des poitrines et s'accolèrent et baisèrent soudainement, pleurant à chaudes larmes, et pardonnèrent l'un à l'autre tous maltalens, et furent bons amis ensemble. »[2]

De Gaujal affirme que l'auteur des Mémoires de l'époque qui raconte ce fait commet des inexactitudes et que la discussion ne se termina pas si spontanément. Ce fut, au contraire, avec toute la solennité possible, en présence des plus grands seigneurs du royaume et de nombreux témoins que, à Meun-sur-Yère, Hugues d'Arpajon déclara au maréchal « que s'il lui avait écrit quelque lettre contre son honneur, c'avait été par chaleur; qu'il en était marri; qu'il ne voulait rien dire ni soutenir contre lui qui ne se dût dire d'un homme d'honneur » et il le pria « d'être son ami ainsi que des parents devaient être. »[3] Amaury prit copie de cette déclaration.

Ce fut, d'après de Barrau, cette réconciliation qui amena probablement le maréchal de Sévérac à revenir sur le testament qu'il avait fait en 1421 en faveur du comte de Pardiac. Par acte du 7 mai

---

(1) *Mémoires* de l'époque concernant Jeanne d'Arc, cités par de Gaujal, II, p. 290.

(2) *Mémoires* concernant Jeanne d'Arc.

(3) *Archives de Rodez,* coffre de Sévérac, *manuscrit de Colbert.*

1426, il changea ses dispositions et donna tous ses biens à un enfant de cinq ans, Jean, vicomte de Lomagne, fils aîné de Jean IV, comte d'Armagnac. Le maréchal se réservait les dotations faites à sa collégiale de Saint-Christophe, une somme de 3.000 écus d'or, la jouissance de ses terres d'Entraygues, d'Alpuech, de Bénévent et de Lacalm, en outre, une pension de 1.000 écus d'or. Son héritier devait prendre les armoiries de Sévérac et le comte d'Armagnac se chargeait de repousser les prétentions de la maison d'Arpajon. Cette donation et les assiduités fréquentes, dit-on, du maréchal auprès de la comtesse d'Armagnac, attirèrent au comte Jean IV des propos piquants de la part du duc d'Arpajon.

Le comte de Pardiac, mécontent de ces railleries, mais irrité surtout de se voir frustré de ce gros héritage, dissimula d'abord son ressentiment. L'année suivante, 1427, Amaury de Sévérac étant allé sans méfiance, au château de Gages, où se trouvait le comte de Pardiac, il fut assassiné dans son appartement par les gens de ce dernier, qui, ajoutant l'insulte à l'atrocité, le pendirent ensuite à une croisée du château.

D'après Moreri, Jean IV d'Armagnac n'aurait pas été étranger à ce crime. De concert avec son frère, de Pardiac, il l'aurait préparé, soit qu'il fût excité contre Amaury par les propos de d'Arpajon, soit surtout qu'il fut impatient de jouir de l'héritage.

Jean IV s'en défendit et de Gaujal affirme qu'il s'en justifia. Il fit, en tout cas, parade d'une grande indignation et fit poursuivre son frère, de Pardiac, qui avait pris la fuite, pour le punir de ce forfait.

Malgré cela des soupçons continuent à peser sur la mémoire du comte d'Armagnac. Dans les pièces d'un procès qui se fit quelques années après, au sujet de la revendication des biens de la maison de Sévérac par les d'Arpajon, il est dit qu'Amaury donna au comte de Lomagne par affection pour lui et aussi par crainte du père, Jean IV, qui cherchait à le faire mettre à mort. [1]

Ce qu'il y eut de déplorable en cette triste affaire, c'est qu'un pareil attentat, commis sur un maréchal de France, resta impuni. Le royaume était alors dans l'anarchie et il était grand temps que Dieu vint à notre secours en nous envoyant Jeanne d'Arc.

Amaury de Sévérac fut le dernier rejeton mâle d'une des plus célèbres familles du Rouergue. Il avait manifesté le désir d'être enseveli dans la cathédrale de Rodez, « *ad instar parentum suorum* ». L'écusson des de Sévérac y est sculpté sur la clef de voûte de la chapelle de la Visitation [2]. Alzias, père d'Amaury, avait déjà fait plusieurs dons à cette église. Son fils, à son tour, lui légua 300 marcs dont le prix servit à fonder un obit de 12 messes pour le repos de son âme.

Il fut inhumé dans le chœur de la cathédrale. Nous lisons dans les comptes de la Cité que, le 1er juillet 1431, il fut payé la valeur de VI torches de cire, qui avaient été achetées pour faire honneur à l'*ossa de Mgr de Seveyrac qué fo porta* de Saint-Gervais, près Gages, et mis dans le chœur de Notre-Dame de Rodez. [3]

(1) Voir un extrait de ces pièces cité par M. J. A. Molinié, pp. 82, 83.

(2) Où se trouvent aujourd'hui les fonts baptismaux.

(3) Bion de Marlavagne. *Histoire de la Cathédrale de Rodez*, p. 239.

CHAPITRE V

Les comtes d'Armagnac seigneurs de Sévérac.

Le testament d'Amaury de Sévérac instituait comme son héritier universel un enfant de cinq ans, Jean, vicomte de Lomagne, fils de Jean IV, comte de Rodez et d'Armagnac. Par cet acte la puissante baronnie de Sévérac était réunie pour un temps à la plus puissante encore maison d'Armagnac.

Ce n'est pas ici le lieu de faire l'histoire complète de cette famille.

Avant de parler en détail des trois comtes d'Armagnac qui furent seigneurs de Sévérac, rappelons seulement que « nulle maison de France, pas même celle de Bourbon, ne pouvait se glorifier d'une origine plus ancienne et plus illustre. »[1] Elle descendait, par les femmes, de la grande dynastie mérovingienne et, par filiation masculine, elle remontait aux rois de Castille et aux premiers ducs de Gascogne, connus dès le VIIIe siècle.

Dans les plus beaux jours de la noblesse française, les plus grandes maisons de France se faisaient une gloire de lier leur généalogie à celle des d'Armagnac. Mais cette famille devint encore plus puissante et plus renommée dans la suite. On y vit entrer des princes du sang royal de France et d'autres pays. Quoique vassaux des rois de France, les comtes d'Armagnac traitèrent souvent avec eux, pour ainsi dire, d'égal à égal. Souvent ils firent ensemble des pactes d'alliance, de paix ou de ligue

(1) H. de Barrau, I, 230.

contre les ennemis de la nation. Souvent on les vit mettre sur pied des armées de trente et quarante mille hommes pour défendre leurs intérêts contre leurs voisins et parfois contre les rois eux-mêmes. Malheureusement la nation entière se ressentit souvent aussi des troubles et des guerres civiles que leur esprit d'indépendance, leur ambition et leurs prétentions mal fondées allumèrent dans son sein.

****

JEAN IV D'ARMAGNAC prit possession de la baronnie de Sévérac, pour le compte de son fils, Jean V, vicomte de Lomagne, dont il était tuteur.

Jean IV était lui-même fils du célèbre Bernnard VII, comte d'Armagnac et connétable de France, qui joua un rôle si prépondérant et fut, à un moment donné, peut-on dire, l'arbitre des destinées du royaume sous le malheureux règne du roi Charles VI.

Il semble bien, disent nos historiens, que ce fut plutôt un malheur, pour la baronnie de Sévérac, d'avoir passé sous la domination des d'Armagnac, qui d'ailleurs n'y résidèrent pas, pillèrent le mobilier du château et dont la légitime possession leur fut contestée, dès le premier jour, par les ducs d'Arpajon qui prétendaient avoir des droits anciens et très fondés.

Jean IV, qui avait habité d'abord le Languedoc, se retira en Rouergue, à la mort tragique de son père et tâcha de se concilier par des bienfaits la bienveillance de ses vassaux. Sévérac lui doit l'établissement définitif de la Commune, dont nous parlerons plus loin.

Il vivait à l'époque du *Grand Schisme d'Occident*, terminé au concile de Constance (1416). Il joua, pendant les années qui suivirent, un rôle fort singulier. [1]

(1) Voir Marion, *Histoire de l'Eglise*, tom. II, p. 588 et suiv.

On sait qu'au moment de ce concile trois papes : Grégoire XII, Jean XXIII et Benoît XIII, (Pierre de Lune), se disputaient le souverain pontificat. Le concile les déposa tous les trois et élut à leur place Martin V. Les deux premiers se soumirent. Benoît XIII, qui résidait à Perpignan, refusa obstinément. Le concile le déposa alors canoniquement (1417) comme « hérétique et schismatique. »

Benoît XIII, se retira alors au château de Péniscola, en Espagne, où, il mourut en 1424. Il fut reconnu jusqu'à la fin comme pape légitime par environ 2.000 personnes. De ce nombre était Jean IV comte d'Armagnac.

Trois des quatre cadrinaux de son obédience lui, donnèrent un successeur en la personne de Gilles Munoz, ou Mignoz, qui prit le nom de Clément VIII. Celui-ci fit sa soumission à Martin V, avec ses trois électeurs, le 20 août 1429. Le quatrième cardinal, protégé par Jean IV d'Armagnac, faisant un schisme dans le schisme, nomma à lui seul un fantôme de pape, Jean Carier, qui prit le nom de Benoît XIV, et peu après disparut ignoré.

Jean IV, dont l'obstination avait encore peine à céder, écrivit alors à Jeanne d'Arc, occupée à batailler sur la Loire, pour lui demander s'il devait reconnaître l'obédience du pape de Rome.

La Pucelle, qui dut être bien étonnée de pareille question, lui répondit de Compiègne, à la date du 22 août 1429, une lettre très finement tournée : « de laquelle chose ne puis bonnement faire savoir au vray pour le présent jusqu'à ce que je soye à Paris ou ailleurs, à requoy, car je suis pour le présent trop empeschée en fait de guerre ». [1]

Depuis le connétable, les comtes d'Armagnac étaient suspects au roi de France et à la plus grande partie de la nation.

Jean IV fut accusé par ses ennemis de plusieurs

(1) Citée par M. le vicomte de Bonald, *La Maison d'Armagnac au XVⁱ siècle.*

griefs auprès de Charles VII qui, de par ailleurs, avaitdéjà du ressentiment contre lui. Par son orgueil et son indépendance, le comte acheva de blesser le cœur du roi qui lui déclara la guerre. Guerre funeste qui attira de grands malheurs sur notre pays.

Le Dauphin, qui fut plus tard Louis XI, fut chargé par Charles VII de conduire l'expédition. Il partit vers le commencement de l'année 1444, à la tête de mille lances. Il entra en Rouergue par Entraygues, place que sa position rendait importante. Il s'en empara ainsi que de Rodez d'où il chassa les troupes étrangères que Jean IV y entretenait. Maître de toutes les places fortes que les d'Armagnac possédaient en Rouergue, excepté de Capdenac et de Sévérac, défendus par le jeune vicomte de Lomagne et par le célèbre bâtard d'Armagnac, le Dauphin alla mettre le siège devant l'Ile-en-Jourdain, où se trouvait Jean IV. La ville prise, le comte fut arrêté et envoyé prisonnier au château de Carcasonne.

Le vicomte de Lomagne ayant appris cette nouvelle, se retira précipitamment en Navarre. De son côté le Dauphin se hâta de revenir en Rouergue, pour s'emparer de Capdenac et de Sévérac, qu'il attaqua en même temps, se réservant à lui-même le siège de Sévérac, parce que la place était plus forte et plus difficile à prendre.

Le futur Louis XI se trouvait devant Sévérac le 11 mars 1444. Il y était arrivé en passant par Bertholène.

Pendant ce temps on instruisait le procès du comte Jean IV. Le roi, qui voulait le châtier et non le perdre, se laissa aisément fléchir par les amis du coupable. Avant de signer les lettres de grâce, il exigea cependant que « préalablement seraient remises ès-mains du roi les places et châtellenies de Capdenac et de Sévérac. » Le bâtard d'Armagnac les remit aux troupes du Dauphin qui, l'expédition terminée, retourna à Paris, laissant le gou-

vernement du Rouergue à Théode de Valpergue,
bailli de Lyon, qui paraît avoir possédé le château
de Sévérac jusqu'en 1451.

Jean IV ayant été forcé d'accepter les conditions
qu'on lui imposait, protesta dès qu'il eût recouvré
la liberté.

Les lettres d'abolition furent entérinées, le 14
mars 1446, par le parlement de Toulouse, qui força
le comte à venir en personne s'humilier devant la
justice souveraine du roi.

Jean IV, accablé de chagrins et d'infirmités,
mourut en 1450, au château de l'Ile-en-Joudrain.

De son premier mariage avec Blanche de Breta-
gne, il avait eu une fille, Bonne d'Armagnac, morte
en bas âge.

De sa seconde femme, Isabelle, fille de Charles III,
roi de Navarre, il eut :

1º Jean V, qualifié vicomte de Lomagne pendant la vie de son père.

2º Charles, d'abord vicomte de Creyssels, qui
succéda plus tard à son frère aîné.

3º Marie qui épousa Jean II, duc d'Alençon,
prince du sang, descendant du roi Philippe le
Hardi.

4º Eléonore mariée avec Louis de Châlons, prince
d'Orange.

5º Isabeau, la plus belle princesse de son temps,
qui fut l'épouse incestueuse de son frère, Jean V.

***

Jean V d'Armagnac, ancien vicomte de Lomagne, succéda à son père Jean IV. Il avait épousé,
en 1444, Jeanne, fille du comte de Foix, dont il
n'eut pas d'enfant.

Il avait fait ses premières armes avec beaucoup
de distinction et s'était concilié les bonnes grâces
du Dauphin qui se montra longtemps fidèle à l'amitié qu'il avait pour lui.

Il signala son courage en Normandie, sous les yeux du roi, en 1449, et il se trouvait, en 1450, au siège de Falaise lorsque la maladie mortelle de son père le força à quitter précipitamment le camp. Appelé par Dunois pour guerroyer en Guienne, en avril 1451, il entra sur le champ en campagne, suivi de Xaintrailles et de la noblesse de ces provinces, et rendit, en cette occasion, de grands services au roi.

Ce fut sans doute pour l'en récompenser que Charles VII lui rendit, cette année-là, les châtellenies du Rouergue enlevées à son père, au nombre desquelles était Sévérac.

Cette faveur semblait promettre à Jean V une fortune et un bonheur durables; mais l'orgueil indomptable qui, depuis quelques générations, paraissait inné dans sa famille, devait lui être fatal.

La première cause de ses malheurs fut sa passion effrénée pour sa sœur Isabeau, avec laquelle il eut la criminelle témérité de contracter une union incestueuse [1]. Ce fut un scandale pour la France entière que le roi et le pape lui-même essayèrent en vain de faire cesser.

Il mit le comble à la mesure de ses torts, en prenant, comme l'avait fait son père, le titre de comte *par la grâce de Dieu* et en faisant battre monnaie, se posant ainsi en souverain indépendant, et en renouvelant ses intelligences avec le roi d'Angleterre.

Charles VII, poussé à bout, envoya contre lui deux armées qui le dépouillèrent de ses biens et le chassèrent du royaume.

Privé de tout secours, n'osant pas même se faire connaître, le malheureux comte s'en alla, en mendiant son pain, porter ses remords, vrais ou feints, aux pieds du Souverain Pontife. Le pape Pie II se

---

(1) Une fausse dispense, destinée à favoriser cette union incestueuse, avait été fabriquée à Rome, à l'insu du pape Calixte III.

laissa toucher; il lui donna l'absolution de ses crimes en lui imposant une sévère pénitence.

L'avènement de Louis XI, en 1461, apporta un changement subit à la fortune de Jean V. Sur les instances du bâtard d'Armagnac, favori du roi, celui-ci le remit en possession de ses biens, à l'exception cependant de Sévérac, que le roi se réserva.

Trois ans plus tard, Jean de Lescun, comte de Comminges, chargé de garder Sévérac, amena le roi à lui rendre même cette place.

Mais la reconnaissance n'était pas la vertu favorite de Jean V. Son premier soin fut de trahir le roi en se jetant, avec les principaux seigneurs du royaume, dans la ligue formée contre lui et dite *de bien public*.

Louis XI ne lui pardonna jamais cette déloyauté. En 1470, il le dépouilla encore de ses biens.

Antoine de Chabannes, comte de Dammartin, grand maître de France, qui avait commandé les armées chargées de combattre Jean V, obtint les terres de la baronnie de Sévérac, mais non le château. Le roi regardait cette place comme si importante que, chaque fois qu'il disposa des domaine- du comte d'Armagnac, il se la réserva et y nomma un capitaine d'armes.

Jean V fut massacré à Lectoure, en 1473, par les agents du roi.

Jeanne, son épouse légitime, se trouvait enceinte à ce moment. Conduite au château de Buzet, on la fit criminellement avorter, afin qu'il ne restât aucun rejeton de la race exécrée du comte.

Quant à Isabeau, qui se trouvait à Lectoure, auprès du comte, elle fut sauvée du massacre par Gaston du Lyon, auquel elle donna en reconnaissance tous ses biens patrimoniaux. Elle alla ensuite cacher sa honte dans un couvent de Barcelone où, pendant le reste de ses jours, elle fit pénitence de ses grands scandales. [1]

(1) Ces détails historiques sur les comtes d'Armagnac sont extraits de H. de Barrau, de Gaujal, le vicomte de Bonald.

*
* *

CHARLES D'ARMAGNAC, frère de Jean V, devait lui succéder, mais il était enfermé à la Bastille pour avoir, lui aussi, pris part à la ligue. Il y subit, pendant de longues années, des traitements si inhumains, que ses facultés mentales en furent affaiblies. [1] Remis en liberté en 1483, le roi lui rendit ses biens, mais simplement à titre d'*usufructuaire*. Dans un extrait de ses revenus de 1487, on voit que la baronnie de Sévérac lui donnait annuellement 2.219 livres, 2 sols, 9 deniers. Sur cette somme il prenait 1.200 livres pour l'*entretenement* du capitaine commandant la place de Sévérac. Il donnait aussi 16 livres à Guillaume de Cayron, juge du Séveragais. [2]

Charles d'Armagnac mourut en 1497, au château de Montmirail, en Albigeois. Il fut le dernier comte de cette illustre famille.

(1) H. de Barrau, I, 258.
(2) de Gaujal, II, 343.

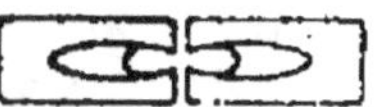

CHAPITRE VI

*La famille d'Arpajon. — Ses origines. — Ses droits
sur Sévérac. — Union temporaire de Sévérac
au domaine royal. — Les d'Arpajon avant le
protestantisme.*

Armes : de gueules, à la harpe d'or, cordée de
même. [1]

A l'époque où elle succéda aux d'Armagnac, la
famille d'Arpajon était déjà très ancienne en Rouergue. Elle était issue de la première race des comtes
de Rodez et était illustre par les services rendus
au royaume, par ses hautes alliances et par sa fortune considérable.

Les seigneurs d'Arpajon occupaient le premier
rang aux Etats de province et ils prenaient rang

(1) Jean Ier d'Arpajon, vivant en 1351, écartelait ses armes,
aux 1 et 4 d'Arpajon, aux 2 et 3 de gueules à la croix vidée,
clichée et pommelée d'or qui est de Toulouse-Lautrec.

Le sceau de Jean III d'Arpajon, mort en 1516, était écartelé au 1er de Toulouse, aux 2 et 3 de Sévérac, aux 4 d'Arpajon, avec la légende : *quidquid agas, prudenter agas.*

1522. Ecartelé au I de Toulouse ; au 2 de Sévérac (d'argent
à 4 pals de gueules) ; au 3 d'Arpajon ; au 4 d'azur à 3 fleurs
de lis d'or posées au 2 et 1, au bâton de gueules, l'écu brisé
d'une barre de gueules brochant sur le tout qui est de Bourbon-Roussillon.

Louis d'Arpajon ajouta sur le tout les armes de la religion
qui sont de gueules à croix d'argent. On donnait à ces armes
l'explication suivante :

« *Citharæ conjungit Iberia vectes,*
« *Lilia dant Galli, datque Tolosa crucem.* »

                                    (H. de Barrau, I. 361)

immédiatement après les comtes de Rodez. Leurs armoiries portaient anciennement une griffe d'oiseau de proie ayant l'ongle fort crochu, en latin *arpago ;* elle fut remplacée plus tard par une harpe, ce qui faisait le même armorial que celui du royaume d'Irlande. [1]

Une controverse existe au sujet de l'origine du nom d'Arpajon. « La plupart des grandes maisons, dit de Gaujal, portaient le nom d'un fief auquel elles l'avaient donné ou de qui elles l'avaient pris. » [2] Or, d'après lui, il n'y avait pas, en Rouergue, de lieu du nom d'Arpajon. On trouve bien, près d'Aurillac, un bourg ainsi nommé, mais il n'y avait pas de château et ce n'était pas même un fief. De plus, on lit dans les lettres d'érection de la terre de Sévérac en duché-pairie, pour le vicomte Louis, « qu'à cause de sa qualité et extraction, il a joui du premier rang dans les Etats de la province de Vienne, comme sieur d'Arpajon, sans qu'il y ait eu, dans sa maison, de terre ni de seigneurie qui ait porté le nom d'Arpajon. »

L'abbé Bosc, ainsi que M. Monestier, de Sévérac, sont d'un avis contraire.

Ce dernier, qui a écrit une *Notice sur la Maison d'Arpajon*, s'appuyant sur le témoignage d'un père L'Ouvreleul, dont de Gaujal conteste la valeur, affirme qu'il y avait, en Gévaudan, un château d'Arpajon d'où la famille aurait tiré son nom. D'après Bosc, « Arpajon était une petite ville sur la frontière des Cévennes, qui eut d'abord le titre de baronnie, ensuite celui de duché, en faveur des seigneurs de ce nom. » Des documents publiés récemment par un journal de la Lozère confirmeraient cette dernière opinion.

Quoi qu'il en soit, dit de Gaujal, il semble que le noyau de la baronnie d'Arpajon ait été d'abord la terre de Brousse, près Broquiès, à laquelle furent

(1) H. de Barrau, 1. 362.
(2) iv, p. 37.

réunies, au XIIe siècle, celles de La Capelle-Farcel et de Calmont-de-Plancatge.

Ce dernier château, non loin de Notre-Dame de Ceignac, fut longtemps la principale résidence de cette illustre famille. Elle y donna plusieurs fois l'hospitalité aux rois de France eux-mêmes.

Les droits des d'Arpajon sur la baronnie de Sévérac furent établis par le mariage d'Hugues d'Arpajon, gouverneur du Languedoc en 1420, ami personnel de Charles VII, avec Jeanne de Sévérac, fille de Gui VIII, dit le Posthume.

Nous avons dit que Gui IX de Sévérac, frère de Jeanne, se trouvant sans enfants, fit un premier testament en faveur de sa sœur qu'il instituait son héritière universelle. Il est vrai, que, avant de mourir, il en fit un second en faveur de son cousin, Amaury de Sévérac, où il ne fait aucune allusion ni à sa sœur ni à son premier testament. Ce fut le vrai motif des inimitiés profondes dont nous avons parlé et qui existèrent entre Hugues d'Arpajon et le maréchal de Sévérac.

C'est sur ces prétendus droits, provenant du premier testament de Gui IX, que se basa la famille d'Arpajon pour soutenir, contre les possesseurs de la baronnie de Sévérac, un procès célèbre qui dura 92 ans. Commencé à la mort de Gui IX, en 1416, il ne se termina qu'en 1508, en faveur des d'Arpajon.

Cette famille, se regardant comme véritable propriétaire des biens de Sévérac, soit pendant la vie du maréchal Amaury, soit pendant la gestion des d'Armagnac, soit après, se les transmettait de père en fils comme un héritage dont elle aurait joui.

Hugues, mort en 1437, les légua à son fils Bérenger; ce dernier, mort sans enfants, les céda à son frère et successeur, Jean d'Arpajon, qui poursuivit les mêmes revendications et transmit ses droits sur Sévérac à son fils Gui, par testament du 4 mars 1460.

Pendant ce temps, qui s'occupait de la baronnie et en percevait les revenus ?

Nous avons vu, au chapitre V, que Louis XI, ayant, pour la seconde fois, en 1470, dépouillé Jean V d'Armagnac de tous ses biens, donna les terres et la baronnie de Sévérac à Antoine de Chabannes, comte de Dammartin, mais non le château, qu'il réserva pour lui.

Depuis cette année jusqu'en 1508, Sévérac fit partie du domaine royal et ressortit de la châtellenie de La Roque-Valzergues. Un capitaine d'armes, nommé par le roi, y résidait avec dix hommes de garde.

Gui Ier d'Arpajon, qui avait à son tour transmis à son fils, Jean III, ses droits sur Sévérac, par testament de 1504, vit enfin se terminer en sa faveur le procès qui durait depuis tant d'années.

Par arrêt du 14 août 1508, le parlement de Paris, malgré les oppositions de Jean de Chabannes, mit les d'Arpajon en réelle possession du château de Sévérac et de tous les biens de la baronnie. Cette prise de possession que Jean Gineste, juge de la Justice royale de Lavernhe, devait faire au nom de Gui d'Arpajon, rencontra quelques difficultés. Les consuls de la ville firent une protestation et le capitaine d'armes, Bertrand de La Roche, surnommé « Mon Mayou », refusa de remettre les clefs du château. En fin de compte, il fallut en enfoncer les portes et en expulser les gardiens qui reçurent défense de jamais rentrer sur les terres de la baronnie, sous peine de vingt-cinq marcs d'argent à payer au roi [1].

Gui Ier d'Arpajon mourut cette même année, laissant six enfants parmi lesquels Jean III, qui lui succéda, et Louise, qui fut abbesse du couvent de *Notre-Dame d'Arpajon* ou de *l'Arpajonie*, fondé à Millau en 1297, par un Hugues d'Arpajon, et

(1) *Archives* du château publiées par MM. Monestier et Molinié.

dont l'abbesse fut toujours nommée par le chef de cette famille.

Gui Ier avait joué un rôle important dans les affaires publiques de son époque. Le 16 septembre 1478, il fut député pour terminer les différends qui existaient entre la France, le Pape, le roi d'Aragon, les Florentins et Laurent de Médicis.

A cette occasion avec le président de Morlhon, il alla en ambassade auprès du pape Sixte IV. En 1484, il représenta la noblesse du Rouergue aux Etats généraux de Tours et, en 1489, il était chambellan du roi Charles VIII.

*
* *

Jean III d'Arpajon [1], fils aîné et successeur de Gui Ier, était, en 1490, un des cent gentilshommes de la maison du roi et, en 1493, sénéchal du comté de Rodez. Il épousa, cette même année, Anne de Bourbon-Roussillon, fille de Louis de Bourbon, amiral de France et comte de Roussillon. Elle lui porta 16.000 livres de dot.

En 1495, Jean d'Arpajon fit partie de l'armée que le duc de Bourbon, lieutenant général du royaume, avait réunie à Narbonne contre le roi d'Espagne. L'année suivante il reçut le titre d'échanson du roi.

A la mort de son père, il quitta le château de Calmont pour venir habiter celui de Sévérac, dont la famille venait d'être mise en possession.

En 1507, Jean d'Arpajon avait accompagné le roi Louis XII dans son expédition contre les Gênois. En 1513, nous le trouvons en Picardie où il fut fait prisonnier par les Anglais. Sa captivité cependant dura peu car, le 17 juillet 1514, nous le retrouvons au château de Durenque, où il se qualifie :

(1) H. de Barrau le nomme Jean III et M. de Gaujal Jean II.

baron des baronnies d'Arpajon, de Sévérac, d'Espayrac, vicomte d'Aultes-Rives, seigneur de Baucaire, etc. Sa mort est mentionnée dans un document du 5 juin 1517.

Par testament du 22 janvier 1516, Jean d'Arpajon demanda à être inhumé dans l'église de Ceignac et il ordonna à René, son fils et son successeur, de faire placer sur son tombeau sa statue en pierre, ayant à sa droite celle de saint Jean-Baptiste et à sa gauche celle de saint Christophe, que sa famille avait pris pour patrons. Lui-même sera à genoux, les mains jointes, vêtu et armé tel qu'il était lorsqu'il fut pris par les Anglais en Picardie [1]. Ce monument, non en pierre, mais en bois, existe encore aujourd'hui, en très bon état, dans le chœur de l'église de Ceignac, au-dessus de la porte de la sacristie.

Il porte une épitaphe en latin dont voici la traduction :

« Ici repose Jean d'Arpajon, illustre par sa piété et ses faits d'armes et qui vit encore par son grand nom. Il a désiré se placer, suppliant, entre ses deux patrons. C'est ainsi qu'il va trouver le Christ conduit par ses deux guides Christophe et le Précurseur. Il ne peut se tromper, de chaque côté il rencontre un sauveur.

Le noble d'Arpajon, très dévot à la Vierge, a enrichi cette église de dons précieux. »

Ces dons sont d'abord une fondation pour un chapelain qui devait dire, dans l'église de Ceignac, une messe tous les vendredis et samedis des fêtes de la Vierge et une autre au jour anniversaire de son décès. Il donna, en outre, à l'église de Ceignac une pièce d'artillerie, dite couleuvrine, pesant de 13 à 14 quintaux, pour la fonte d'une cloche à laquel-

----

(1) « *Cum fuit captus prisonerius guerræ in Picardiâ, per gentes armorum regis Angleterræ, inimicos hujus regni Franciæ.* », dit le testament.

MONUMENT DE JEAN III D'ARPAJON.
dans l'église de Ceignac.

le on donna le nom d'Arpajon. Il obtint enfin du pape Léon X une indulgence plénière applicable pendant cent ans, dans l'église de Ceignac, à tous ceux qui la visiteraient et y communieraient à une des fêtes de la Sainte Vierge.

****

RENÉ D'ARPAJON. — Jean III eut pour successeur à la baronnie de Sévérac son fils René, qui ne paraît pas y avoir beaucoup séjourné. L'histoire ne nous apprend que peu de chose de sa vie. Il épousa, en 1528, Géraude de Prat, fille d'un chancelier de France, dont il eut quatre enfants.

René d'Arpajon avait été, en 1516, page d'honneur du roi François Ier. Plus tard, comme ses ancêtres, il porta les armes en Italie. En 1535, il reçut, dans son château de Calmont, Henri d'Albret, roi de Navarre, et sa femme, Marguerite de Valois, sœur de François Ier, qui allaient se faire couronner comte et comtesse de Rodez.

René était premier maître d'hôtel de la reine Eléonore d'Autriche, en 1538. Il mourut en 1542, à Troyes. Il avait demandé, par testament, que son corps soit inhumé dans l'église de Ceignac, aux pieds de son père, et avait fondé, dans cette église, une messe à perpétuité pour le repos de son âme.

CHAPITRE VII

*Le protestantisme à Sévérac. — Destruction des égli-
ses. — Les prêtres martyrs. — L'église réformée.
— Les seigneurs de Sévérac chefs Calvinistes.
— Sièges du château de Loupiac.*

Ce furent deux jeunes Calvinistes du Béarn, nommés Sarrasin et Laporte, revenant de Genève en
1558, qui, les premiers, importèrent en Rouergue
les doctrines de la Religion réformée. [1]

Jeanne d'Albret, reine de Navarre et comtesse
de Rodez, elle-même protestante fanatique, usa
de toute son autorité et parfois des moyens les
plus violents pour implanter dans notre pays les
idées nouvelles.

Dès 1561, la ville de Millau avait abjuré en
masse le catholicisme. Sévérac ne tarda pas à marcher sur ses traces.

Charlotte de Castelpers, femme de Jacques d'Arpajon et tante d'Antoine, lequel venait de succéder à son père, René, comme seigneur de Sévérac,
paraît avoir beaucoup contribué à entraîner la
famille d'Arpajon dans le protestantisme.

Après la mort de son mari qui, loin d'être protestant, comme l'affirme de Gaujal, avait déclaré
par testament, en 1556, sa ferme volonté de vivre
et mourir dans la religion catholique, elle fit tous
ses efforts pour faire de ses enfants de zélés Calvinistes.

Antoine d'Arpajon embrassa lui aussi la Réforme

(1) Abbé Servières, Histoire de l'Eglise du Rouergue, p. 379.

et devint tout de suite, en Rouergue, un de ses meilleurs soutiens.

Les protestants de Millau ayant demandé à ceux de Genève de leur envoyer un ministre, le Consistoire de cette ville délégua à cet effet Blaise Malet, originaire de Caen.

Comme il arrivait, en septembre 1560, le seigneur d'Arpajon l'invita à faire une station à Sévérac. [1]

Il semble que ses prédications n'eurent pas de peine à entraîner dans l'hérésie une partie notable d'une population déjà ébranlée par l'exemple de ses puissants seigneurs. Il sut même lui inspirer cette haine du catholicisme, cet esprit d'intolérance et de fanatisme qui portèrent les nouveaux religionnaires aux pires excès non seulement contre les catholiques, qu'ils affectaient d'appeler *papistes*, mais encore contre tout ce qui, jusque-là, avait été considéré comme ce qu'il y a de plus vénérable et de plus sacré.

En peu de temps, le pays fut couvert de ruines. On peut dire que l'avènement du protestantisme marque une des époques les plus troublées et les plus malheureuses de notre histoire locale.

L'auteur des *Mémoires d'un Calviniste* est obligé d'avouer que « c'estaient des temps fort calamiteux et misérables. »

Après avoir fermé l'hôpital et confisqué ses biens, les protestants de Sévérac s'attaquèrent aux églises.

C'est à cette époque, entre 1560 et 1562, que furent détruites celles de Saint-Sauveur, de Saint-Chély, de Saint-Grégoire, de Buzeins.

L'église de Lapanouse était spécialement remarquable, de pur style roman de la fin du XIe siècle. Or, voici ce que dit, à son sujet, un acte de 1571 : « l'église paroissiale de Lapanouse étant de présent toute ruinée et démolie jusques au bout; auraient

---

(1) *Mémoires d'un Calviniste de Millau.*

été faites lesdites démolitions et ruines, pendant les guerres civiles passées, par ceux de la nouvelle opinion, ainsi qu'il est notoire. » [1]

Une seule trouva grâce devant le vandalisme des protestants, ce fut celle du Château dont ils firent leur temple et où ils tinrent leurs réunions.

*
* *

Les prêtres martyrs. Une tradition, restée fortement gravée dans l'esprit du peuple, recueillie par les historiens H. de Barrau [2] et l'abbé Bousquet. [3] (de Gaujal n'en parle pas), raconte qu'un jour un certain nombre de prêtres de la ville et du voisinage furent réunis au château de Sévérac. Là, une dame protestante, qu'on croyait jusqu'ici être Jacquette de Clermont, femme de Jean V, après leur avoir démontré avec force les avantages de la Réforme, les somma de renoncer au catholicisme et d'embrasser la religion nouvelle. La réponse des prêtres fut unanime et digne des plus beaux temps de l'Eglise : « Jamais, se seraient-ils écriés, nous ne trahirons notre foi. »

Transportée de fureur, la cruelle châtelaine ordonna immédiatement qu'ils fussent tous précipités du haut des remparts.

Cet ordre inhumain fut exécuté sur le champ. Les corps des malheureuses victimes, lancés de la terrasse du château, du côté nord-est, à l'endroit, d'après la tradition, où se trouvait, jusqu'à ce jour, une petite croix en fer appelée « Croix des Martyrs », allèrent se briser contre les rochers qui hérissent le flanc de la montagne.

(1) M. Belloc, curé de Lapanouse, qui a eu l'original entre ses mains, l'a copié dans le livre de paroisse. Le chœur de l'église fut conservé et existe encore.

(2) I. 497.

(3) p. 36.

C'est depuis cette époque, croit-on, que, chaque année, une des processions des Rogations se rend au pied de cette partie des remparts et qu'on y donne l'absoute pour les morts.

Quel fut le nombre des prêtres martyrs ?

Aucun document ne le dit.

D'après H. de Barrau, « tous les prêtres du voisinage » auraient été convoqués au château. Or, en ce temps là, ils étaient nombreux. En 1551, peu d'années avant le protestantisme, il y avait, dans la seule paroisse de Sévérac, trente prêtres fraternisants, sans compter le clergé paroissial et les religieux bénédictins [1].

Il est certain, d'abord, que tous ces prêtres ne furent pas mis à mort. Nous croyons en trouver la preuve dans le testament de Jehan de Villaret, fait en 1572 [2], très vraisemblablement après l'événement dont nous parlons. Jehan de Villaret, qui était lui-même prêtre habitant Sévérac, demande que *cent prêtres* assistent à ses funérailles, « au nombre desquels seront les religieux et prêtres de Sévérac » ainsi que ceux de Lapanouse et de Saint-Dalmazy. Il est même à remarquer que ce testament, écrit après les plus furieuses guerres de religion dans le Séveraguais, ne fait aucune allusion aux martyrs du château.

Certains historiens ont donné des chiffres. M. Servières dit vingt-cinq. M. Molinié ramène le nombre à dix-sept.

En réalité, en dehors de la tradition qui se souvient vaguement que des prêtres furent mis à mort par les protestants, aucun document écrit de l'époque ni ne mentionne le fait ni surtout ne précise le nombre des victimes.

Mais, au sujet de cet événement, se pose une question plus grave ?

____

(1) Archives paroissiales de Sévérac.

(2) L'authentique est aux archives de la famille Trémolet, ancien notaire.

Qui aurait fait mettre ces prêtres à mort ?

Jusqu'ici l'histoire chargeait de ce crime Jacquette de Clermont, femme de Jean V.

L'avis de tous était si unanime, qu'on ne songeait même pas à le discuter. C'était elle, la cruelle, la fanatique châtelaine. On en trouvait la preuve jusque dans les portraits qui nous en restent. M. H. de Barrau qui avait vu une de ces toiles chez M. A. Monestié, de Sévérac, écrivait : « ses traits austères révèlent la dureté de son âme. » Si plus tard, elle avait vécu et était morte en fervente catholique, c'est qu'elle n'avait pu résister au remords qui la rongeait. Pour le calmer, elle avait fait pénitence pendant de longues années !

Il y a, dans l'histoire, de grands calomniés. Il semble aujourd'hui certain que Jacquette de Clermont est de ce nombre.

Et d'abord, en dehors des documents positifs que nous allons produire en faveur de son innocence, il y avait des vraisemblances telles dans ce sens, qu'elles n'auraient dû ce semble, échapper à personne.

Jacquette de Clermont n'arriva à Sévérac qu'en 1589. A cette époque, la grande fureur des guerres religieuses était passée. Les catholiques étaient surtout occupés à en relever les ruines.

Jean V d'Arpajon, le mari de Jacquette, n'avait que 14 ans. Sa femme ne devait pas en avoir beaucoup plus. Ce qui le fait supposer, c'est qu'elle mourut en 1659, c'est-à-dire, 70 ans après son mariage.

Or, il y avait, à ce moment, au château, une autre dame, Françoise de Montals, mère de Jean V, qui était dans la force de l'âge, qui était, sinon catholique, du moins très sympathique à cette religion et qui jouissait d'une très grande autorité. Comment une jeune femme, presque une enfant, tout récemment arrivée dans un château où l'accueil dut être peu sympathique, car la mère de Jean V s'opposait au mariage, aurait-elle joui tout de suite d'un ascendant suffisant pour pouvoir imposer un acte si grave, si contraire aux idées de la famille, et le faire exécuter de manière si atroce ?

Bien plus, la mise à mort des prêtres catholiques eut été, à cette heure, pour le seigneur de Sévérac, un acte souverainement impolitique. On sait, en effet, que, à ce moment, Jean V convoitait le poste important de Sénéchal du Rouergue pour le compte du roi, poste qu'il obtint en 1594 [1] et qu'il garda jusqu'en 1596. Etait-ce un moyen de capter la confiance d'Henri IV que de se signaler par des persécutions violentes contre les catholiques, alors que le roi faisait tout pour les ménager et pensait à sa propre conversion ?

Mais il y a d'autres preuves de l'innocence de Jacquette de Clermont.

Vers 1589, époque où jusqu'ici on situait le martyre des prêtres du Château, les protestants avaient cessé de démolir les églises dans le Sévéraguais. Les catholiques, au contraire, s'occupaient à les rebâtir.

Dès 1571, « les consuls, manants et habitants de Lapanouse » s'entendirent avec Saint Exupéri, archidiacre de Rodez et prieur de Lapanouse, pour relever la leur. [2]

En 1590, à Sévérac, on reconstruisait l'église Saint-Sauveur. Le château lui-même s'intéressait à ce travail. Nous en avons la preuve dans un acte du 24 juillet 1590, dont nous parlerons plus loin, où il est dit que si la somme promise à cet effet par les bénédictins n'est pas suffisante, les religieux

---

(1) « Cette année 1594 noble Jean d'Arpajón de Sévérac, seigneur et baron des dits lieux, capitaine de cinquante hommes d'armes, sénéchal et gouverneur de Rouergue, ayant été pourveu de cette charge par le roy Henri IV après la mort du sieur de la Devèze, sénéchal de Rouergue, fit son entrée en la présente Villefranche et presta le serment le 27 septembre au dit an entre les mains des consuls de la dite ville en la forme accoutumée et luy fut fait présent de confitures et flambeaux.» *Annales de Villefranche* par Etienne Cabrol, tom. II, p. 133.

(2) Acte de 1571. Archives paroissiales de Lapanouse.

et les consuls de la ville s'en rapporteront « *à l'arbitration de dame Françoise de Montals, dame et baronnesse de Sévérac.* »

Qui admettra jamais que ce fut au moment où la dame douairière du château de Sévérac prenait sous sa protection la reconstruction de l'église catholique, que sa belle fille, âgée de 15 ans, et arrivée de la veille, faisait précipiter les prêtres du haut d'un grand rocher ? Nous avons d'ailleurs un document des plus authentiques qui doit, ce semble, trancher définitivement cette grave question.

Jusqu'ici on avait cru que Jean d'Arpajon, ainsi que sa femme, étaient, à cette époque, protestants rigoristes et convaincus. Je ne sais sur quelles preuves les historiens retardaient sa conversion jusqu'en 1615 ou même en 1620.

Or, les archives de Rodez témoignent que, moins de six mois après son mariage (19 juillet 1589), celui-ci était déjà passé au catholicisme.

Une pièce découverte aux Archives Communales de Rodez [1] nous apprend que de Bonal, juge de Naussac « pour et au nom de noble Jehan d'Arpajon, seigneur et baron dudit lieu de Sévérac, Belcayre, Calmont, Brosse, Durenque et autre plasses», demande au consul de la ville de Rodez de faire restituer à ce dernier le château de Calmont-de-Plancatge, occupé, à la requête de la ville de Rodez, par le sieur de Vesin, commandant de la place de Calmont.

Il est dit dans ce document que « *le seigneur de Sévérac a fait profession de foi par devant Mgr l'Evêque de Rodez ou son vicaire général et juré la sainte union suivant les articles de la Cour du Parlement de Toulouse.* Mais ceux de la nouvelle Religion, entre autres le baron de Panat, jadis son tuteur, font tout leur possible pour s'emparer de

---

(1) *Archives communales de Rodez, Bourg, B. B.* 10, *folio* 159, *recto.*

Le texte, Pièces documentaires.

lui et le faire rentrer de force dans leur parti, ce qui leur sera facile s'il n'a pas une retraite assurée telle que sa maison de Calmont. Cette demeure est la plus éloignée de toutes les places tenues par ceux de la religion nouvelle; les habitants de Calmont sont tous catholiques; ils ne sont qu'à deux petites lieues de Rodez. Cela le mettrait en sécurité. »

Tels sont les passages essentiels du document dont nous donnons, le texte intégral aux pages documentaires.

Non seulement il dirime toute discussion au sujet de Jacquette de Clermont à laquelle il n'est plus possible d'attribuer le martyre des prêtres, mais il permet de se demander si cette dame, qui se distingua plus tard par de nombreuses œuvres catholiques, appartint jamais, dans sa jeunesse, à la religion protestante.

Il fixe aussi un point d'histoire très intéressant, la date du retour au catholicisme de la famille d'Arpajon.

S'il reste vrai toutefois, ainsi que la tradition l'atteste, qu'une femme du château de Sévérac fit mettre des prêtres à mort en haine de la foi catholique, quel peut être le nom de cette femme ?

A défaut de documents de l'époque, on ne pourra jamais faire que des conjectures. Il y a un nom cependant qui, plus que tout autre, se présente à l'esprit des historiens, c'est celui de la fanatique et conquérante Charlotte de Castelpers, la mère de Jean IV et de Charles, successivement seigneurs de Sévérac, auxquels elle avait su inspirer sa foi huguenote et sa haine du catholicisme.

Elle paraît, il est vrai, avoir passé sa vieillesse au château de Durenque, où elle testa en 1581 et mourut en 1588, mais c'est elle, nous l'avons vu, qui s'employa de toutes ses forces à implanter le protestantisme à Sévérac.

Le martyre des prêtres dut avoir lieu entre 1562 et

et 1570, époque où les guerres de religion sévirent avec plus de rage [1].

***

L'église réformée de Sévérac, organisée par Blaise Malet, tenait ses réunions à l'église du château, qui existe encore. Elle eut ses ministres et son Consistoire longtemps après le retour des d'Arpajon au catholicisme. Lorsque, en effet, les protestants se soulevèrent, sous Louis XIII, et prirent de nouveau les armes, la paix de 1626, signée par Richelieu, accordait l'exercice de la religion réformée à *Sévérac*, Brusque, Montlaur et Creyssels, en Rouergue.

C'était reconnaître officiellement le Consistoire qui obtenait ainsi son état civil avec pouvoir de posséder et d'acquérir des biens.

Par ce fait, comme toute société ou organisation reconnue, il devait avoir ses registres et une comptabilité régulière. Le pouvoir public d'alors, comme celui de nos jours, au temps du Concordat, avait le devoir de vérifier les comptes et de les arrêter. C'est ce qui explique que la signature de Jean V, longtemps après son retour au catholicisme, se trouve souvent au bas des procès-verbaux du livre du Consistoire.

Les archives de l'époque parlent de divers legs faits aux protestants par les seigneurs de Sévérac. Par testament de 1579, Charles d'Arpajon « lègue aux pauvres nécessiteux de l'église réformée de

(1) C'est après la mort de François II, en 1561, que les protestants, ne gardant plus aucune mesure, chassèrent brutalement les prêtres et les fidèles de leurs églises. La thèse des protestants était que l'Eglise a le droit d'user de contrainte pour réduire les hérétiques; seulement, d'après eux, les hérétiques ce sont les catholiques, et la vraie Eglise c'est la leur. Forts de ce principe, ils pillent églises et monastères, ils assassinent, ils commettent les pires attentats contre les femmes et les couvents; ils redoublent d'insolence à l'égard des prêtres et même des évêques.

Sévérac 40 écus et pareille somme au ministre de l'église réformée de Sévérac » [1].

Charlotte de Castelpers, qui testa en 1581, « lègue à la religion réformée de la présente ville de Sévérac la somme de cent écus d'or qui doit être remise à messieurs du consistoire de la présente ville. »

La place forte de Sévérac joua un grand rôle dans les guerres de religion en Rouergue. Ses seigneurs de l'époque comptèrent parmi les plus illustres chefs des armées calvinistes. [2]

*
* *

Antoine d'Arpajon, fils et héritier de René, était assez grand seigneur pour avoir à son service, comme maître d'hôtel, noble Augouy de Guirard, capitaine de Millau.

Un synode, réuni à Villefranche, le nomma protecteur du calvinsime en Rouergue. Au mois d'avril 1562, il leva, dans les Cévennes, une troupe de 1200 arquebusiers qu'il devait amener au prince de Condé, à Orléans, lorsqu'il reçut l'ordre de se joindre aux protestants de Toulouse pour s'emparer de cette ville, ce qu'on ne put réaliser.

Battu, la même année, entre Montauban et Verfeil, il se porta, peu de jours après, au secours de Rabastens et força Montluc à lever le siège de Montauban [3]. De là il alla rejoindre l'armée de Condé et il fut tué à la bataille de Dreux, le 19 décembre 1562.

Antoine d'Arpajon, marié à Marguerite de Lévis-Caylus, fille de Gui et de Marguerite d'Amboise, n'avait eu qu'un fils, Laurent, mort en bas âge. Les biens de sa maison passèrent à Jean, son cou-

(1) Testament du 7 juillet 1579, fait à Calmont.

(2) En 1581, les guerres de religion avaient déjà fait en Rouergue, d'après un auteur de l'époque, 18932 victimes, dont 9841 catholiques et 9091 protestants.

(3) Hist. du Lang. v. pp. 219-223 etc...

sin germain, fils de Jacques et de Charlotte de Castelpers [1].

***

Jean IV d'Arpajon. — Il prit une part très active aux guerres de son temps, non seulement en Rouergue, mais encore dans le Midi de la France.

Ceux de son parti eux-mêmes en font un portrait peu flatteur. C'était, disent-ils, un homme dur, cruel, « un grand tyran » même pour les Calvinistes; il était « malicieux, fantasque, subject à la lune » et, par surcroît, très avare, ne cherchant en tout que ses intérêts [2].

Son premier soin fut de fortifier la ville de Sévérac. Il arma le château de quatre grosses pièces d'artillerie, auxquelles ses successeurs en ajoutèrent douze plus petites appelées fauconneaux.

Jean IV reçut le commandement en chef des armées protestantes de la Haute-Marche, dont Millau était la capitale [3]. A ce titre il doit se préoccuper de recruter des soldats, de les équiper, entretenir et payer.

Le 3 novembre 1567, nous le trouvons devant Compeyre, une des meilleures places fortes des catholiques. Il en fit le siège et s'en empara.

Vingt-deux prêtres qui y étaient enfermés, « furent amenés à Millau, deux à deux, attachés avec des cordes ». Quelques-uns parvinrent cependant à s'échapper, les autres furent mis à mort. La ville de Compeyre fut pillée et saccagée, les cloches, les ornements sacerdotaux, que les protestants appelaient « ornements de l'idôlatrie », furent vendus

(1) Antoine d'Arpajon testa à Troyes, le 31 août 1562. C'est par erreur que l'abbé Bousquet lui donne pour successeur Jacques d'Arpajon, son neveu. Jacques était, au contraire, son oncle. Il mourut probablement avant Antoine. Son testament est de 1556.

(2) *Mémoires d'un Calviniste de Millau.*

(3) Id.

« pour le paiement des capitaines et des soldats. » [1]

L'année suivante, Jean IV est un des quatre colonels qui commandent une armée de 4.000 hommes, levée du côté de Castres. Peu de temps après, nous le trouvons marchant sur Cornus dont l'évêque de Lodève faisait le siège avec 500 hommes. Malgré un orage qui détrempe sa provision de poudre et empêche ses soldats de se servir des armes à feu, d'Arpajon oblige l'évêque à s'éloigner.

Le 1er janvier 1569, toutes les églises réformées de la Haute-Marche s'assemblèrent à Millau pour y réunir des troupes. Jean IV s'y trouvait, car « il estait général dudit pays, il voulait rescler tous les gens dudit pays et puis les emmener en Agenois où il était appelé. » [2]

Ce projet n'eut pas de suite et d'Arpajon vint assiéger le château de Palmas. Ses soldats y pénétrèrent par une brèche, massacrèrent la garnison ainsi que quelques prêtres qui s'y trouvaient.

Le 6 février 1569, Jean IV, se trouvant à Millau, s'y rendit coupable d'un acte de cruauté qui révolta ses amis eux-mêmes.

Sachant que les catholiques devaient assiéger la ville, il avait mis à la tête de son infanterie Montrosier de Millau, auquel il avait donné pour lieutenant Prat-Neire, de Liaucous.

Ceux-ci ayant fait prisonnier Pailhassi, de Compeyre, Montrosier en reçut 80 sous pour sa rançon.

Le lieutenant voulait sa part de cette somme et en avait souvent querelle avec Montrosier.

D'Arpajon entendit parler de l'affaire et voulut aussi « en avoir une lippée, car c'était un grand tiran. » [3]

Ayant convoqué les deux individus à son logis, pendant que ceux-ci se disputaient entre eux et se donnaient de mutuels démentis, le baron de Sévé-

---

(1) *Mémoires d'un Calviniste.* p. 152, éd. L. Rigal et Verlaguet.

(2) Ibid.   (3) Ibid.

rac, sans se préoccuper nullement de connaître la cause plus à fond, tira son épée et tua Montrosier. Il le fit ensuite simplement porter hors de sa maison [1].

L'auteur des *Mémoires d'un Calviniste* voit dans la mort de d'Arpajon, arrivée peu après, un juste châtiment de ce crime.

Cependant, les ressources faisant défaut pour la subsistence de l'armée, les chefs protestants donnèrent ordre à un certain Guisard, de Lapanouse, de vendre *tous les biens ecclésiastiques*.

Cette vente, disent les *Mémoires*, rapporta peu parce que les commissaires gardèrent une bonne partie du prix.

Le jour approchait où Jean IV aurait à rendre compte à Dieu de ses crimes.

Le 22 avril 1569, il se trouvait devant la place de Montech, près Montauban, dont il faisait le siège. Voyant que les assiégés se défendaient avec une extrême vigueur et piqué de leur résistance, il prit un bonnet blanc, pour n'être pas reconnu, se porta derrière la muraille d'un jardin, et il fit pousser l'attaque avec une nouvelle force. C'est à ce moment qu'il fut frappé à la tête d'un coup d'arquebuse et il tomba mort.

Les capitouls de Toulouse se chargèrent de son oraison funèbre. Trois jours après, en effet, écrivant au cardinal d'Armagnac pour lui annoncer cette mort, ils lui disaient qu'ils pensaient « qu'il serait joyeux parce que c'estait un personnage qui avait faict beaucoup de maux. » [2]

CHARLES D'ARPAJON, frère puîné de Jean IV, lui succéda. Les historiens nous le représentent comme un calviniste convaincu et fervent. Il se tint

(1) *Mémoires d'un Calviniste.*
(2) Histoire du Languedoc. V. pp. 282, 289, 294.

presque constamment éloigné de la cour, malgré son titre de chambellan du duc d'Alençon, frère du roi, et il vécut surtout sur ses terres. En 1578, il refusa la décoration de l'Ordre du Saint-Esprit, que lui offrait Henri III, craignant, s'il l'acceptait, d'être obligé de changer de religion.

Il épousa, Françoise de Montals, fille d'un des plus illustres seigneurs de la Haute-Auvergne et dont la mère était dame d'honneur de Catherine de Médicis.

Le contrat fut passé au Louvre, en présence du roi, de la reine-mère, du roi de Navarre et de plusieurs grands personnages du royaume.

Sévérac continua à être une des meilleures places fortes des protestants. En 1569, il ferma ses portes au capitaine du Ram, accusé de trahison pour avoir livré aux catholiques, sans combat, la forteresse de Bozouls qui passait pour imprenable.

La même année, les protestants, commandés par Coligny, ayant été battus à Montcontour par le duc d'Anjou, Mirabel, un des chefs de l'armée défaite, vint, avec une grande partie de cette armée, se réfugier à Sévérac et opéra dans le pays de nouvelles dévastations. C'est à tort, cependant, croyons-nous que H. de Barrau, s'appuyant sur des notes fournies par l'abbé Bousquet, lui attribue la ruine des églises de Sévérac, de Saint-Chély et de Lapanouse. Ces démolitions avaient eu lieu plus tôt.

Le général Mirabel fit le siège du château de Loupiac.

Ce château, bâti, en 1443, par Gui de Lapanouse, évêque de Mende, était une vraie forteresse, défendue par des fossés larges et profonds dont il reste encore des traces.

Sa gloire est d'avoir été, surtout pendant les guerres de religion et à l'époque de la Révolution, le boulevard du catholicisme. C'est ce qui explique l'acharnement des fanatiques et les nombreux et furieux assauts livrés contre ses fières murailles. Mirabel amena, pour ce siège, les canons du château de Sévérac. Les murs, dit-on, gardent encore les empreintes des projectiles lancés par ces bouches à feu.

La forteresse résista. Jean IV de Lapanouse, seigneur de Loupiac, à la tête d'une troupe déterminée, se défendit avec tant de vigueur que les assiégeants furent obligés de se retirer.

Un second siège du château de Loupiac fut fait, en février 1576, par Charles d'Arpajon, avec une armée de 1500 hommes. Le capitaine qui défendait le fort, jugeant, sans doute, toute résistance inutile, se rendit sans combattre. Les catholiques s'engagèrent à vider le château moyennant une somme de 4.000 livres que d'Arpajon devait leur faire payer par les paysans de la terre. [1]

Les archives de Loupiac [2] nous parlent d'un troisième siège.

Nous trouvons dans l'acte de vente par lequel Louise de Pozols, seigneuresse de Marmiesse, fille et héritière de Jean IV de Lapanouse [3], vend au seigneur de Roquelaure la terre et seigneurie de Loupiac. Il y est dit que ce château « est environné de plusieurs forts des ennemis..... ce qui est cause qu'il faut consumer aux frais de la guerre presque tout le revenu; comme cela a été vérifié naguère, ayant été prins (pris) par le seigneur de Las Ribes et aultres, tellement que, pour les en sortir, il a fallu assembler un camp devant ledit Lopiac, qui a cousté beaucoup. »

Le même acte affirme « que le sieur de Roque-

(1) De Gaujal, ii, 438.

(2) M. le vicomte d'Hauterive, dont la famille est propriétaire du château de Loupiac depuis la fin du XVIIe siècle, a bien voulu communiquer des documents très intéressants à M. l'abbé Belloc, curé de Lapanouse, qui les a copiés dans son livre de paroisse.

(3) D'après cet acte, il serait inexact que Jean IV de Lapanouse ait eu pour héritière sa sœur Jeanne, ainsi que l'affirme l'abbé Bousquet, p. 78.

laure aurait exposé sa vie, biens et corps, et plusieurs sommes pour le recouvrement dudit château de Lopiac prins (pris) par le capitaine Sainct-Hippolyte qui tenait quatre-vingts ou cent soldats dans icelui, ayant demeuré longtemps dedans, faisant la guerre. » [1]

Pour empêcher Saint-Hippolyte qui avait « mis en ruines une partie des basses maisons, rasé une maison dite La Tapie, granges, molin et portière » d'emporter encore les grilles des fenêtres, les meubles, les cabaux, les instruments et outils de labourage, de Roquelaure lui donne 266 écus deux tiers et dix setiers de froment. A chacun des soldats « une écharpe de tafetas... qui auraient costé lesdites écharpes quatre-vingts escuts. »

Charles d'Arpajon testa en 1579. Il fit héritier son fils aîné, qui fut Jean V, et il demanda à être inhumé dans le tombeau de ses pères, dans l'église de Ceignac.

Sa veuve, Françoise de Montals, dont le testament est de 1632, fait certains dons à l'église de Ceignac et demande, à son tour, à être enterrée à côté de son feu mari « *que Dieu absolve.* »

*
* *

Jean V d'Arpajon se maria à l'âge de 14 ans, contre la volonté de sa mère, avec Jacquette de Clermont, fille de Gui, seigneur de Castelnau et de Clermont-Lodève, sénéchal de Toulouse, laquelle devait être aussi fort jeune.

Elle apporta en dot 50.000 livres et la jouissance des terres de Brusque, de Fayet et autres.

Le mariage fut célébré, le 19 juillet 1589, dans la chapelle de Castelnau-Brétenoux.

Jean V eut le titre de capitaine de 50 hommes

____

(1) La famille de Roquelaure acheta le château de Loupiac en 1636.

JEAN V D'ARPAJON.

(D'après une peinture du Musée de la Société des Lettres de l'Aveyron
costume Louis XIII.)

d'armes des ordonnances du roi. Henri IV le nomma sénéchal et gouverneur du Rouergue, en 1592. Il le resta jusqu'en 1596. Il fut député de la noblesse de Rouergue aux Etats généraux de 1614. Il mourut en 1634, laissant huit enfants et une mémoire vénérée.

Jacquette de Clermont lui survécut longtemps. Elle mourut le 18 février 1659, dans son château de Brusque. Son corps fut inhumé à Ceignac, son cœur fut déposé à Lorette, près Sévérac.

Jean V n'est pas signalé comme ayant pris une part personnelle aux guerres de religion, d'ailleurs bien amorties sous le règne de Henri IV.

C'est pendant son enfance, après la mort de son père, que le célèbre d'Andelot défendit le château de Sévérac contre l'amiral, duc de Joyeuse, beau-frère d'Henri III. Voici en quelles circonstances :

En 1586, le roi envoya ce dernier dans le midi de la France, avec une armée de 20.000 hommes, pour y combattre les protestants.

Joyeuse, plein de présomption, promit, en partant, « de détruire tous les hérétiques, de raser toutes les villes qu'il occuperait, d'en exterminer tous les habitants. »

Heureusement que le courage lui manqua. La seule nouvelle, qu'il apprit à Moulins, que les protestants assiégeaient Compeyre lui fit ralentir sa marche.

Etant entré en Rouergue par Entraygues, il forma le dessein de s'emparer de Millau, ou au moins de Sévérac.

Saint-Auban, qui commandait la place de Millau, ayant connu le projet de Joyeuse, lui envoya dire qu'il l'attendait de pied ferme. Il ajoutait : « Vous pouvez vous dispenser d'amener votre artillerie car je ferai moi-même la brèche aux remparts, à l'endroit que vous voudrez. »

Effrayé par cette fière contenance, l'amiral renvoya son entreprise à plus tard et il alla se faire recevoir en triomphe par la ville de Rodez.

Quelques jours après, il disposa ses troupes dans diverses localités des environs. Un document dit qu'elles occupèrent depuis Espalion jusqu'à Salles-Curan où elles séjournèrent environ six semaines, et « qu'elles ne laissèrent rien à fouler, et à gâter. » Elles portèrent dans le pays les germes d'une affreuse peste qui y fit de grands ravages [1].

Une grosse partie de l'armée de Joyeuse, passant par les montagnes d'Aubrac, arriva dans le Séveraguais sept ou huit mois après que lui-même fut à Rodez. Elle occupa Saint-Grégoire, Lapanouse, Gaillac, Sévérac-l'Eglise, et se mit à construire des gabions, petits paniers sans fond qu'on remplissait de terre et dont se servait l'artillerie, pour élever des parapets protecteurs.

D'Andelot, qui avait avec lui 400 arquebusiers, jugeant qu'on se préparait à assiéger Sévérac, fit une sortie, le 6 octobre 1586, et tua une douzaine d'hommes de l'armée de Joyeuse.

Effrayé, celui-ci se hâta de quitter le pays. Après avoir guerroyé quelque temps en Rouergue, il passa en Albigeois où les maladies qui régnaient dans son armée l'obligèrent à la congédier.

Lorsqu'il rentra à Paris le roi ne lui cacha pas son mécontentement et lui dit que tout le monde, à la cour, le tenait pour un poltron.

(1) Voici ce qu'a écrit, au sujet de cette peste, Antoine Fabri, notaire à Ayrinhac : « Il sera mémoire que l'an mil cinq cent quatre-vingt-six, environ le demi-mois de septembre, arriva en ce pays de Rouergue, l'armée du Roy, conduite par Mgr le duc de Joyeuse et séjourna depuis Espalion jusques à Salles-Curan environ six semaines, de sorte que ne laissèrent rien à fouler et à gaster, et tout le peuple abandonnèrent leurs maisons. Et encore ladite armée mena une plus grande ruine laissant en cedit pays la contagion qui passa par tous les lieux; tellement que depuis Sévérac-le-Château jusques à Roudez, dans un an, moururent, sans toucher aux villes (c'est-à-dire sans compter les villes), mais seulement dans les bourgs et villages, *plus de trois mille personnes.* » (Affre-Dict. art. Peste.)

CHAPITRE VIII

*Louis d'Arpajon. — Premières années. — Sa vie
militaire.*

Jean V d'Arpajon, mort en 1634, eut pour successeur son fils aîné, Louis, né à Sévérac en 1590. Nos
historiens sont unanimes à reconnaître qu'il fut le
plus illustre rejeton d'une famille déjà illustre à
tant de titres. De tous les grands seigneurs du temps
passé, il est celui dont Sévérac a gardé le plus vivant
souvenir.

Nous connaissons peu de choses de sa première
jeunesse. Louis avait 44 ans à la mort de son père
auquel il avait succédé depuis plusieurs années
comme seigneur de Sévérac.

A l'âge de 27 ans il fait du service dans les armées
de Louis XIII qui ne cessèrent presque pas de guerroyer durant le cours de ce règne. Sa carrière militaire y fut des plus brillantes [1].

Il servit d'abord en Italie sous le maréchal de
Lesdiguières. Ayant eu un cheval tué sous lui au
combat de Solen, il se trouva engagé et reçut onze
coups de poignard. Il se défendit néanmoins avec
tant de vigueur qu'il tua celui qui l'avait blessé.
Ce trait de bravoure valut à Louis d'Arpajon, de
la part de Louis XIII, une pension de 6.000 livres.

Par commission du 7 juillet 1621, le jeune vicomte leva un régiment d'infanterie qui fut, dans la
suite, le régiment de *Royal* et avec lequel il servit

(1) La vie militaire de Louis d'Arpajon est racontée par
nos historiens, en particulier, de Gaujal IV, p. 46 et suiv. et
H. de Barrau, I, p. 390 et suiv.

au siège de Montauban où il fut encore blessé en trois différentes rencontres.

Peu de temps après, Louis d'Arpajon était au siège de Tonneins où il défit un régiment d'élite et tua de sa main le célèbre *Castain*, qui le commandait.

Il en fut récompensé par le grade de *Maréchal de Camp* qui lui fut conféré [1].

S'étant mis avec ses troupes, au service du prince de Condé, nous le retrouvons, peu de temps après, aux sièges de Montpellier et de Saint-Antonin, où il se couvrit de gloire.

Lorsque le duc d'Orléans leva contre son frère, Louis XIII, l'étendard de la révolte, le duc de Montmorency écrivit à d'Arpajon pour l'engager à prendre parti contre le roi. Louis, qui se trouvait au château de Sévérac, ne songeant, sur une première impression, qu'à de nouveaux lauriers à conquérir, fut sur le point de s'inscrire parmi les révoltés. Après mûre réflexion, il résolut de ne pas répondre sans avoir consulté un ami qu'il avait au Massegros, nommé M. Vors. Lui ayant fait part de son dessein : « Monseigneur, lui répondit celui-ci, c'est une guerre entre frères ; les deux frères finiront par faire la paix et les partisans du duc d'Orléans seront immolés. »

C'en fut assez pour d'Arpajon. Il resta fidèle au roi et la mort de Montmorency, décapité à Toulouse, justifia les prévisions de M. Vors [2].

En 1630, nous retrouvons Louis d'Arpajon en Italie, sous les ordres du maréchal de La Force, où il se distingua devant Casal. En 1631, il est en Allemagne et prend part au siège de Mayence ainsi qu'à d'autres expéditions.

(1) Le 4 mai 1622, d'après de Gaujal. Comment se fait-il, cependant que l'acte du 14 septembre 1620, dont il sera question qualifie déjà Louis d'Arpajon du titre de maréchal de camp.

(2) Abbé Bousquet, p. 37. Les autres historiens ne relatent pas cette anecdote.

L'année suivante, comme l'empereur d'Allemagne s'était emparé de la capitale et des états de l'Electeur de Trèves, il reçut ordre d'aller assiéger, cette ville En s'y rendant, il prit Consarbruck, défit les troupes du comte d'Issembourg qui allaient au secours de cette place et, le 6 août, il commença le siège de Trèves. Sa conduite, en cette occasion, lui valut d'être nommé chevalier de l'Ordre du Roi. (1633).

La même année, il était à côté de Louis XIII au siège et à la prise de Nancy.

Le siège de La Motte, en Lorraine, commencé par d'Arpajon, le 11 mars 1634, fut remarquable parce que, pour la première fois en France, on fit usage de bombes pour l'attaque des places.

A la fin de la même année, il marcha sur le Rhin, y batailla en 1635 et, en 1636, il passa à l'armée de Picardie.

Le 14 juillet 1637, d'Arpajon fut promu au grade de *Lieutenant général* et employé sous le duc de Longueville en Franche-Comté où 32 places furent soumises.

En 1638, il défit à Polincove, dans les Flandres, une armée de 4.000 cavaliers, n'en ayant lui-même que 800 et 1.500 fantassins.

Ces glorieux exploits lui valurent le commandemant de la ville de Nancy, de la Lorraine et du Barrois qu'il acheva de soumettre au roi.

Comme on le voit, Louis d'Arpajon travaillait bien pour la France.

L'année suivante, nous le trouvons à l'autre extrémité du royaume occupé, avec le prince de Condé, à combattre en Roussillon. Il fit le siège du château de Salces, réputé pour le plus imprenable de l'Europe. Un officier de son armée, qui a laissé des Mémoires, dit à cette occasion : « le vicomte d'Arpajon, très bon homme de guerre et fort entendu aux sièges, fit faire de si bonnes tranchées et de si bonnes places d'armes et logements, de cent en

LOVIS VICOMTE D'ARPAION MARQVIS
de feuernc comte de Rodez confeillier du Roÿ
en fon confeil déftat cheualier de fes ordres et
lieutenant general des armées de fa Maiefté. etª.
Moucornet

cent pas, que les ennemis nous tuèrent peu de monde. »

La place fut prise en 40 jours de siège. En 1642, le roi envoya d'Arpajon commander la Guienne qui avait besoin d'être pacifiée et où il maintint l'autorité royale.

Après de si nombreux et si distingués services, il semble qu'il pouvait s'attendre à tous les honneurs. Il ambitionnait surtout le grade de maréchal de France.

En 1643, le roi en nomma trois : Turenne, l'Hôpital de Rosnay et Gassion.

Turenne était hors de discussion. Les deux autres, surtout Gassion, qui n'avait que 37 ans, paraissaient avoir moins de titres. D'Arpajon n'oublia jamais ni ne pardonna ce qu'il jugeait être une injustice à son égard et pendant longtemps, dit un écrivain de l'époque, [1] il en « pesta » beaucoup.

Pour le dédommager, le roi érigea en sa faveur le comté de Rodez, mais le comte de Noailles, sénéchal du Rouergue, les syndics de la province et le présidial de Rodez y formèrent tant d'opposition que d'Arpajon dut renoncer à ce titre.

Tous ces mécomptes ne brisèrent ni son courage ni sa volonté inébranlable de se dévouer au bien.

Deux ans plus tard (1645) il en donna une éclatante preuve.

Ayant appris que les Turcs menaçaient l'île de Malte, il fit prendre les armes à tous ses vassaux, il leva 2.000 hommes à ses dépens, chargea plusieurs navires de munitions de guerre et, accompagné d'une foule de gentilshommes, parents et amis, il mit à la voile pour Malte.

Pour reconnaître un service si signalé, le Grand-maître, Paul Lascarin, le nomma général en chef de toutes les armées.

Mais l'alarme inspirée par les Turcs ayant été vite dissipée, d'Arpajon n'eut pas à combattre. Il reçut

____

[1] Tallement des Réaux.

néanmoins, pour lui et pour son fils aîné, la grande-croix de l'ordre et le privilège que, pour une fois seulement, un de ses fils serait chevalier en naissant et grand-croix à l'âge de 16 ans. Il reçut en outre le droit de porter l'écu de la religion sur ses armes et la croix octogone avec les extrémités saillantes sous son écu [1].

En 1648, Louis d'Arpajon fut nommé ambassadeur extraordinaire auprès du roi de Pologne, Ladislas VII, pour lui porter, de la part du roi de France, le collier de l'ordre du Saint-Esprit.

Son arrière-pensée, en sollicitant cette mission, était que le roi de Pologne demanderait en sa faveur ce bâton de maréchal qu'il désirait toujours.

Son espoir fut encore déçu. Arrivé à Dantzig. il apprit que le roi de Pologne venait de mourir. Cela ne l'empêcha pas de se rendre à Varsovie où il favorisa l'élection de Casimir, frère du feu roi. Ce choix était favorable à la France, mais il fut sans profit pour d'Arpajon.

C'est sur ces entrefaites qu'éclata la *Nouvelle Fronde*.

Le grand Condé, qui avait vaincu la *vieille Fronde*, ne se croyant pas assez rémunéré de ses services, s'était tourné subitement du côté des mécontents. Il se rendit en Guienne pour y rallier des partisans. La princesse de Condé, qui avait réussi à faire révolter Bordeaux (1650), chercha à attirer d'Arpajon dans son parti et lui envoya un émissaire nommé Saint-Séroux.

Le cardinal Mazarin, ministre du jeune Louis XIV, n'eut garde, de son côté, d'oublier un homme qui était capable de rendre les plus grands services.

Pour le gagner au parti du roi, il lui dépécha La Trivolière, lieutenant des gardes de la reine.

D'Arpajon accueillit avec courtoisie les deux

(1) Les honneurs de grand-croix furent attribués même aux femmes de la maison d'Arpajon, à défaut de représentants mâles.

envoyés qui arrivèrent presque en même temps au château de Sévérac, les mains pleines des plus belles promesses.

Mazarin faisait espérer le bâton de maréchal et la charge de lieutenant du roi en Guienne.

D'Arpajon avait maintes raisons de se défier. Avant de répondre, il dépêcha un courrier au roi pour demander l'érection de sa terre de Sévérac en *duché-pairie*, un *bâton* et non un *brevet* de maréchal et l'argent nécessaire pour payer la charge de lieutenant général.

La réponse de la Cour ayant été favorable, Louis d'Arpajon renvoya alors Saint-Séroux avec une lettre pour la princesse de Condé qui « n'était qu'un honnête compliment. Il ne disait ni oui ni non sur la promesse qu'elle lui avait faite. » [1]

Le mois de décembre suivant, la baronnie de Sévérac qui, depuis peu, avait été élevé à la dignité supérieure de Marquisat [2] en faveur de Louis d'Arpajon, fut érigé en *duché-pairie* sous le nom de d'Arpajon [3].

Le seigneur de Sévérac demandait aussi le titre de lieutenant général de Guienne. En compensation, sans doute, il fut nommé, le 5 mars 1652, lieutenant général du commandement du Bas-Languedoc. « Ce fut le terme de sa carrière, dit de Gaujal.

(1) Lenet, écrivain de l'époque.

(2) Le marquisat, d'après un arrêt du conseil privé de 1578, devait contenir deux baronnies et six châtellenies.

(3) Sous l'ancien régime, le *duché* était au-dessus du *marquisat*. Il y avait le duché simple et le duché-pairie. Ce dernier était une des plus éminentes dignités et n'était accordé qu'aux familles les plus illustres du royaume.

Dans les préséances de la cour, les ducs-pairs venaient immédiatement après les princes du sang. Ils n'étaient que douze à l'époque de Charlemagne. Plus tard, leur nombre fut considérablement accru. Ils siégeaient au Parlement de Paris et ils ne pouvaient être jugés que par cette cour souveraine à condition encore que douze des leurs fussent présents.

On oublia la promesse qu'on lui avait faite du bâton de maréchal et on le crut assez récompensé. »

Lenet, qui était du parti de Condé prétend que « ses vastes prétentions l'empêchèrent d'avancer sa fortune autant qu'il eut pu le faire, ayant beaucoup de naissance et beaucoup de services. »

Le titre de duché-pairie, attribué à la terre de Sévérac, en 1651, fut transféré, en 1655, à la terre de Calmont-de-Plancatge. D'Arpajon fut amené à le solliciter sous prétexte que la terre de Sévérac entrée dans la maison par les femmes, ne lui donnait que le second rang aux Etats du Rouergue, tandis que la maison d'Arpajon avait droit au premier, ce que de Gaujal croit contestable.

Les lettres d'érection du duché-pairie ne furent jamais enregistrées. Louis d'Arpajon présenta la requête au parlement de Paris pour qu'elles le fussent, et il obtint un arrêt qui ordonnait l'enregistrement et la réception. Il mourut sans que ces formalités aient été remplies [1].

(1) de Gaujal, IV, p. 51.

CHAPITRE IX

Gloriande de Thémines épouse de Louis d'Arpajon.

— Sa mort tragique.

Louis d'Arpajon, qui se maria trois fois, épousa, en premières noces, Gloriande de Lozières, fille de Pons de Lauzières de Thémines Cardaillac, marquis de Thémines, maréchal de France. C'était une alliance avec une des premières familles de l'époque. Le mariage fut célébré, le 1er février 1622, dans le palais épiscopal de Cahors.

Prévu et préparé depuis longtemps, dit H. de Barrau, il semblait devoir assurer aux deux époux de longs jours de bonheur. Naissance illustre, fortune, qualités aimables et brillantes, tout s'y trouvait réuni.

Le bonheur, en effet, parut sourire d'abord. De ce mariage naquirent quatre enfants :

Pons d'Arpajon, né le 8 juillet 1623, mort jeune,

Jeanne Louise, religieuse de la Visitation,

Jacqueline ou Jacquette Hippolyte, religieuse Carmélite, au Faubourg Saint-Jacques, à Paris.

Jean Louis, né le 3 juillet 1632, dont il sera parlé plus loin.

Gloriande de Thémines habitait depuis une douzaine d'années le château de Sévérac, où son mari, occupé au loin par la profession des armes, ne faisait que de rares apparitions, lorsque soudain les plus affreux malheurs qui puissent frapper une épouse et une mère s'abattirent sur elle.

Nous allons raconter, dans les grandes lignes, ce qu'une tradition constante, sur laquelle la légende,

au cours des siècles, a probablement brodé, nous
en a rapporté.

Les fréquentes absences du duc avaient permis à
un peu d'anarchie de franchir les portes du château. Il y avait là une belle-mère, Jacquette de
Clermont, et une belle-fille. Chacune, sans doute,
avait ses partisans. Le viguier, de Barthélemy ral-
liait autour de lui ceux de Jacquette.

Pendant ses courtes apparitions, Louis d'Arpajon était assailli par toutes sortes d'insinuations
méchantes contre son épouse.

On profita de la naissance de son dernier enfant,
Jean Louis, pour machiner la plus grave des impu-
tations contre l'honneur et la fidélité conjugale de
Gloriande.

Le duc, de caractère altier et violent, se laissa
persuader; il en conçut une colère implacable et,
à partir de ce jour, il nourrit en son âme le dessein
de la plus horrible vengeance.

On raconte qu'il commença par faire mettre à
mort un jeune seigneur, son vassal, dénoncé comme
coupable par de Barthélemy, et qu'il sequestra
pendant quelque temps Gloriande dans ses appartements. Après cela, ayant arrêté son fatal projet
et combiné ses mesures, il invita Catherine Evesque, femme d'Antoine de Barthélemy, à accompagner Madame d'Arpajon à Notre-Dame de Ceignac
où elle allait se rendre, disait-il, pour une dévotion.

Au jour fixé, une première voiture reçut le duc
d'Arpajon. Dans une seconde montèrent la femme
du viguier et l'infortunée Gloriande. Cette dernière
pressentait le malheur qui l'attendait. A peine
eut-elle quitté le château, qu'interpellant sa com-
pagne avec angoisse : « Savez-vous, lui dit-elle, où
vous me conduisez ? »

« Madame, répondit Catherine, nous allons en
pèlerinage à Notre-Dame de Ceignac, ainsi que
Monseigneur l'a dit. »

« Hélas ! répondit Gloriande, dites plutôt à la

mort. Mon mari a résolu de me faire mourir aujour-d'hui. Je ne reverrai pas Sévérac. »

Arrivées sur les bords de l'Aveyron, entre Bertholène et Montrozier, vers le point où les montagnes des Palanges viennent presque toucher à ses bords, les voitures reçurent ordre de quitter la route et de s'enfoncer dans le bois. On marcha quelque temps encore, puis le cortège s'arrêta et l'on mit pied à terre dans un lieu sauvage [1].

Un inconnu, à la face voilée, s'y trouvait. Sur un signe du duc, madame d'Arpajon fut saisie et contenue. Alors, malgré ses prières et ses cris de détresse, malgré les supplications et les larmes des assistants, l'inexorable époux donna ordre à l'étranger, qui était un chirurgien, d'accomplir son œuvre. Celui-ci s'approcha de la victime et lui ouvrit les quatre veines.

Lorsqu'on jugea qu'elle avait perdu assez de sang pour ne pas survivre, on banda ses plaies, on la replaça dans la voiture et on la ramena en toute hâte à Sévérac où, quelques moments après son arrivée, elle rendit le dernier soupir.

Le crime fut mis au compte d'une mort naturelle. Il y eut grand deuil au château et, pendant longtemps, malgré certaines rumeurs qui circulèrent dès le jour des funérailles, la vérité resta cachée pour au moins le grand public. Telle est la tradition.

Ce triste évènement eut lieu le 8 avril 1635. Le volume n° 2, page 24, des registres des baptêmes, mariages et décès de la paroisse de Sévérac, porte l'inscription suivante :

« Haute Dame Gloriande de Thémines est décédée au moys d'avril mil six cent trante et cinq, est décédée à Rodez. » [2]

(1) D'après une autre version, la dame d'Arpajon aurait été conduite dans un château du voisinage (H. de Barrau).

(2) Ce volume se trouve aux archives communales de Sévérac. Il est commencé en 1577 et il s'arrête à l'année 1640.

Parmi nos historiens, qui ont écrit sur Sévérac, de Gaujal ne fait même pas allusion à cet évènement.

H. Affre, après avoir rapporté ce que dit H. de Barrau, ajoute : « Doit-on admettre comme un fait certain et indubitable ce récit de la tradition ? Je ne le pense pas. » [1]

H. de Barrau, après avoir raconté ce que nous disons plus haut, continue ainsi :

« Quel que soit notre respect pour les traditions locales, du moins quant au fond des choses, nous avions peine à croire que le duc d'Arpajon, personnage historique dont le nom est environné d'une si belle renommée, eut pu, sous le règne d'un tel roi que Louis XIV, accomplir impunément une de ces atroces vengeances dont on ne retrouve l'exemple que dans la barbarie des temps féodaux; mais voici qu'un témoignage inattendu est venu donner plus de poids à la tradition. Feu M. Monestier, qui s'est occupé avec une si longue persévérance de tout ce qui a trait à l'histoire des seigneurs de Sévérac, nous écrivait, le 23 juillet 1837, au sujet de la mort tragique de la dame d'Arpajon : « C'est la version que m'a faite M. de Carbon, ancien sous-préfet de Millau, qui dit la tenir de son aïeule, fille de Catherine Evesque, femme du viguier de Sévérac, présente au supplice de Gloriande, qui dut avoir lieu le 8 avril, mais on ignore l'année. Cet exemple n'aurait pas été nouveau dans ce siècle. » [2] Et il cite à l'appui de son assertion deux faits un peu analogues qui s'étaient produits quelque temps auparavant, l'un dans la famille de Grammont, l'autre dans celle d'Estaing.

H. de Barrau semble n'avoir pas remarqué que le témoignage de M. de Carbon renferme une grave inexactitude qui lui enlève de sa valeur.

---

(1) H. Affre. *Biographie Aveyronnaise*, pp. 20 et 21.

(2) H. de Barrau. I. pp. 396 et suiv. C'est par erreur que de Barrau place la mort de Gloriande (1635), sous le règne de Louis XIV.

GLORIANDE DE THÉMINES, DUCHESSE DE SÉVÉRAC
(D'après une peinture attribuée à l'un des Mignards.)

L'aïeule dont il est parlé, qui était Mme de Prévinquières de Varès, n'était pas la fille mais bien la petite-fille de Catherine Evesque. Il semble matériellement impossible qu'elle ait pu entendre le récit en question de la bouche de cette dernière.

En effet Catherine Evesque était déjà mariée en 1635, date de la mort de Gloriande. Elle avait donc, à ce moment, au moins 20 ans; ce qui reporterait sa naissance en 1615.

Son fils, Antoine de Barthélemy, qui succéda à son père comme viguier de Sévérac, ne se maria qu'en 1688, avec Jeanne de Foucras de Cabrières. De ce mariage naquirent trois filles, dont la cadette, Elisabeth-Marie, épousa M. de Prévinquières de Varès. Quelle est la date de la naissance de cette dernière ? Nous ne le savons pas au juste mais, ses parents s'étant mariés en 1688, et n'étant elle-même que la cadette de ses sœurs, elle ne peut être née avant 1690, époque où Catherine Evesque aurait eu au moins 75 ans. Il est très probable qu'elle naquit même bien plus tard attendu qu'elle ne se maria que le 28 février 1729 [1], 94 ans après la mort de Gloriande. Si donc elle a entendu le récit de la mort tragique de cette dernière, ce ne peut-être que de son père et non de Catherine Evesque. Cela fait bien des bouches se passant successivement un secret qu'il semblait y avoir intérêt à laisser tomber dans l'oubli!

Mais il n'y a pas que le témoignage de M. de Carbon en faveur de la thèse de la mort violente de la dame d'Arpajon.

Il y a d'abord la tradition constante qui peut varier sur des points de détail mais qui est unanime quant au fond. Ce qui en fait une preuve décisive c'est qu'elle ne s'est pas créée peu à peu, au cours des siècles, mais qu'elle a existé dès le commencement. Nous en avons la certitude par le passage suivant des *Mémoires* de *Saint-Simon,* écrits à la fin

---

(1) Acte reçu Lafabrègue, notaire à Sévérac.

du règne de Louis XIV. Parlant du vicomte d'Arpajon, personnage très connu à la Cour il dit : « Il épousa en premières noces (1622) une fille du maréchal de Thémines, *et on crut toujours qu'il s'en était défait par jalousie, dont même il ne se défendit pas trop.* » [2]

Une seconde preuve qui ne semble laisser aucun doute sur le genre de mort de Gloriande se tire des haines implacables, irréconciliables, et inexplicables sans cette hypothèse qui, à partir de ce moment, existèrent entre Louis d'Arpajon et ses enfants.

Les deux filles ne tardèrent pas à quitter la maison et entrèrent en religion contre le gré de leur père.

Dès que le fils, Jean-Louis, eut grandi, il se retira au château de Calmont-de-Plancatge et il ne tarda pas à se révolter contre son père.

Il arriva un jour à Sévérac avec une troupe armée. Après s'être emparé du château qu'il pilla et saccagea, il se porta sur la maison du viguier de Barthélemy [1], le mari de Catherine Evesque, à laquelle il fit subir le même sort. De Barthélemy ne dut son salut qu'à une fuite précipitée.

N'est-il pas évident que Jean-Louis poursuivait une vengeance. ?

De son côté, Louis d'Arpajon garda jusqu'à la mort contre son fils des préventions et une rancune qui le portèrent aux actes les plus odieux. Non seulement il le deshérita; alors qu'il était son fils unique, le seul héritier de ses biens et de son nom, mais il deshérita encore les enfants de Jean-Louis et il déclara par testament qu'il entendait que les

(2) M. Couderc, bibliothécaire à la Bibliothèque Nationale, dans sa *Bibliographie du Rouergue*, p. 56, à l'article *Arpajon*, indique le passage de Saint-Simon qui se trouve dans le tome III (1881), p. 451-452 de l'édition des *Mémoires*, publiée par M. de Boislile, pour la collection des grands écrivains de Hachette.

(1) Située place de La Fontaine.

enfants mâles qui pourraient naître de sa fille, issue de son troisième mariage, soient seuls héritiers de ses biens, de ses armoiries et de son nom,

Quelqu'un a dit que la haine des enfants contre leur père venait uniquement de ce qu'il s'était remarié. A qui le fera-t-on croire ? Alors comme aujourd'hui beaucoup de veufs se remariaient. Si leurs enfants, en général, l'ont vu sans enthousiasme, ils ne se sont jamais portés pour cela à pareils excès.

On a dit encore que l'aversion du père pour son fils venait de ce que ce dernier s'était marié contre son gré. Ce n'est pas croyable. Jean-Louis avait épousé une fille des premières familles de France. Le roi, la reine, d'autres grands personnages furent présents au contrat, ce qui était de nature à beaucoup flatter l'amour propre du père.

Pour expliquer « une haine que ne put pas même éteindre le tombeau, dit H. de Barrau, on est forcé de reconnaître qu'un sentiment si contraire aux lois de la nature devait avoir sa source dans un motif bien extraordinaire et bien puissant. C'était, pour l'un, la faute d'une épouse, pour l'autre, la mort cruelle qui en avait été l'expiation. » [1]

La plus sérieuse objection contre la tradition telle qu'elle nous a été transmise, se tire de l'acte

---

(1) On a voulu voir une preuve des soupçons qui auraient plané sur la légitimité de la naissance de Jean-Louis dans une inscription qui se trouve sur le registre de Sévérac. Au verso du feuillet 68, registre N° 2, en face de l'acte de naissance de Jean-Louis, (3 juillet 1632), se trouvent, en marge, les trois formules suivantes : « *Ne varietur Belot — Sans approbation ne varietur Fagon — Ne varietur Cassagneau.* » Dans le volumineux registre, c'est la seule inscription de ce genre. L'acte de naissance du premier fils du duc d'Arpajon, du 8 juillet 1628, consigné au feuillet 40, n'est distingué des autres que par un simple paraphe, en marge. Quoi qu'il en soit, rien n'indique que l'inscription en question ait le sens que certains ont voulu lui donner.

consigné dans les registres de Sévérac, constatant que Gloriande « est décédée à Rodez. »

On a cru répondre victorieusement en disant que si la dame d'Arpajon était morte à Rodez, les registres de cette ville, à cette époque, en garderaient mémoire. Or, affirme-t-on, les plus minutieuses recherches n'en ont pas découvert la moindre trace. Pour être impartial, il faut avouer que, à cette date, l'état civil du Bourg est bien au complet mais non celui de la Cité. Il y a une lacune de 1630 à 1642. On ne peut donc savoir si le décès n'a pas été enregistré à la Cité.

Tout ce qu'on peut dire, c'est que les auteurs du crime, voulant garder le secret, ont pu vouloir donner le change et dépister l'opinion publique. On ne comprend pas cependant qu'on ait pu écrire au registre que Gloriande était décédée à Rodez s'il était notoire, ainsi que le rapporte la tradition, qu'elle avait rendu le dernier soupir au château de Sévérac.

Il reste néanmoins que l'acte de décès, tel qu'il est rédigé, a une particularité très frappante; il n'indique ni le jour ni le lieu de la sépulture de la dame d'Arpajon.

Ce fait est d'autant plus extraordinaire qu'il est contraire aux usages de l'époque. Lorsqu'il s'agit de personnes ordinaires, le même registre donne toujours la date du décès et souvent le lieu de la sépulture.

Pour les membres de la famille d'Arpajon, il indique toujours l'un et l'autre. Je pourrais en citer de nombreux exemples. Je me contente de faire remarquer que, dans ce même volume, numéro 2, feuillet 23, il est dit que Françoise de Montals, grand'mère de Louis d'Arpajon, décédée à Calmont, a été ensevelie à Ceignac, le 20 décembre 1633.

Au verso du même feuillet, est inscrit le décès de Jean V d'Arpajon, père de Louis, arrivé à Rodez le 19 mai 1634 et enseveli à Ceignac.

Or, au feuillet suivant, on inscrit le décès de Gloriande en se contentant d'indiquer le mois et l'année, sans autre précision. Une pareille omission, lorsqu'il s'agit surtout d'une personne de cette qualité, ne peut être qu'intentionnelle.

Les autres objections contre la thèse de la mort violente de Gloriande sont sans valeur.

On s'est étonné, en particulier, que le sieur de Mélac, recteur de Saint-Dalmazy, qui prononça l'oraison funèbre de Louis d'Arpajon, n'ait pas fait allusion à son crime. Pouvait-il le faire alors que la famille faisait tout pour le tenir secret ?

En ces sortes de discours, on parle surtout des vertus du défunt que volontiers on égaxère un peu. On pouvait certes exalter celles de d'Arpajon sans trop blesser la vérité car si, comme le roi David, il avait un jour commis une grande faute, il l'avait, comme lui, amèrement pleurée et réparée non seulement par de cuisants remords, mais encore par une sincère pénitence et par la pratique des plus austères vertus.

Après l'exposé que nous venons de faire, il semble qu'un esprit non prévenu doit accepter comme historique la mort violente et mystérieuse de Gloriande de Thémines.

On ne saurait être aussi affirmatif au sujet des circonstances qui l'accompagnèrent. La tradition qui nous les a rapportées n'a été recueillie par nos historiens que deux siècles après sa naissance. La légende avait eu le temps de faire son œuvre.

CHAPITRE X

Les dernières années de Louis d'Arpajon. — Démê-
lés avec son fils. — Sa mort.

Le duc d'Arpajon vécut encore longtemps après
ce tragique événement, habitant tantôt à Sévérac,
tantôt à Paris où il avait un hôtel, rue d'Orléans,
paroisse de Saint-Jean-en-Grève. Sa carrière militaire était terminée, mais il reçut encore du roi
Louis XIV quelques missions honorables. Le 10
février 1662, il fut chargé de donner le collier de
l'Ordre du Saint-Esprit au prince de Conti et à
quelques autres personnages. La cérémonie eut
lieu à Pézénas, le 25 mars suivant. L'année d'après
il se démit de sa lieutenance générale en faveur du
comte de Grignan [1].

Ce ne fut que vint-deux ans après la mort de sa
première femme, à l'âge de 67 ans, qu'il prit le parti de se remarier. Il est à croire que les difficultés et les peines de famille ne furent pas étrangères à cette décision.

Ses deux filles, hantées sans doute par les tristes
souvenirs que leur rappelait le château de Sévérac,
désireuses peut-être, comme plus tard la fille de
Louis XV, d'expier les fautes de leur famille de
peur qu'elles ne pèsent un jour lourdement sur
elle, étaient entrées en religion contre la volonté de
leur père.

L'aînée, Jeanne-Louise, reçue à la Visitation de
Montpellier, en 1639, fut plus tard abbesse de Ville-
mur, diocèse de Castres.

(1) De Gaujal. IV, 53,

La seconde, Jacqueline ou Jacquette, se fit Carmélite. Claude de Villaret note dans son journal : « le 3 août 1655, Mlle d'Arpajon est entrée au couvent des Carmélites de Paris contre la volonté de son père. »

Abandonné par les enfants de Gloriande, Louis d'Arpajon épousa, le 3 février 1657, Marie-Elisabeth Simiane de Moncha, fille de Bertrand de Moncha, maréchal-de-camp, appartenant à la branche cadette de l'illustre maison de Simiane, en Provence.

Cette femme lui apportait une très riche dot : 230.434 livres, somme réputée considérable à cette époque [1].

Hélas ! le rêve de bonheur qui devait ensoleiller les vieux jours de Louis d'Arpajon fut de courte durée. Neuf mois après son mariage, le 9 novembre 1657, Simiane de Moncha mourut de ses couches, à Pézénas, où elle avait accompagné son mari à la tenue des Etats. Par testament, elle donna 12.000 livres à Lorette, elle laissa à son mari l'usufruit de tous ses biens et elle constitua pour son héritier son frère, Claude de Simiane.

Deux ans après la mort de sa seconde femme à laquelle il garda toute sa vie un souvenir fidèle et attendri, Louis d'Arpajon épousa, en troisièmes noces, Catherine-Henriette d'Harcourt de Beuvron, dame du palais de Marie-Adélaïde de Savoie. Il en eut une fille, Catherine-Françoise, à laquelle il donna la baronnie de Sévérac, Jean-Louis, ayant été exhérédé.

Nous avons déjà dit la grande mésintelligence qui ne cessa d'exister entre le père et les enfants depuis la mort de Gloriande. Les filles

(1) Les titres du château de Sévérac énumèrent avec complaisance ses nombreux bijoux ornés de diamants et perles précieuses, ses riches toilettes et tapis de haute valeur qui nous donnent une idée du luxe des grandes dames au siècle de Louis XIV. H. *de Barrau* I, 384.

étant parties pour le couvent, le fils, Jean-Louis,
ne tarda pas à se révolter contre son père qui le
chassa du château de Sévérac et lui donna, pour y
habiter, une maison située à Calmont-de-Plancatge. Jean-Louis ne voulut pas même en prendre possession et il fit porter son lit dans l'église du lieu où
il coucha, malgré les représentations du pasteur de
la paroisse [1].

Nous avons dit qu'il fit plus. Ayant rassemblé,
pendant l'hiver de 1660, une troupe assez nombreuse d'aventuriers, il marcha, en l'absence de son
père, sur le château de Sévérac et il s'en empara,
le 19 février, à 10 heures du soir. Après l'avoir
occupé pendant un mois et l'avoir pillé, ainsi que
la maison du viguier de Barthélemy, enlevant or,
argent, bijoux, objets d'art, titres et toute sorte de
mobilier, il eut à se défendre contre les troupes que
le roi, auquel Louis d'Arpajon avait porté plainte,
envoyait pour faire cesser ce désordre.

Le sieur de Saintpoint, lieutenant-colonel du
régiment Royal, qui les commandait, perdit la
vie dans ce siège où plusieurs soldats furent aussi
tués ou blessés.

Enfin, le duc d'Arpajon étant lui-même accouru
de Paris, les rebelles furent forcés d'évacuer la
place. Les uns se sauvèrent, les autres ayant été
pris furent amenés dans les prisons de Toulouse [2].

Comme un pareil brigandage ne pouvait rester
sans châtiment, le duc en saisit le parlement de
Toulouse qui condamna plusieurs des coupables à
mort, notamment Jean-Louis, auteur de la révolte,
par arrêt de défaut du 14 mai 1660. Un second
arrêt du parlement de Paris le condamna à être
exilé pour six mois de Paris, de sa prévôté et du
ressort du parlement de Languedoc. Il l'obligea,
en outre, à restituer les meubles enlevés ou bien à
payer la somme de 24.000 parisis, à rendre les

(1) Abbé Bousquet.
(2) Mémoire du temps cité par H. de Barrau I, 385.

papiers qu'il avait pris, à payer 8.000 parisis de dommages et intérêts, 4.000 à de Barthélemy, viguier de Sévérac, pour excès commis envers lui et sa femme et à supporter les dépens, qui seront pris sur les biens lui appartenant. Il lui fait défense de récidiver à peine de punition exemplaire.

Ces sévères condamnations ne suffirent pas à apaiser le courroux du père qui se porta jusqu'à déshériter Jean-Louis et ses descendants.

Dans l'acte d'exhérédation, fait au Châtelet, à Paris, le 4 mars 1660 [1], Louis d'Arpajon déclare que « malgré les soins qu'il a pris de l'éducation de son fils, il n'a rencontré en lui que de mauvaises inclinations. Ce fils ingrat lui a toujours désobéi et s'est livré à toutes sortes de dérèglements. Il s'est marié depuis un an non seulement sans son consentement, mais il a contracté une alliance indigne de lui et de sa naissance; en ayant eu avis, il lui a député des personnes de sa maison pour lui faire de sa part des défenses; au lieu de les écouter, il les a injuriées. Son impiété l'a porté jusqu'à porter son lit dans l'église de Calmont-de-Plancatge et à y coucher. Il s'est emparé, à main armée, du château de Sévérac dans la nuit du 19 février 1660 et, après l'avoir occupé pendant un mois, il l'a pillé... A cause de tous ces crimes, il a exhérédé et exhérède son fils, ne voulant pas qu'il prenne aucune part dans ses biens, en quelque lieu qu'ils soient situés, soit meubles, soit immeubles. » [2]

____

(1) H. de Barrau. I. 385.

(2) Les dates données par H. de Barrau soit de l'acte d'exhérédation, soit du mariage de Jean-Louis, sont erronées; au moins l'une d'elles. En effet, si la prise du château de Sévérac eut lieu le 19 février, comment l'acte du Châtelet, daté du 4 mars suivant, peut-il dire que Jean-Louis est resté un mois au château après l'avoir pris ?.. De plus, H. de Barrau dit (p. 387) que Jean-Louis se maria le 3 mai 1661. Or l'acte de déshérédation dit qu'il est déjà marié. Il est vraisemblable, en réalité, que Jean-Louis l'était à cette époque, car il l'eut

Dans la suite, le duc revint, à plusieurs reprises, sur cet acte d'exhérédation pour le confirmer et même l'aggraver.

Il le fit une première fois le 1er juillet 1661, ajoutant « que Jean-Louis se tenait caché dans la ville de Paris à cause de ses crimes pour lesquels il avait été condamé à mort par le parlement de Toulouse ».

Dans son testament, fait à Sévérac, le 8 août 1672, il confirme l'exhérédation non seulement de Jean-Louis mais encore des enfants qui pourraient naître de son mariage. A ces dernièrs il légua la somme de 40.000 écus pour leurs aliments, payables lorsqu'ils auront atteint l'âge de 25 ans.

Enfin, dans deux codicilles, l'un du 28 février 1676, l'autre du 20 juin de l'année suivante, il revient sur cette question et confirme l'exhérédation avec plus de force que jamais.

Que doit-on penser du reproche de mésalliance que le père adresse au fils pour légitimer sa conduite à son égard ? Il semble bien exagéré.

Jean-Louis, en effet, avait épousé Charlotte de Vermon de La Rivière Bonneuil, dame d'honneur de la reine Marie d'Autriche. Ce mariage, avons-nous déjà dit, était des plus honorables et de nature, au moins en apparence, à flatter l'amour propre de Louis d'Arpajon. Le contrat en fut signé par le roi, la reine Anne, Philippe d'Orléans, Henriette d'Angleterre, de Saint-Simon, Hardouin de Péréfixe, évêque de Rodez, etc...

Il faut cependant avouer que pour le vieux duc, qui avait les rancunes tenaces, il y avait une raison de ne pas le vouloir.

La famille de Vernon était alliée à la maison d'Ambres, ennemie jurée depuis longtemps de celle d'Arpajon. La brouille était venue du fait que le duc d'Arpajon avait succédé par testament à la vicom-

fait difficilement l'année d'après alors qu'il était poursuivi par la justice, mais l'acte de déshérédation fut fait sûrement plus tard que la date donnée par de Barrau.

tesse de Moncha, mariée dans la famille d'Ambres, et au marquis d'Ambres, fils de celle-ci, tué au siège de Tonneins. Ce fut la cause d'un grand procès devant le parlement de Grenoble et de haines irréconciliables entre les deux familles. [1]

Le duc d'Arpajon parvint à une vieillesse très-avancée. A la cour de Versailles, où il apparaissait encore de loin en loin, on l'avait surnommé le *duc des Bruyères*, à cause que le Rouergue en possédait beaucoup.

Le duc de Saint-Simon, qui, malgré son penchant à dénigrer, reconnaît son mérite, le traite de « *bon homme* » dans ses Mémoires, à cause sans doute de son grand âge.

Par testament du 6 août 1672, fait à Sévérac, il institua sa fille, Catherine-Françoise, née en 1661, héritière de toutes ses terres du marquisat de Sévérac. Il y déclare que, en quelque lieu qu'il meure, il veut que son cœur soit porté et inhumé auprès de ceux de sa mère, Jacquette de Clermont, et de sa très chère femme Simiane de Moncha, au-dessous du premier degré de la porte de la chapelle de Lorette, et que son corps soit enseveli dans l'église de Ceignac, dans le tombeau de ses ancêtres. Il lègue à son frère, Jean d'Arpajon, grand prieur de Provence, et à chacune de ses sœurs, 300 livres. Pour maintenir le nom de sa maison, il veut que tous les biens en appartiennent au premier enfant mâle qu'aura sa fille d'un légitime mariage, avec la charge de porter le nom et les armes de sa maison. Suivent un certain nombre de legs à ses domestiques, écuyers, médecins. Signalons en particulier 1.500 livres à de Barthélemy, son viguier, 2.000 livres à son chirurgien Brunet.

« Pour reconnaître les bons et fidèles services » que lui avait rendus Antoine de Barthélemy, le

---

(I) Il n'est pas croyable cependant que ce soit le seul motif pour lequel le duc d'Arpajon a deshérité non seulement son fils, mais encore ses petits-fils.

duc d'Arpajon lui avait déjà donné, par acte du 1er juillet 1662, sa seigneurie de Barbarès.

Il compléta ses dernières intentions par un premier codicille, du 28 février 1676, qui contient la fondation de services annuels et un legs pour les pauvres. « Parce que les peuples sont pauvres, il veut qu'il soit distribué aux pauvres de Sévérac 200 setiers de blé-froment. »

Un second, du 19 juin 1677, lègue aux chapelains du château 100 livres de rente annuelle, et, « pour reconnaître les soins et témoignages d'amitié qu'il reçoit, tous les jours, de son épouse Catherine-Henriette de Beuvron », il lui donne toute sa vaisselle d'argent et tous les bijoux et pierreries qu'elle peut posséder. Il est dit, dans son oraison funèbre, qu'il fit célébrer 7.000 messes de son vivant et qu'il ordonna par testament d'en faire dire 6.000 après sa mort.

Louis d'Arpajon mourut au château de Sévérac, le 27 avril 1679, à l'âge de 89 ans. Ce fut un deuil ressenti au loin. Claude de Villaret, tout attristé, écrivit dans son journal : « C'était un des plus grands hommes de son temps; il fut regretté de toute la France, particulièrement de ceux de ses terres. Dieu lui fasse miséricorde à mon grand ami. » [1]

L'état civil de la paroisse de Ceignac relate le « décès de messire Louis d'Arpajon, inhumé à l'église de Ceignac, le 15 mai 1679, dans le sépulcre qui

(1) Ce journal, est un *Livre de Raison* écrit par trois sieurs de la Calsade-des-Fonts : François de Villaret (1577-1652), Jean de Villaret et Claude de Villaret, décédé en 1705. Il renferme une foule de notes généalogiques, un inventaire des biens meubles de François de Villaret en 1651, beaucoup de détails sur les procès, les créances, les emprunts de ces trois personnages. On y a aussi noté quelques événements importants du XVIIᵉ siècle, de bonnes ou mauvaises récoltes. Il n'y est presque jamais question de ce qui se passait à Sévérac. Au point de vue de notre histoire, ce journal a donc peu d'importance. (Note de M. Henry Guilhamon, professeur d'histoire au Lycée de Rodez, qui a fait une étude sur la famille de Villaret.)

est sur l'entrée du chœur de l'église. » Ses entrailles furent ensevelies dans l'église Saint-Sauveur de Sévérac et son cœur, enfermé dans une boîte en plomb, avec celui de Simiane, sa seconde épouse, fut placé sous le seuil de la porte méridionale de la chapelle de Lorette. Sur la pierre ou grava cette inscription dont naguère il restait encore une partie : « *duo continet unus.* » Ce qui signifie : « le même contient les deux. » [1]

Le jour des funérailles solennelles, faites à Ceignac, M. de Mélac, docteur en théologie, recteur de Saint-Dalmazy, près Sévérac, prononça l'oraison funèbre. C'est un éloge pompeux et souvent exagéré de la vie et des vertus du défunt. Il ne craint pas, pour son amour de la prière, de le comparer, et même de le préférer, au roi David.

Ce discours néanmoins nous donne des détails très édifiants et d'un vif intérêt au sujet de l'éminente piété de ce grand homme. Il portait l'esprit de pénitence, dit l'orateur, jusqu'à se frapper rudement avec une discipline que, après sa mort, on trouva dans sa cassette. Il veillait scrupuleusement à ce que ses parents, les officiers et gens de sa maison, s'acquittent de leurs devoirs religieux. [2]

(1) Les révolutionnaires de 1793, mûs sans doute par la cupidité, brisèrent la pierre et ouvrirent le vase. Ils n'y trouvèrent qu'un peu de poussière.

(2) Abbé Lévesque, p. 12 et suiv.

Dans un vieil opuscule intitulé : *Miracles et merveilles arrivées dans l'église de N.-D. de Ceignac*, signé de M. de Rudelle, curé de cette paroisse au début du XIXe siècle, et réédité par lui, il est dit, au ch. VI, p. 26 : « La maison d'Arpajon est une des plus considérables et des plus illustres du royaume, qui a produit de très-grands personnages qui se sont rendus recommandables à la postérité par les signalés services qu'ils ont rendus tant à l'Eglise qu'à l'Etat; et ce qui est de singulier et de recommandable en elle, c'est que la dévotion envers la Sainte Vierge y a toujours été en particulière recommandation, s'y étant maintenue de père en fils, par succession héréditaire, de quoi les seigneurs de cette ancienne maison ont donné de beaux témoignages et des marques authentiques

Sa charité était admirable. De ses revenus qui étaient annuellement de 25.000 écus, il faisait quatre parts : la première était pour les pauvres; avec la seconde il faisait célébrer des messes; la troisième était employée à embellir les églises. Il ne gardait que la quatrième pour lui. [1]

On comprend, après cela, la peine de Claude de Villaret. Sa disparition fut un deuil immense pour le pays, en particulier pour les pauvres. Ils durent répéter souvent la parole entendue de nos jours, à Sévérac, au sujet d'un autre de leurs grands amis : « Cet homme n'aurait jamais dû mourir. » [2]

en divers endroits, et singulièrement dans l'*église de Ceignac*, qu'ils ont de tout temps chérie, protégée par leur puissance et ornée de leurs magnifiques dons. »

(1) Le 16 juin, jour où le cœur de Louis d'Arpajon fut porté à Lorette, une seconde oraison funèbre fut prononcée dans cette chapelle par l'abbé de La Motte, docteur en théologie, aumônier du duc. (Toulouse, Jean Pech, 1679, in-4°, 43 pages — *Bibliographie historique du Rouergue*, par C. Couderc, Conservateur à la Biblioth. Nat. p. 56).

(2) M. Louis de Montéty, de Sévérac, ancien député, mort en 1912.

CHAPITRE XI

*Les descendants de Louis d'Arpajon. — Les derniers
seigneurs de Sévérac. — Revenus du marquisat
à la fin de l'ancien régime.*

Avec Louis d'Arpajon s'éteignit, pour Sévérac,
le titre de duché-pairie et le nom de cette famille
illustre y fut remplacé d'abord par celui de La
Rochefoucauld et, après ce dernier, par celui de
Gontaut de Biron.

Avant de parler de ces deux familles qui en réalité ne résidèrent jamais dans notre pays, disons
un mot des derniers descendants du duc d'Arpajon.

A partir de cette époque, ils ne furent plus rien à
Sévérac. Néanmoins il n'est pas sans intérêt de
savoir ce que devinrent les derniers rejetons d'une
race dont l'histoire, pendant des siècles, s'était con-
fondue avec la nôtre.

Jean-Louis d'Arpajon, dont nous avons déjà
longuement parlé au sujet de ses démêlés avec son
père, avait épousé, nous l'avons dit, Charlotte
Vernon de la Rivière-Bonneil. Il en eut deux enfants : Anne-Louise d'Arpajon et Louis d'Arpajon,
né en 1669.

Jean-Louis mourut avant son père, en 1669.
Sa veuve se remaria avec François de Gélas de
Voisins, marquis de Liberon et d'Ambres. En sa
qualité de tutrice de ses enfants mineurs, elle attaqua le testament de son beau-père, Louis d'Arpajon, aussitôt après le décès de celui-ci, mais elle

fut déboutée par arrêt du parlement de Toulouse, en 1696 [1].

Il y eut cependant un accord avec Catherine Françoise d'Arpajon, devenue par son mariage comtesse de Roye de La Rochefoucauld, qui délaissa certains biens de la maison de Sévérac aux fils de Jean-Louis.

Louis d'Arpajon, fils de Jean-Louis, servit avec beaucoup de distinction dans les armées royales. Il prit part à une foule de sièges et de batailles. On raconte, en particulier, que, à la bataille d'Oudenarde, en 1708, il chargea cinq fois les ennemis et reçut deux blessures. Le 8 mars 1718, il fut nommé lieutenant général des armées du roi. En 1720, il obtint l'érection en marquisat, sous le nom d'Arpajon, des terres de Châtres-la-Bretonnière, qu'il tenait de sa femme, Anne-Charlotte Le Bas de Montargis.

Louis d'Arpajon mourut le 21 août 1736. Ce fut le dernier descendant mâle de cette illustre maison. Il avait eu deux enfants morts en bas âge et une fille, Anne-Claude, qui lui survécut.

Le duc de Saint-Simon, qui devait avoir quelque grief contre lui, dit quelque part qu'il était « un des plus sots hommes de France sans contredit et des plus avares. » Ses brillants états de service semblent bien être la preuve que Saint-Simon le calomniait.

(1) Factum pour démoiselle Catherine Françoise d'Arpajon, fille unique et seule héritière, par bénéfice d'inventaire de messire Louis, duc d'Arpajon, pair de France, demanderesse en règlement de juges et en trois requestes jointes par arrest du Conseil du 21 juillet 1684, contre dame Charlotte de Vernoux de Bonneuil, marquise d'Ambres, épouse, en premières noces, de Jean-Louis, marquis d'Arpajon, mère et tutrice honoraire de Louis et Anne-Louise d'Arpajon, leurs enfants, Pierre Jacob, tuteur onéraire dudit Louis d'Arpajon et Me Falon, curateur desdits enfants et encore contre les créanciers dudit feu sieur marquis d'Arpajon, aussi défendeurs. (Fol. Fm 439. *Bibliographie historique du Rouergue*, par C. Couderc, p. 57.)

Anne-Claude, née en 1729, fille de Louis d'Arpajon, épousa Philippe comte de Noailles, qui fut plus tard duc et maréchal de Mouchy. Elle devint dame d'honneur de la reine Marie-Antoinette. Elle était, dit-on, le recueil vivant de toutes les traditions de la cour relatives au cérémonial et se montrait fort rigide sur ce point. Marie-Antoinette, que son exigence ennuyait, l'avait surnommée « Madame l'Etiquette. »

Anne-Claude mourut sur l'échafaud, avec le maréchal son époux, le 27 juin 1794.

****

LES DE LA ROCHEFOUCAULD *seigneurs de Sévérac*

CATHERINE FRANÇOISE D'ARPAJON, héritière de son père, Louis d'Arpajon, dame du palais de la Dauphine, Marie-Adélaïde de Savoie, se maria, en 1688, avec François de Roye de La Rochefoucauld, comte de Roussy, lieutenant général des armées du roi. De ce mariage naquirent François, qui suit; Jérôme-Frédéric, abbé de Roye et Catherine, religieuse de Notre-Dame, à Soissons.

Catherine Françoise d'Arpajon mourut le 8 décembre 1716.

François de Roye de La Rochefoucauld, marquis de Sévérac, colonel d'un régiment d'infanterie, épousa Elisabeth Huguet. Il mourut en 1725, laissant trois enfants en bas âge : Marie-Elisabeth-Eléonore, qui mourut jeune; Marie-Elisabeth, qui eut la terre de Roussy et Pauline-Françoise, qui hérita du marquisat de Sévérac.

Cette dernière se maria avec *Louis-Antoine Gontaut duc et maréchal de Biron*. Ils n'eurent pas d'enfants.

A partir de la mort du duc d'Arpajon, les seigneurs de Sévérac résidèrent surtout à Paris et à la Cour. Au XVIIIᵉ siècle, le château de Sévérac ne fut plus habité que par un personnel peu nombreux. Les viguiers, dont le dernier fut Jean Costes, représentaient dans le pays l'autorité des seigneurs, géraient leurs domaines et en percevaient les revenus pour leur compte. Des relations étroites continuaient cependant à exister entre le peuple et ses seigneurs. Les archives de l'époque en gardent de multiples preuves.

Le maréchal Gontaut de Biron mourut peu de temps avant la Révolution. C'est à l'occasion de son décès que fut fait l'inventaire du 4 avril 1789, dont nous parlerons plus tard. Cet inventaire est fait « à la requête de très haute et très puissante dame Pauline-Françoise de La Rochefoucauld, dame de Bauve, Sévérac, Brusque, Fayet et autres lieux, veuve de très haut et très puissant seigneur Louis-Antoine Gontaut, duc de Biron, pair et premier maréchal de France, chevalier de l'ordre du roi, colonel général du régiment des gardes françaises, gouverneur et lieutenant général pour sa majesté des provinces du Haut et Bas Languedoc, Cévennes, etc. »

L'abbé Bousquet raconte que la veuve de Gontaut de Biron, devenue très sourde, fut traduite devant le tribunal révolutionnaire. Ne pouvant répondre aux interrogations qu'on lui adressait, elle fit remarquer au président que c'était à cause de sa surdité. Celui-ci se contenta d'ordonner au secrétaire d'écrire : « Condamnée à mort pour avoir conspiré sourdement contre la République. » Après ces mots on la fit monter sur la charrette fatale et elle fut décapitée le 9 messidor, an II de la République (1794).

Son neveu, Armand-Joseph Bethune-Charost-Ancenis, fils de Marte-Elisabeth, qui avait épousé François-Joseph Béthune-Ancenis, fut le seul héritier de la maréchale de Biron.

Le 3 juin 1799, il vendit les terres de Sévérac et de Laissac à Antoine-Casimir Couret, de Saint-Geniez, moyennant la somme de 305.000 francs.

Celui-ci fit beaucoup d'aliénations par parcelles et, après sa mort, en 1825, sa veuve, fit encore d'autres ventes.

M. le marquis de Las Cases, dont l'un des ancêtres aurait épousé, au XIVe siècle, une nommée Richarde, de l'ancienne famille de Sévérac, désira acquérir ce qui restait des terres de cette maison. Il envoya dans ce but un agent d'affaires sur les lieux. Mais celui-ci se laissa jouer par d'autres compétiteurs qui lui enlevèrent un domaine, situé près de Lapanouse, appelé de temps immémorial *domaine de Las Cases*, du nom de son ancien maître. Ils ne lui laissèrent que les ruines du château, dont cette famille est encore propriétaire, et dont personne ne voulait. [1]

Depuis la Révolution, le vieux château de Sévérac, jadis le cœur d'une des premières places fortes de notre pays, n'est plus qu'un corps sans âme que le temps et le vandalisme ont réduit à l'état de pauvres ruines.

Cependant sur ses vieux murs, comme les champignons sur le tronc des vieux chênes, les légendes ont continué à pousser.

Nous avons entendu raconter, pendant les dix années que nous avons vécues comme curé-doyen de Sévérac, qu'il y avait un souterrain partant des sous-sols du château et qui allait aboutir au monticule de Lorette. Ce souterrain n'a jamais existé que dans l'imagination du peuple.

Nous avons entendu dire encore, et on nous en montrait l'endroit, que des choses précieuses, de véritables trésors, avaient été enfouis bien bas sous le parquet de certains appartements du rez-de-chaussée. Vaine croyance.

Lorsque éclata la Révolution, il y avait long-

(1) H. de Barrau. I, 320, citant des notes de M. Monestier. La famille de Las Cases, propriétaire du château de Sévérac, habite la région de Bordeaux. Elle a souche commune très ancienne avec M. de Las Cazes, sénateur de la Lozère.

temps qu'il n'y avait plus ni trésors ni meubles de prix au château de Sévérac. L'inventaire qui fut fait quelques mois auparavant, a estimé tout le mobilier du château à la somme de 18.157 livres 4 sols. Même pour cette époque, ce n'était pas là une grande fortune.

*_**

Comme conclusion de l'histoire des seigneurs de Sévérac, on lira avec intérêt le détail des revenus du marquisat à la fin de l'ancien régime.

Ces revenus nous sont connus par deux documents, jusqu'ici inédits, provenant, l'un des archives paroissiales de Lapanouse, l'autre des minutes d'un ancien notariat de Sévérac [1]. Ils sont évalués *en livres*, monnaie de l'époque correspondant au franc actuel, mais ayant, en réalité, une plus grande valeur; ils sont le produit soit des propriétés privées des seigneurs, parmi lesquelles nous notons Pré-château ou castel, Pré-grange, Pré-Costes, les domaines de Las Cases, de La Bastide, etc., soit des divers droits seigneuriaux perçus dans toute l'étendue du marquisat.

[1] Hérail, de Belvezet, fermier des seigneurs de Sévérac en 1747, percevait les revenus dont voici le détail :
Le Marquisat de Laissac 4685 livres; Lapanouse, domaine de Las Cazes, 1526 l.; Le Massegros 785 l.; Solatgès 1202 l.; Les Emer et Dolan 572 l.; Buzeins 350 l.; le four de Sévérac 310 l.; le péage de Sévérac 40 l.; le péage de Laissac 45 l.; le péage de Palmas 95 l.; Pré-Castel et Pré-grange 1720 l.; Vimenet 61 l.; La Bastide et Pré-Costes 650 l.; Samonta et Novis 326 l.; Vimenet 620 l.; Longviala et Recous 5561 l.; le moulin des Vignes 620 l.; Sermeillets 260 l.; Verrières 120 l.; Le Revayrol 802 l.; le Paturage 32 l.; le greffe de Sévérac 410 l.; la Montagne 850 l.; 80 moutons du Causse évalués 480 l.; 100 charretées de paille évaluées 220 l.; toultes du Laissagais 110 l.; four de S. Grégoire, 20 l.; rentes de la Viguerie 25 l.; langues et pieds de la boucherie 18 l.;

(1) Vaquier de Labaume.

la petite Rivière, 32 l.; Bois de Monziols et de S. Georges 30 l.; moulin à vent 30 l.; veaux du Bousquet 20 l.; rentes constituées du Cantabel 33 l.; toultes des Vignes et de S. Rome 25 l.; toulte de S. Georges 200 l.; 900 poules à 8 sols chacune 320 l.; 83 livres de cire évaluées 83 l.; argent des menues censives 200 l.; toulte de S. Grégoire 200 l.; toulte de Sévérac 100 l.; 500 setiers de froment de censives, à 5 livres le setier, 2500 l.; 50 setiers orge à 3 l. le setier 150 l.; 500 setiers avoine à 2 l. le setier 1000 l.; 150 setiers seigle à 4 l. le setier 600 l.; 25 livres poivre ou ginjambre; 30 paires de pigeons à 4 s. la paire 6 l.; 15 litres d'huile à 5 s. le litre 3 l.; truites et chevreaux 5 l.; portion de lods 250 l.; Montaliès 300 l.; toulte de Lapanouse 24 l.; surplus de rôle de froment 1000 l.; surplus d'orge 50 l.; surplus de seigle 150 l.; surplus d'avoine 500 l.; jardins et fruits 20 l.

Total des revenus 26.186 livres.

Sur cette somme Hérail donnait 24.100 l. au seigneur de Sévérac et il gardait le reste, soit 1786 l. pour ses bénéfices.

Nous constatons de par ailleurs que, en 1747, le seigneur de Sévérac devait payer 2252 l. d'impôts. Il lui restait donc 22.148 l. de revenu net.

2° Le dernier bail à ferme des revenus du marquisat de Sévérac fut fait le 17 juin 1787.

La maréchale de Biron envoya à Sévérac Espitalier, avocat en parlement muni, pour cette affaire, d'une procuration lui donnant pleins pouvoirs.

Les revenus affermés étaient ceux du marquisat de Sévérac, de Laissac, de Dolan, de Lévéjac, des fiefs de Montaliès. Ils consistent en « censives, droits de Champart, toultes, tailles annuelles, fouages, rentes et locaterie de La Cabrette (Cabrières), journées gradières, corvées ordinaires et accoutumées, rentes acquises par feu Mme la comtesse de Roussy, du sieur d'Auberoques, appelées les rentes de Maillac, à prendre et lever sur les héritages, maisons, feux ou familles sujettes et chargées desdits droits envers ladite dame à cause de son dit marquisat de Sévérac, seigneuries et fiefs en dépendant et cy-dessus énoncés, greffe, moulin, domaine de La Bastide, preds, terres, herbages étant dans les bois, grand jardin, colombier du pred grange, les charretées de bois, des gachefeux que les détempteurs et emphithéotes ont accoutumé de payer annuellement au château de Sévérac, au cas néanmoins où ils y en portent; lods et ventes seulement des héritages en roture, logement des greniers, écuries et lieux du château de Sévérac dont jouit le fermier actuel. »

Le bail porte en outre du four banal de Sévérac, et du domai-
nede Las Cazes, un « terroir appelé de la Bergerie » et il est
dit que les preneurs ont droit « à la sixième gerbe », de ce
terroir.   Certains droits « de payage » ayant été supprimés
par arrêt du conseil, les preneurs ne devaient en jouir qu'au
cas où ils seraient rétablis.

Réserves. — Le bailleur se réservait le château de Sévérac,
à l'exception des lieux ci-dessus énumérés, le parterre, la
terrasse et autres dépendances du château, les bois dépen-
dants du marquisat de Sévérac, Laissac, etc., les amendes,
les confiscations, les deshérences, les journées gradières et
corvées nécessaires pour les provisions et réparations du château, deux moutons reconnus l'un par le sieur Trémolière et
l'autre par Etienne Gaches, de Bellas, tout ce qui peut être
dû au four de Sévérac pour la cuisson du pain de la maison
de Jean Costes, viguier.
Le prix de fermage était de 43.000 livres payables en deux
termes égaux. De plus, en janvier, on devait payer, « trois
mille livres de pôt-de-vin » c'est-à-dire, un petit cadeau sur
le marché.

Telles sont les conditions du dernier bail à ferme
du marquisat de Sévérac. On voit que les revenus
en étaient bien supérieurs à ceux de 1747. Ce bail,
conclu pour une période de neuf ans, devait expirer
en 1796, mais la Révolution qui survint en troubla
l'exécution et en abrégea le terme.

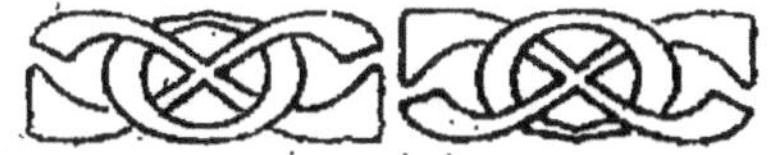

DEUXIÈME PARTIE

Vie civile & Vie religieuse
sous l'ancien régime

CHAPITRE I

Le régime féodal. — Terres et revenus de la baronnie

de Sévérac. —

Pour comprendre l'histoire du Moyen-Age en général et celle de Sévérac-le-Château en particulier, que nous venons de raconter, il est nécessaire de faire connaître les circonstances qui amenèrent la construction de tant de vieux châteaux dont la France fut autrefois couverte.

Chaque époque, au point de vue social, a ses mœurs spéciales et ses besoins particuliers. Les Châteaux, dont certains aujourd'hui sont enclins à dire tant de mal, furent bâtis en des temps où non seulement ils rendaient de grands services, mais où, peut-on affirmer, ils étaient absolument indispensables.

Vers la fin de l'empire romain, en effet, se produisirent les invasions des peuples Barbares. Nos pays, occupés par des hordes sauvages qui ne rêvaient que pillage et massacres, traversèrent des temps très malheureux. Il n'y avait plus de sécurité nulle part. Les rois mérovingiens, successeurs de Clovis, furent impuissants à organiser une administration régulière. Un peu plus tard, après la mort de Charlemagne, plusieurs provinces de son empire démembré tombèrent dans une véritable anarchie. Au IXe siècle arrivèrent de nouveaux barbares qui s'appelaient les Normands, les Hongrois, les Sarrazins.

A cette époque, des bandes de quatre ou cinq cents brigands étaient assez fortes pour venir impunément tuer, brûler, dévaster tout un pays.

En ces tristes temps, les habitants des campagnes n'étant pas protégés par l'état, qui souvent existait à peine, durent pourvoir eux-mêmes à leur salut.

Lorsque dans un pays, dit l'historien Taine [1], dont nul ne contestera ni la compétence ni l'impartialité, il y avait un homme plus courageux, plus intelligent, plus expert au métier des armes, peu importait son extraction (le premier Capétien fut, dit-on, un boucher de Paris), ceux de sa bourgade, de sa région, en faisaient leur chef et le priaient de prendre en main les intérêts de tous. Ce furent les premiers *seigneurs*.

Pour se défendre, il fallait d'abord se fortifier. On commença alors à bâtir des châteaux, des forteresses, sur les lieux élevés, d'accès difficile; c'étaient parfois de vrais nids d'aigle, à peu près imprenables car l'artillerie n'existait pas encore. Le plus près possible du château, les habitants du pays bâtissaient leur demeure. On entourait le tout de fossés et de remparts. Pour entrer dans la place il y avait seulement quelque porte qu'on fermait la nuit et au premier signal d'alarme.

Les chefs ou seigneurs ne devaient pas seulement organiser la guerre et pourvoir à la défense du pays, ils devaient encore faire la police, rendre la justice, exercer toutes fonctions d'un gouvernement en carence. Seuls ils ne pouvaient pas. Auraient-ils eu d'ailleurs les ressources suffisantes ? Aussi, en retour des services reçus, les sujets s'engageaient à accompagner le seigneur à la guerre, à travailler ses terres, à lui payer les impôts qu'en d'autres temps on payait à l'Etat. Comme l'argent était rare alors, habituellement on payait en nature. Au lieu des impôts directs et indirects, sans compter les prestations et le service militaire, que nous avons aujourd'hui, ils avaient la corvée, ils aidaient à bâtir et entretenir le château qui logeait le sei-

(1) Taine, *L'Ancien Régime*, 9-13.

gneur et les protégeait tous; ils payaient la dîme, les censives et autres redevances sur les diverses productions du sol.

Telle est l'origine de la féodalité et des droits seigneuriaux. Cette institution fut créée par les besoins du temps et rendit pendant des siècles d'immenses services. N'a-t-elle jamais eu ses inconvénients ? Quelle est l'institution humaine si parfaite qui n'en ait quelqu'un ? L'histoire, étudiée sans parti pris, démontre que, en général, les seigneurs furent justes et bons; il s'en rencontra aussi de cruels qui abusèrent de leur autorité. Cette race d'hommes est-elle inconnue en tous les temps ?

Ce bas monde est soumis à un changement, certains disent à une loi de progrès, continuels. L'état social qui avait demandé la construction des châteaux et la création de la noblesse féodale cessa d'exister. Peu à peu les rois purent établir fortement leur autorité, ils organisèrent toutes les branches de leur administration et les concentrèrent en leurs mains. Il n'était plus, dès lors, besoin de seigneurs pour gouverner chacun son comté ou son marquisat. Ils devinrent même souvent un obstacle et ils furent combattus par les rois. Dès le XVIIe siècle, sous le gouvernement absolu de Louis XIV, les seigneurs ne résidaient guère dans leurs châteaux, ils encombraient la cour des princes et ne se souvenaient trop souvent de leurs sujets que pour les pressurer. Il se produisit alors des abus qui les rendirent odieux et dont le peuple a gardé mauvais souvenir. Il serait cependant injuste de juger un régime qui a rendu des services pendant des siècles par les quelques abus qui ont marqué sa fin.

« La féodalité s'est créée parce qu'elle répondait à un besoin social et qu'elle était l'expression naturelle de son temps; elle s'est maintenue tant qu'elle a rendu des services; lorsque ses abus l'ont emporté sur ses bienfaits au point de les faire oublier, elle a décliné, et, sous les coups combinés du tiers-état et de la royauté, elle est devenue cette noblesse domestique qui encombrait, à l'affût des faveurs, les antichambres de la royauté absolue. » [1]

Guidés par ces notions générales sur l'Ancin Régime, voyons ce que fut notre pays sous le régime féodal.

* *

La baronnie de Sévérac était très étendue. Les nombreuses localités qui la composent avaient souvent elles-mêmes des châteaux dont les maîtres étaient vassaux des seigneurs de Sévérac.

Ses terres étaient situées dans le Rouergue, dans le Gévaudan et dans le Languedoc.

En Rouergue elle possédait : les paroisses de Saint-Jean du Château, de Saint-Chély, d'Altès, de Saint-Dalmazy, de Novis, de Lapanouse; une partie des paroisses de Recoules, de Prévinquières, de Verrières, de Vezouillac, de Clauzelles et de Trébons, dont l'église était dans le mandement de Peyrelade; les paroisses de Saint-Amans d'Escoudournac, Saint-Privat, Dolis, dont l'église était située dans la justice royale de Lavernhe, Buzeins, Gaillac, Gagnac, Laissac, Ayrinhac, Banc-Anglars, dans l'élection de Rodez; Vimenet, Saint-Agnan, Ségur, Arques, Saint-Martin-de-Cormières, ces trois dernières dans le comté de Rodez; une partie de la paroisse de Palmas, dépendant de l'évêché de Rodez; les châteaux de Verrières, Belcayre, entre Conques et Marcillac, Espayrac, Chaudesaygues, dans le Cantal.

Les terres de la baronnie de Sévérac situées en Gévaudan étaient : la paroisse et châtellenie du Recous, les paroisses d'Inos et de Saint-Georges; le bailliage de Lévéjac, vieux château situé sur un grand rocher au-dessus des couronnes du Tarn; les

---

(1) Jean Guiraud, ancien directeur de la *Revue des Questions Historiques. Histoire partiale. Histoire vraie*. tom. I, p. 217.

paroisses de Saint-Rome-de-Dolan, de Saint-Preget-des-Vignes et une partie de celle de Banassac. [1]

Les archives ne renferment pas l'énumération des terres que la baronnie possédait dans le Languedoc. [2]

***

Les revenus annuels des seigneurs de Sévérac, dans les temps anciens, étaient les suivants :

Les *censives* prélevées dans le Rouergue et le Gévaudan qui étaient, chaque année, de 802 setiers et 2 cartes de froment; 238 setiers de seigles; une carte et demie d'orge; 1.237 poules et la moitié d'une; 35 paires de poulets; 22 paires de pigeons; 64 moutons; 5 chapons; 3 lapins; 3 perdrix et la moitié d'une; 2 fromages; 2 fers de cheval; 134 livres de cire; 7 livres de poivre; 1.147 setiers et 1 carte et demie d'avoine; 225 livres et 6 sols d'argent.

Les seigneurs de Sévérac percevaient en outre, chaque année, 700 sols rodanois sur le village de Cornuéjouls [3]; 40 setiers de froment sur Saint-Grégoire et son mandement; 17 livres rodanaises sur Laissac; 6 livres sur Ayrinhac; 4 livres sur Banc-Anglars; 10 livres sur Gaillac; 10 livres et 20 setiers de froment sur Lissirou et Lugan; 20 setiers moitié froment et moitié avoine criblée sur Buzeins; 20 livres et 30 setiers moitié froment et moitié avoine sur Sévérac-l'Eglise.

Les paroisses de Sévérac, Saint-Dalmazy, Altès et Novis devaient payer solidairement la somme de 80 livres dans *les quatre cas* suivants : 1º Pour la délivrance du seigneur, s'il était prisonnier de guerre; 2º pour son voyage en Terre-Sainte; 3º pour la

(1) H. de Barrau I. p. 490.
(2) Bousquet p. 50.
(3) Le sol rodanois valait huit deniers tournois.

réception de chacun de ses fils dans l'ordre de chevalerie; 4º pour le mariage de chacune de ses filles.

Les habitants de Lapanouse payaient, dans les cas susdits, 1.000 sols rodanois; ceux de Vimenet 100 livres; ceux de Verrières 20 livres; on ne donne pas le détail des revenus de Belcayre, d'Espayrac, de Chaudesaygues et autres terres qui vinrent à la maison de Sévérac, souvent par les mariages.

Il faut noter que les barons de Sévérac ne percevaient pas tous ces droits, en argent ou en nature, pour leur seul usage personnel. Outre les nombreux serviteurs, soldats, officiers de leur maison qu'ils devaient entretenir, ils avaient encore à leur charge de vrais fonctionnaires dont ils avaient besoin pour l'administration de leurs petits états. Ils faisaient aussi de grandes libéralités et charités, dont nous parlerons plus loin.

CHAPITRE II

Organisation de la justice sous les seigneurs. —
Droits seigneuriaux réels et honorifiques.

Dans toute l'étendue de leur baronnie, les seigneurs de Sévérac avaient droit de *basse, moyenne* et *haute justice*. A ce sujet, disons un mot de l'organisation de la justice sous le régime féodal.

Dans les premiers temps, les seigneurs rendaient eux-mêmes la justice dans des pleds ou réunions tenues en plein air. Ils étaient assistés de leurs principaux vassaux, des viguiers, de certains officiers et de jurisconsultes. C'est ce qui composait la Cour. Plus tard, les seigneurs durent se décharger de cet office et ils nommaient des officiers qui jugeaient en leur nom.

La justice seigneuriale se divisait en *basse, moyenne* et *haute justice* [1].

La *basse justice* donnait aux seigneurs qui jouissaient de ce privilège le droit de juger les affaires de simple police, les dégats causés par les animaux et autres délits ne pouvant être punis d'une amende dépassant *dix sous parisis*. Tous les seigneurs n'avaient pas même droit de basse justice. Les de Lapanouse, du château de Loupiac, ne l'eurent qu'en 1420. Elle leur fut concédée par Amaury de Sévérac.

La *moyenne justice* permettait de juger toutes les causes civiles sans distinction et les causes criminelles lorsque l'amende ne dépassait pas 75 sols.

[1] H. Affre. *Dictionnaire*. Article : *Justice*.

Pour l'exercer il était requis d'avoir un juge, un procureur d'office, un greffier, un sergent et une prison bien fermée au rez-de-chaussée du château.

La *haute justice seule* avait droit de juger certains crimes qui entraînaient des peines infamantes ou même la peine de mort. Cependant les crimes de lèse-majesté, de fausse monnaie, de vols et assassinats sur les grands chemins, étaient cas royaux et soustraits à sa compétence. Les seigneurs *hauts justiciers* avaient le droit d'avoir des *fourches patibulaires* où on pendait les condamnés à mort. Ces fourches étaient des piliers en pierre ou en bois, au nombre de deux, trois et parfois davantage, terminés au sommet par une traverse. Elles étaient dressées à l'état permanent, souvent sur une hauteur voisine du château.

On pouvait toujours faire appel des jugements rendus par la justice des seigneurs, devant le tribunal du sénéchal du Rouergue.

Le tribunal des seigneurs de Sévérac était composé de cinq officiers : un viguier, un juge, un lieutenant, deux procureurs fiscaux.

Leurs droits seigneuriaux étaient *réels* ou *honorifiques.*

Les droits réels étaient : les droits de lods et ventes, d'acapte, d'arrière-acapte, de champart, censives, pulvérage, fournage, etc. et le droit de péage sur toutes les bêtes et sur toutes les marchandises qui passaient sur leur territoire. Un mot d'explication de ces divers droits.

Le droit de *lods* et *ventes* étaient les droits de mutation d'alors. Lorsqu'une terre était vendue ou faisait l'objet d'un contrat équivalent, le seigneur percevait un droit. En Rouergue ce droit variait souvent; il oscillait entre le 10 et le 12 %. « Des remises, dit. H. Affre, étaient ordinairement accordées aux acquéreurs, surtout lorsqu'ils s'empressaient de signaler la vente et de se déclarer débiteurs. » Il rapporte un cas où le duc d'Arpajon fait remise du quart à Jean Desmons, de Lapanouse.

L'*acapte* était le droit dû à la mort du seigneur et l'*arrière-acapte* celui qui était dû à la mort du tenancier. Ce droit, qui rappelle nos droits de succession actuels, était fixé au doublement de la rente, y compris le cens ordinaire, mais il n'était dû qu'autant qu'il avait été stipulé et expressément réservé.

Le droit de *pulvérage* consistait à se faire donner un fromage par chaque personne propriétaire d'un troupeau de brebis et ayant *parc* et *cabane*.

Le *champart* était le droit que se réservait le seigneur sur une part des fruits que produisait une terre dont il donnait le fonds à un de ses vassaux. Cette part, en Rouergue, était, en général, du sixième. Ce droit, très onéreux, n'était pas payé lorsque la terre restait en friche. De là, pour le propriétaire, la tentation de ne pas cultiver le champ sur lequel pesait cet impôt.

Le *cens* ou *censive* était une redevance fixe, une sorte d'impôt foncier que payaient certaines terres à leur seigneur direct, sans tenir compte de la récolte qu'elles pouvaient donner.

Le *fournage*. Le droit féodal donnait aux seigneurs le monopole de la construction des fours pour la cuisson du pain et imposait aux habitants l'obligation de se servir de ces fours, dits *fours banaux*, à l'exclusion de tous autres. Ce droit s'étendait aussi aux *pressoirs* et aux *moulins*. Il était, chaque année, affermé à des *fourniers* qui l'exploitaient.

Le droit de fournage variait suivant les pays. A Sévérac, où tous les fours étaient banaux, il était du *vingtième*. Ce n'était pas excessif si on considère que le seigneur non seulement bâtissait le four mais, comme aujourd'hui les boulangers, il fournissait le bois pour le chauffer.

Le titre concernant le four banal de Sévérac, remonte à 1308. Un acte d'accord, passé entre Gui, seigneur dudit lieu et les habitants, stipule que le fournier sera tenu de prévenir le public de l'heure où le four sera prêt à recevoir la pâte et de rapporter ensuite le pain au domicile de chacun. Un document de 1787 signale des abus dont les fourniers de Sévérac se rendaient coupables. Contre tout droit ils exigeaient, outre le fournage habituel, « trois morceaux de pâte savoir : un pour celui qui enfourne le pain, un pour celle qui va avertir de mettre pétrir, de porter et de prendre le pain, un pour celle qui met la pâte sur la pelle pour enfourner. » [1]

Le *péage* était un droit de passage qui se percevait en certains lieux déterminés, sur les routes et au bord des rivières. C'était un des gros revenus du seigneur qui l'abandonnait souvent pour l'entretien des hospices. Tous ceux qui venaient vendre des animaux ou des denrées aux foires de Sévérac devaient payer ce droit. C'était l'*octroi* de l'époque [2].

Les *corvées* étaient des journées — manœuvres et charrois — que les seigneurs étaient en droit d'exiger. On en a dit beaucoup de mal et on en a fait

(1) H. Affre. *Dictionnaire*. Article : *Four banal*

(2) Ce droit, comme les autres, se payait en nature, et nos pères, qui aimaient le rire, et même la grosse farce, l'exigeaient parfois de manière singulière.

En certains pays, au XVIe siècle, les histrions et comédiens payaient en faisant « des jeux, exercices, galantises »; les pèlerins chantaient une romance et devaient coucher sur la paille fraîche; une charrette conduisant des voleurs en prison, donnait une corde de six deniers; un homme à pied était quitte de tout droit s'il faisait quatre soubresauts; un Maure jetait son turban en l'air et donnait cinq sous; un Juif devait mettre ses chausses sur la tête et, bon gré malgré, réciter un *Pater* en jargon du pays. Ceux qui conduisaient animaux en foire faisaient gambader les singes et danser les ours au son du flageolet. De là est venu le proverbe : « payer en monnaie de singe. » H. Affre, *Dictionnaire*.

un épouvantail pour le peuple. On a prétendu que les paysans étaient corvéables à merci, que le seigneur pouvait, au gré de ses caprices, leur imposer les travaux les plus durs et parfois les plus humiliants. La vérité est toute différente. Alors comme aujourd'hui il y avait des lois pour les grands comme pour les petits; il y avait des tribunaux devant lesquels les sujets pouvaient en appeler même contre leurs seigneurs. Les archives anciennes sont pleines de procès-verbaux où l'on constate que, même à cette époque, le droit avait raison contre la force.

Le seigneur ne pouvait exiger la corvée sans titres. Elle était dûe ou comme un droit de fief ou comme résultat d'une convention établie dans la suite des temps entre le seigneur et les habitants.

Lorsque les titres n'en déterminaient pas le nombre, la jurisprudence en accordait douze par an, et le seigneur ne pouvait en exiger que trois par mois. C'est au moyen de la corvée qu'on élevait jadis ces châteaux-forts dont les pierres semblent liées avec du fer, ces citadelles imprenables qui protégeaient tout un pays, ces chefs-d'œuvre que les siècles admirent sans pouvoir les imiter.

Au Moyen-Age on travaillait peu aux routes qu'on jugeait dangereuses pour la sécurité des châteaux-forts qu'on voulait rendre de difficile accès.

Dans la baronnie de Sévérac, les corvées n'étaient exigibles qu'entre la fête de saint Luc (18 octobre) et la Pentecôte.

Service militaire. En temps de paix il n'y avait pas d'armée permanente. Les paroisses de Sévérac, Saint-Chély, Saint Dalmazy, Altès, et Novis, en Rouergue, du Recous et Inos, en Gévaudan, devaient d'abord fournir *douze hommes* pour la garde du château. En 1269, Gui IV les réduisit à deux.

Aux premiers siècles du Moyen-Age, lorsque la guerre était déclarée, le roi envoyait un ordre aux ducs ou princes qui gouvernaient les provinces.

Ceux-ci faisaient aussitôt arborer leur bannière sur la tour ou la porte de leur château. Cela s'appelait *mettre le ban*. C'était l'ordre de mobilisation. Immédiatement ceux qui, à titre de possesseurs de certaines terres, devaient porter les armes, accouraient se mettre sous les ordres de leurs chefs qui les menaient à la guerre. Certains puissants vassaux, qui avaient des vassaux à leur tour, arboraient aussi leur bannière. De là l'expression : « convoquer *le ban et l'arrière-ban.* »

En temps de guerre, Sévérac et les autres paroisses dont nous avons parlé devaient fournir chacune douze soldats. A partir de Charles VII, cette organisation militaire fut peu à peu abandonnée et, dans la suite, les armées se composaient surtout de mercenaires et de soldats de carrière.

Ces divers droits seigneuriaux furent d'abord très raisonnables et pas très onéreux; ils cadraient avec les mœurs et les besoins sociaux de leur époque. Ceux qui les dénigrent ne les ont souvent pas étudiés de près; ils oublient qu'il n'y a pas de société organisée sans impôt de quelque nature. Si nous n'avons plus aujourd'hui les droits seigneuriaux, dont certains, vers la fin surtout, purent parfois dégénérer en abus, nous avons la longue litanie des impôts directs et indirects, sans parler des journées de prestation et du service militaire obligatoire. Sont-ils moins lourds pour nous que les anciens droits, y compris la corvée, le furent pour nos ancêtres ?

****

Droits honorifiques. Le principal était *l'hommage.* Il consistait en une cérémonie dans laquelle un vassal prêtait serment au seigneur à cause du fief qu'il tenait de lui.

Il y avait l'hommage *simple* ou *franc,* qui se prêtait debout, la main sur l'Évangile.

L'hommage *lige* était plus compliqué. Celui qui devait le prêter se présentait devant son seigneur tête nue (capuce remoto), sans gants, sans éperons et sans épée; il fléchissait le genoux et, les mains dans celles de son suzerain, sur le livre des Evangiles, il se reconnaissait son homme, lui promettait fidélité et assistance envers et contre tous. Le seigneur donnait l'accolade et le contrat était conclu.

L'hommage simple engageait surtout le fief et il pouvait être fait à plusieurs seigneurs; l'hommage lige engageait la personne; il ne pouvait être fait qu'à un seul auquel on se liait par un lien très étroit.

L'hommage emportait toujours *une redevance* qui établissait, pour le seigneur, le droit de souveraineté. Elle consistait souvent en chevaux, chiens de chasse, cerfs, lièvres, poules, fers à cheval, éperons, gants, etc. [1]

La cérémonie de l'hommage devait être renouvelée à chaque mutation tant du seigneur que du vassal.

Au château de Sévérac était une grande et belle salle dite *salle des hommages*. C'est là que nos puissants seigneurs, en des cérémonies de grand apparat, recevaient l'hommage de leurs nombreux vassaux.

Ces derniers étaient divisés en trois catégories :

1º La Commune — on disait alors Communauté — représentée par les Consuls. A chaque nouveau seigneur les consuls devaient *foi, hommage* et *dénombrement des biens*. Après avoir prêté serment, ils déclaraient que la commune reconnaissait tenir

---

(1) Il était parfois exigé un mouton qui devait être cornu, lainu et dentu; un coq qui devait être grand et rouge. De là l'expression : *rouge comme un coq de redevance*. A certains seigneurs on payait une redevance annuelle d'une couronne de roses naturelles. C'est que, pour les jeunes filles, l'usage de porter sur la tête des tresses de fleurs fraîchement écloses, était très répandu au Moyen-Age. Il est parlé de plusieurs qui n'apportaient à leur mari que leur cœur et une verte couronne, ou, comme on l'appelait, *un chapel de fleurs*. H. de Barrau. I. *Introduction*, p. 30 et 31.

dudit seigneur, en fief franc et noble, la maison consulaire et la pierre foiral appelée *sestayral*, où étaient les mesures publiques.

2° Les communautés ecclésiastiques qui étaient : les chapîtres des cathédrales de Rodez, de Vabres et de Mende, l'évêque de Rodez, le dom d'Aubrac, l'abbé de Bonneval, le prieur des bénédictins de Sévérac, le commandeur des Canabières, les dominicains de Rodez, les curés de Buzeins, de Laissac, de Vimenet, de Saint-Léons, de Canac, de Campagnac, etc.

Le seigneur de Sévérac avait droit de présenter à l'évêque les prêtres que ce dernier devait nommer à cinq chapellenies de la cathédrale de Rodez, à la paroisse de Saint-Jean du Château, à la communauté de Lorette et à la collégiale de Saint-Christophe.

3° Les nobles vassaux, parmi lesquels les seigneurs de Buzeins, de Buzareingues, de Varès, de Recoules, de Prévinquières, du Méjanel, de Lavernhe, de Favars, de Loupiac, de Lapanouse, d'Huguiez, de Sermeillets, de Recoulette, de Montaliès, d'Engayresque, de Novis, de La Roquette, de Roquelaure, de Mostuéjouls, de Mézérac, de Marzials, etc.

A leur tour, les seigneurs de Sévérac prêtaient hommage aux comtes de Rodez, leurs suzerains, et recevaient de ceux-ci, à chaque prestation, un cheval ou 50 livres pour la valeur du cheval.

Après le traité de Brétigny, Gui VIII de Sévérac reçut le cheval du roi d'Angleterre auquel il avait fait hommage.

CHAPITRE III

*Le château de Sévérac — Description — Son ameu-
blement et armement. — Divers incendies — La
ville forte de Sévérac.*

Le château de Sévérac fut reconstruit par Louis
d'Arpajon. De Gaujal place ce travail, qui prit plusieurs années, entre 1633 et 1650. Il est certain que le
grand portail d'entrée, où nous voyons les armoiries du duc sculptées sur la croix de Malte, ne
peut avoir été construit avant 1645, date de l'expédition contre les Turcs.

Des anciens bâtiments il ne fut conservé que peu
de chose : les remparts et leurs tours, l'ancienne
chapelle ogivale, du XIIIe siècle, qui porte aux clefs
de voûte les armes des de Sévérac; le corps de logis qui est à côté de cette église.

Qu'était l'ancien château ? Qui l'avait bâti ?
Nous ne le savons pas. Sans doute une forteresse
aux murs épais, flanqués de tours aux allures sévères, avec des appartements sombres, éclairés par
des ouvertures étroites.

Tout en lui conservant son caractère primitif de
forteresse, ainsi qu'on peut encore le constater en
examinant les ruines actuelles, Louis d'Arpajon
voulut construire un château qui, par des embellisse-
ments somptueux, terrasses, pavillons, galeries,
colonnes corinthiennes merveilleusement sculptées,
fût surtout une demeure commode et vraiment princière.

L'architecte fut un Florentin du nom de Sebastiano Gargioli [1]

On a prétendu que la manœuvre et les charrois furent faits surtout par les habitants de Novis, du Samonta et du Puech. On appuie cette opinion sur un acte du 14 septembre 1620 [2], où il est dit que les habitants de ces villages devront contribuer « à la garde, édifications et réparations nécessaires dudict chasteau de Sévérac et d'y employer leurs personnes, bestail à corne et à dos, pour la manœuvre et charrois des matériaux, sans que ledict seigneur soit teneu qu'à la nourriture de leurs personnes. »

Cette opinion est sans fondement. L'acte, en effet, rédigé longtemps avant la reconstruction du château, n'est qu'une simple reconnaissance féodale, rappelant les servitudes et redevances anciennes, mais sans en innover de nouvelles.

Louis d'Arpajon, de son côté, s'y engage, comme le faisaient ses pères, à être bon seigneur, à protéger ses sujets contre ceux « qui leur voudraient mesfaire » et il confirme les privilèges dont jusque-là ils avaient joui pour leurs terres. C'est tout.

Il est à croire que les travaux considérables de la reconstruction du château furent faits, en grande partie, par les habitants du mandement. Les fines sculptures qu'on voit encore dans plusieurs vieilles maisons de la ville sont une preuve qu'il devait y avoir dans le pays des ouvriers d'une grande habileté.

Description du château. — Pour nous aider dans ce travail, nous avons d'abord les ruines elles-mêmes qui permettent de se faire une idée assez juste

---

(1) M. Frédéric de Chaliès, qui a écrit sur Sévérac, affirme avoir eu entre les mains un document de 1637 qui le dit.

(2) Reçu Mathieu Baboti, notaire à Sévérac.

de ce que fut le château au temps de sa splendeur. Le cadastre de Sévérac, dressé en 1820, fournit aussi des indications utiles. Malheureusement il ne donne pas les plans complets. A l'époque où il fut fait, certaines fondations, du côté de l'ouest, avaient été emportées par les éboulements. [1]

H. de Barrau et l'abbé Bousquet citent très au long un document de 1669 trouvé dans les archives du château. Il existe un inventaire de 1717 [2], un autre de 1726. Le dernier est du 4 avril 1789 [3].

Au moyen de ces documents, parlons d'abord du château et de ses dépendances. Nous dirons ensuite quelques mots de son ameublement, de son armement et des incendies qui en détruisirent de notables parties.

Bâti sur un monticule surmonté d'un énorme rocher, dont l'altitude est de 817 mètres au-dessus du niveau de la mer, dominant de tous côtés la vaste et très belle plaine qui s'étend au loin, le château de Sévérac est contigu à la ville forte qui se trouve sur le penchant sud-est de la colline, et protégée jadis elle-même par de hauts remparts.

Cependant, même du côté de la ville, le château était isolé et gardé par une double enceinte.

La première enceinte avait deux portes. Une sous le rocher qui surplombe le cimetière actuel, dite *Porte de la Brèche*. L'autre s'ouvrait dans l'intérieur de la ville, et on y accédait, du côté du château, par un couloir en voûte d'environ 50 mètres.

Dans l'intérieur de cette enceinte, sous le rocher, était une construction dont il reste encore des ruines,

(1) M. l'abbé Volpelier s'était servi de ce cadastre pour reconstituer le plan des parties disparues. (Livre de paroisse de S. Chély).

(2) M. Molinié, p. 14.

(3) J'ai découvert, dans les vieilles minutes d'un notariat de Sévérac, le texte original de cet inventaire. Il est écrit par Joseph Vaquier de Labaume et contient quelques détails intéressants.

c'était le *grenier*. En-dessous, à l'emplacement où se trouve maintenant un jardin, étaient les *grandes écuries*.

La deuxième enceinte était séparée de la première par un portail à pont-levis dont le cadre existe encore. A côté était le *corps de garde*, construction à deux étages dont il reste les murs percés de nombreuses meutrières.

A l'intérieur de cette enceinte, une allée de grands arbres conduisait à l'entrée du château. Une grande terrasse, de 48 cannes de long sur 8 de large, était une véritable merveille.

Le document de 1669 dit qu'elle est « élevée et pratiquée sur des voûtes bâties l'une sur l'autre, de la hauteur de huit cannes ».

A l'angle sud est de ce parterre, jadis dessiné avec beaucoup d'art, se trouve une *queue* de lampe en pierre taillée, presque toute hors de la muraille et comme suspendue en l'air. Les gens du pays l'appellent l'*escudélou*.

A l'un des angles ouest, était une tour ronde et à l'autre un boudoir.

* * *

Entrée et cours du château. On est d'abord en face d'un grand portail, de style corinthien, avec pont-levis. Les pieds-droits et le fronton sont chargés de nombreuses sculptures de même style.

Le portail s'ouvre sur un porche ou vestibule en voûte qui passe sous le château et conduit à une grande cour intérieure d'une superficie de 500 cannes. Elle est fermée, à l'est, par un mur supportant le talus d'une autre terrasse plus élevée que l'inventaire de 1789 appelle « Terrasse des Canons ».

Au nord et à l'ouest étaient de hauts remparts flanqués de deux tourelles et d'une grosse tour de guet à plusieurs étages.

Au rez-de-chaussée de cette tour se trouve une sorte de cave n'ayant de jour que par une trappe ouvrant sur l'étage supérieur. L'opinion populaire y voit une *oubliette*. C'en était peut-être une, comme peut-être c'était autre chose. Aucun document n'en parle.

De cette première cour on monte à la « terrasse des canons ». C'est une petite esplanade « bien gazonnée », environnée d'une haute muraille, assise sur un grand rocher appelé « rouoc dé pouoto », et flanquée de deux tours, l'une ronde et l'autre carrée. L'inventaire de 1789 appelle une de ces tours « tour des canons » et l'autre « tour des pétards. » Sur cette terrasse, il y avait, au XVIIe siècle, un petit bois de tilleuls dont quelques rares ont survécu.

***

Eglises du château. — A côté de la grande tour de guet, dans la première cour, on voit encore, assez bien conservée, l'église primitive, de style ogival, bâtie par la famille des de Sévérac et dédiée à Saint-Jean-Baptiste. A la suite est un grand appartement, avec croisée à meneaux, qui fut, avant les guerres de religion, le logement du curé. Nous savons que, à l'époque de la Réforme, cette église fut transformée en temple protestant.

Louis d'Arpajon fit bâtir, sur la haute terrasse, une autre chapelle, plus spacieuse et mieux décorée que l'ancienne.

Le document de 1669 dit qu'elle était « bien ornée de rétables et de tableaux et bâtie à la moderne », c'est-à-dire, dans le style de la Renaissance. Elle n'avait pas de voûte, mais un plafond avec de belles peintures. Elle était « accompagnée d'une sacristie et d'un clocher élevé, au pied duquel était la maison curiale. »

L'inventaire de 1789 dit qu'elle avait une tribune et trois autels. Le principal était dédié à Saint-Jean-Baptiste; les deux autres, à la Sainte Vierge et au Saint-Esprit, dont les seigneurs de Sévérac étaient presque toujours chevaliers de l'Ordre.

La Révolution dut détruire cette église avec ses dépendances. Il ne reste plus que quelques pierres de ses fondations.

***

Le château. — Il formait un grand carré oblong dont la façade nord avait une longueur d'environ 82 mètres, et celle du midi 85 mètres.

Du côté nord, la façade était flanquée de deux grands pavillons en saillie sur la cour intérieure : un à l'est qui existe encore, l'autre à l'extrémité ouest dont les fondations elles-mêmes ont aujourd'hui disparu.

Outre les *sous-sols* qui existaient seulement à l'ouest de la grande porte et consistaient en quatre grandes caves ouvrant sur une galerie intérieure, le châtau avait trois étages. La partie à l'est du pavillon existant encore, devait même en avoir quatre.

Le premier étage comprenait d'abord un *cloître* ou *galerie* donnant sur la cour intérieure par une série d'arceaux reposant sur des pilastres richement sculptés. Il allait d'un pavillon à l'autre mais il était coupé en deux par la porte d'entrée.

A cet étage, entre les deux pavillons, se trouvaient : la cuisine, la salle des archives, le garde-meuble et une rangée de chambres jusqu'à la grande tour.

Au-delà du pavillon de l'est et sous la salle des Hommages : les offices, deux grandes chambres et un cabinet. une de ces chambres avait une porte donnant sur une courtine qui dominait le corps-de-garde.

On montait au second étage par un escalier monumental, en fer à cheval, partant de chaque côté du porche de la grande entrée. Les arceaux de cet escalier, qu'un vandalisme récent a presque fait disparaître, avaient un cintre irrégulier qui était très remarquable.

Le second étage comprenait : un large *corridor* ou *galerie*, orné de tableaux, qui aboutissait aux deux pavillons. A l'extérieur, du côté de la cour, des niches en pierre, finement sculptées, étaient destinées à recevoir des statues.

De la galerie, on entrait dans les chambres qui étaient : la salle dite des *Sybilles*, la chambre dorée ou de Madame, et une autre rangée de chambres jusqu'à la grande tour, parmi lesquelles un cabinet doré et la chambre de Monseigneur.

Du côté du levant, la galerie conduisait à la grande *salle des Hommages* qui, d'après le document de 1669, aurait eu 40 mètres de long sur 14 mètres de large.

Ces mesures, qu'on peut contrôler encore, sont inexactes. La longueur était de 24 mètres et la largeur de 12 mètres. C'était déjà un magnifique appartement. La hauteur de cette salle devait être double et occuper celle de deux étages.

« Le troisième étage est servi par un corridor au moyen duquel on entre dans une rangée de chambres qui sont d'un bout à l'autre. » [1] L'escalier desservant cet étage était dans le pavillon de l'est.

Du quatrième étage, qui devait se trouver au-dessus de la salle des Hommages, les documents ne disent rien.

La grande Tour. — Nous lisons dans le texte de 1669 : « La façade du château, du côté du midi, est flanquée, au couchant, d'une grande tour carrée, à sept étages, dans l'un desquels un beau cabinet orné de peintures. »

Il y a, au château de Loupiac, une peinture du XVIIIe siècle représentant cette tour ainsi que le château.

Ameublement. — Le château de Sévérac avait été meublé avec beaucoup de luxe et selon le goût

(1) Document de 1669.

de l'époque. Louis d'Arpajon était ami et protecteur des lettres et des arts [1]. Il semble avoir eu un goût particulier pour la peinture. L'inventaire de 1789 relate de nombreuses toiles dont les estimateurs ne connurent peut-être pas toujours la valeur. De Gaujal dit qu'il y avait des chefs-d'œuvre au château de Sévérac, parmi lesquels au moins un Rubens. Un des Mignard avait fait le portrait de la première femme de Louis d'Arpajon [2].

Le document de 1669 donne le détail de l'ameublement des principaux appartements : « La salle des Hommages avait une tapisserie d'auvergne avec personnages; longue table avec tapis de Turquie; lustre à plusieurs branches de cristal et quatre grands tableaux représentant *Judith, Suzanne, Loth et ses filles* et *Lucrèce.* »

A la chambre de Madame : « tapisserie de haute-lice, laine et soie rehaussée d'or, représentant des histoires de l'Ancien Testament; portrait de Madame d'Arpajon et de sa fille, Catherine d'Arpajon. »

A la chambre de Monseigneur : « tentures de tapisserie à fleurs rouges, vertes et argent; lit avec broderie de fil d'argent et paillettes de même. »

On changeait de tentures et de garnitures de lit selon les circonstances plus ou moins solennelles. La couleur de la robe de chambre de Monseigneur suivait celle de l'appartement. »

Au premier étage, dans le garde-meuble, on conservait avec soin l'habit du roi de Pologne, Ladislas VII, qui fut donné à Louis d'Arpajon.

Il y avait, dans un appartement du second étage,

(1) Il pensionnait un poète menuisier de Nevers nommé Adam Billaut. Cyrano de Bergerac lui dédia ses ouvrages.

(2) Ce portrait, non signé, merveilleuse peinture à l'huile, est aujourd'hui la propriété de M. Monestier, ancien notaire, de Millau. L'abbesse du couvent de l'Arpajonie le donna pour reconnaître des services rendus, à M. Boyer, notaire et ancêtre de M. Monestier qui en a hérité.

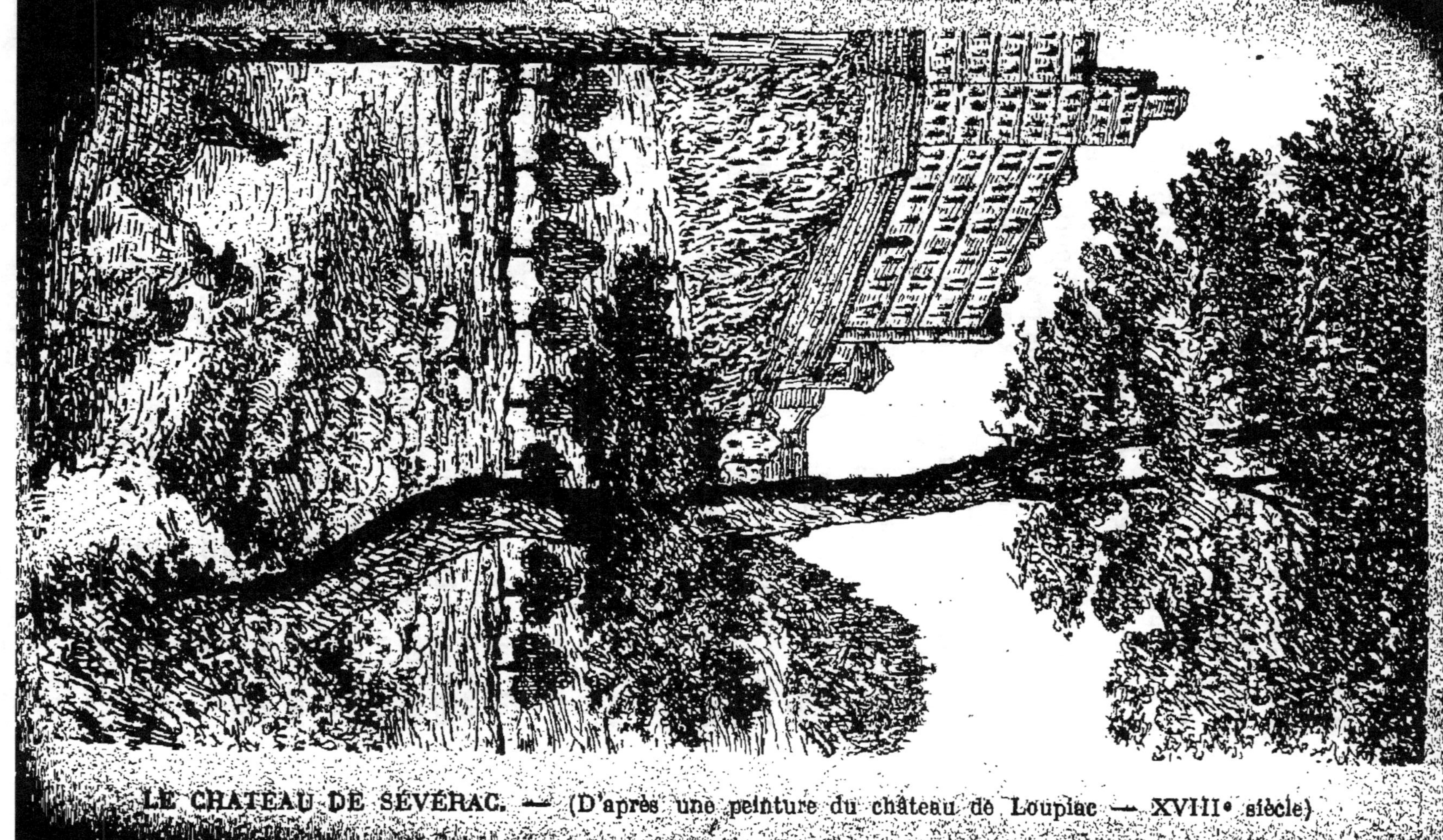

LE CHATEAU DE SÉVÉRAC. — (D'après une peinture du château de Loupiac — XVIII° siècle)

une cheminée monumentale, en bois sculpté et doré, de grande valeur.

L'inventaire de 1789 énumère les moindres meubles contenus dans le château jusqu'aux chaises hors d'usage et à deux chaînes de 115 livres « qui avaient servi pour les pont-levis ».

A ce moment, les seigneurs de Sévérac habitaient Paris. Ils avaient dû emporter les objets d'art et les meubles les plus précieux. Il y avait encore beaucoup de tableaux mais estimés à très bas prix. La bibliothèque contenait un certain nombre de volumes d'histoire, de littérature, livres de piété, plusieurs Bibles. Il n'est fait aucune mention des archives, ce qui laisserait supposer qu'elles avaient péri dans quelque incendie.

L'ensemble du mobilier fut évalué à la somme totale de 18.157 livres, 4 sols. Si l'on défalque la valeur des canons et de 377 vieux fusils estimés ensemble 6.845 livres, il reste que le mobilier du château, à la veille de la Révolution, valait 11.312 livres, 4 sols.

Le mobilier de l'église y compris les vases sacrés, est estimé 3.312 livres, 19 sols, et celui du presbytère, excessivement sommaire, 28 livres, 18 sols.

Armement du château. — Le château de Sévérac fut muni de canons à l'époque des guerres de religion. « Jacques, Jean IV et Charles d'Arpajon, tous les trois chefs Calvinistes, avaient armé le château de Sévérac de quatre grosses pièces d'artillerie et de douze autres beaucoup plus petites appelées fauconneaux. » [2]

Ce sont sans doute les mêmes qu'énumère l'inventaire de 1789, car, dit H. de Barrau, ces pièces ne furent enlevées qu'en 1793 pour être transportées à Perpignan.

Voici ce que dit l'inventaire :

(1) H. de Barrau, I, p. 492.
(2) Les Bénéfices du diocèse de Rodez.

« Art. 415. Nous sommes montés sur la *terrasse dite des Canons* où nous avons trouvé quatre pièces de canon de différent calibre, dont trois aux armes de d'Arpajon, la quatrième aux armes de France, tous sans affeut, estimés six mille livres ».

« Art. 418. Nous nous sommes transportés dans la petite tour dite des Pétards où nous avons trouvé douze pièces de campagne, dont trois moyennes, et les autres petites, le tout estimé 528 livres.

« Art. 373. Un petit canon de sept pouces dix lignes de longueur, sur son affeut de fonte, trois livres. »

M. Lescure, de Lavernhe, né en 1784, ancien conseiller général de l'Aveyron, a écrit, à ce sujet, dans ses Souvenirs de famille : « J'ai vu cette formidable artillerie, des pièces de six, de douze, notamment une longue coulevrine de 24 et un énorme canon de 48 où enfant j'aimais à enfoncer la tête. »

De Grimaldi, parlant de Sévérac, écrit à son tour : « Il y a plusieurs pièces de canon pour le défendre et un *arsenal* qui a été fort utile dans les troubles actuels (de la Révolution). »

Il y avait enfin un certain nombre d'armes à feu, dont parle l'inventaire : trois cent quatorze canons de fusil, de carabines ou de mousquetons, dont le bois était usé et les platines bonnes à rien, estimés 317 livres, 5 sols. Quantité de fourreaux de pistolet de nulle valeur [1].

Incendies. — Le château de Sévérac fut victime de plusieurs incendies. Deux, l'un du 16 juin 1658, l'autre du 27 mai 1766, furent occasionnés par la foudre. On croit qu'il y en eut un troisième peu de temps avant la Révolution. Nous lisons dans

---

(1) L'inventaire de 1789 signale *trois casaques de trompette*, en velours, un *drapeau de taffetas blanc*, fort vieux. C'étaient les restes des brillants costumes, depuis longtemps rongés par les mites, que portaient jadis les gardes du château quand ils paradaient dans les fêtes ou lorsqu'ils sonnaient l'alarme du haut des remparts.

l'inventaire de 1789, art. 106 : « De là nous sommes entrés dans la chambre attenante, appelée *chambre noire* et y avons trouvé des morceaux de différents cannaux de plomb et autres pièces qui furent ramassées après l'incendie du château. »

L'un de ces incendies détruisit la grande tour, un autre la salle des Hommages. L'inventaire du 4 avril 1789, qui énumère tous les autres appartements, n'en fait, en effet, aucune mention. C'est une preuve qu'elles n'existaient plus.

* * *

La ville forte. — Même au temps de sa splendeur, Sévérac ne fut jamais une grande ville. Les maisons avaient beau s'entasser les unes sur les autres, son enceinte était petite. Il avait 227 maisons au XVIIIe siècle. Le pouillé du chanoine de Grimaldi, fait avant la Révolution, constate que la paroisse de Saint-Chély avait 1.200 habitants, dont 730 dans la ville de Sévérac.

Ce qui fit sa renommée ce furent ses merveilleuses défenses et sa situation presque imprenable. Divers monuments, dit l'abbé Bosc, attestent que la ville de Sévérac, qui paraît être une des plus anciennes du comté de Rodez, fut longtemps la plus forte de la province.

Elle était entourée de hauts remparts, percés de quatre portes fermées, la nuit, avec une herse de fer.

Deux de ces portes existent encore. Les deux autres se trouvaient l'une à l'est, au « quartier du Mur », l'autre, à l'ouest, au quartier de « Belvezé ».

Les remparts, sur lesquels, croit-on, courait un chemin de ronde, étaient protégés, au midi, par un large fossé rempli d'eau, appelé *Douves*. Ils étaient, en plus, flanqués de deux ouvrages de défense. Le premier était une tour à l'angle sud-est. Le second, un donjon où veillait le corps de garde, était au sud-ouest, attenant au couvent des bénédictins.

Un acte de 1628 parlant du corps-de-logis à trois étages rebâti par les bénédictins parce qu'il avait été « desmoly par les protestents depuis 60 ans environ », dit qu'à ce corps de logis aboutissait « une tour de la muraille qui ensainct la ville et la muraille mesme du midy et du couchant. » [1]

La ville était divisée en six quartiers, ayant chacun son nom. Elle avait un *four banal, un hôpital, un marché-couvert* ou *sestayral, une prison* à deux étages : au premier on mettait «les plus criminels », au second, il y avait une chambre « pour les moins criminels » et un appartement pour le geôlier. A côté, un petit jardin entouré de hautes murailles.

Les rues de la ville étaient très étroites. Il y avait un certain nombre de maisons très bien bâties, avec de beaux motifs de sculpture aux portes et fenêtres, habitées par des nobles, des bourgeois ou de riches marchands.

Une des plus belles, qui constitue encore aujourd'hui une des plus intéressantes curiosités du vieux Sévérac, était la *maison des consuls*, située dans la « rue de la ville » donnant sur le *marché-couvert*. Il en reste quelque appartement, avec plafonds ornés de peintures, une très belle fenêtre avec des motifs finement sculptés.

(1) Acte du 26 avril 1628, reçu Lamarche, notaire.

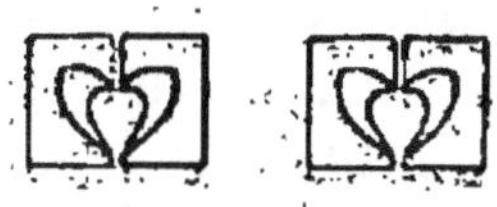

CHAPITRE IV

*Les communes au Moyen-Age. — Origine et établis-
sement définitif de la commune de Sévérac. —
Libertés et vie communales. — Les milices. —
Les compagnies bourgeoises.*

Toutes nos libertés ne datent pas de la Révolution. Au Moyen-Age beaucoup de pays en avaient
de très étendues scrupuleusement respectées par
tous les pouvoirs. « Dès le milieu du XIe siècle, écrit
de Gaujal, tantôt par religion, tantôt par reconnaissance, les maîtres avaient, même dans les provinces reculées, comme en Rouergue, accordé la
liberté à des serfs. Les villes se peuplaient de *bourgeois*, de *citoyens*. »

C'est à cette époque que commence partout, un
peu plus tôt, un peu plus tard, la création des Communes ou, comme on disait alors, des Communautés.

Au Moyen-Age, on appelait de ce nom « une
sorte de petite république, formée quelquefois d'une
seule ville ou d'un seul bourg [1] ».

Dans la suite des temps, souvent les moindres lo-
localités furent érigées en Communes. Il y en eut
41 mille en France.

Elles étaient fondées par *une charte d'affran-
chissement* que le roi ou le seigneur local accordait
à un pays. Dans cette charte étaient consignés les
anciens droits, les usages locaux dont on garantis-
sait le maintien. Par association jurée, les habitants
s'engageaient à se défendre contre les vexations ar-

(1) **H. Affre,** *Dictionnaire.*

bitraires de leurs seigneurs; ils stipulaient l'abolition de la servitude féodale, la liberté des mariages, le droit de tester, la conversion des taxes arbitraires en prestations déterminées, etc.

Les Communes avaient à leur tête des *consuls*, en patois *couossou*, habituellement au nombre de deux, assistés par un certain nombre de conseillers.

Les consuls avaient un costume spécial qui consistait en général en une robe avec chaperon, mi-partie rouge et noire, le fond bordé d'hermine, serrée autour du corps par une ceinture en soie. Pour coiffure, une toque ou bonnet, plat par-dessus, rond et sans bords, recouvert de velours et orné d'un crêpe de soie, ayant, sous plusieurs rapports, de l'analogie avec la coiffure des juges de nos tribunaux.

Ils étaient nommés pour un an par le libre suffrage de leurs concitoyens. Les élections souvent donnaient lieu à des réjouissances publiques où les joueurs de violon, de fifre et de tambour faisaient grand tapage [1].

Les consuls une fois nommés prêtaient d'abord serment entre les mains du seigneur; ils étaient ensuite chargés de tout ce qui avait rapport à l'administration et à la police de la commune. Sur la fin de l'ancien régime, ils percevaient aussi l'impôt. De là le nom de « couossou » qu'en quelques campagnes on donne encore au percepteur.

*
* *

Certains veulent faire remonter la première origine de la commune de Sévérac à l'année 1270, époque où Gui IV, partant pour la Croisade, affranchit

---

[1] A Rodez, ce jour-là, on faisait abondante distribution d'hypocras (vin de liqueur exquis), d'oublies ou neules, sorte de pâtisserie savoureuse et légère. Les élus étaient conviés à un déjeûner frugal et à un souper dont on ne pouvait dire autant, H. Affre. *Dictionnaire.*

Sévérac et son mandement de la taille et toulte et lui concéda certains privilèges et libertés.

Si ce ne fut pas encore la création de la Commune, ce fut un acheminement vers elle. Les habitants de Sévérac attachèrent grand prix à ces franchises et cherchèrent à les augmenter. Ils ne manquaient pas de les rappeler et de les faire reconnaître dans le procès-verbal de « l'hommage » qu'ils devaient à chaque nouveau seigneur.

En 1370, il y avait déjà des *consuls* à Sévérac [1]. En effet, en reconnaissance de ce que Gui VIII avait abandonné le parti des Anglais pour se ranger du côté du roi de France, le duc d'Anjou lui confirme, ainsi qu'aux consuls et aux habitants de Sévérac, les privilèges dont ils jouissaient jusque-là. Il ajoute, pour Gui VIII, le droit d'établir dans ses terres des juges pour statuer sur les premiers appels et il ordonne que, dans le cas où ces appels seraient portés devant les juges royaux, ceux-ci eussent à les renvoyer devant les juges de ce seigneur [2].

La revendication des franchises et libertés communales qui fut faite en 1416, au moment où Amaury de Sévérac succéda à Gui IX, doit être particulièrement remarquée.

Cent cinquante six habitants du mandement, réunis dans une salle du château pour la cérémonie de l'Hommage, remirent au maréchal un parchemin sur lequel ils avaient écrit leurs doléances et où ils demandaient le maintien de leurs libertés. Au nombre des doléances était celle-ci : « quelquefois, disaient-ils, il arrive, lorsque les gens viennent en cette ville et portent pour vendre quelques vivres, comme poissons, fruits, fromages et

---

(1) Il résulte de certains documents de cette époque que ces consuls, ou syndics, ne l'étaient pas à titre définitif; ils étaient seulement délégués temporaires pour quelque affaire déterminée. Voir une note de M. Monestier citée par M. Molinié, p. 314.

(2) De Gaujal I. 371, *Trésor des Chartes*, Registre 100, *Archives de Rodez*.

autres, viennent de vos officiers qui sous couleur dissimulée disent qu'au château on a besoin de ces vivres et ils mettent la main dessus et pour cela on cesse de venir porter des vivres au marché. » [1]

Les libertés qu'on revendique sont, entr'autres, le droit de nommer un bannier tous les quatre ans et le privilège, pour les notables, de garder les clefs des portes de la ville.

La Commune de Sévérac fut définitivement établie, en 1432, par Jean IV d'Armagnac. Voici en quelles circonstances :

Après avoir, lui aussi, à l'époque de son avènement, confirmé les franchises et libertés déjà existantes, il voulut prélever dans le mandement des redevances en nature qui n'étaient pas dûes jusque là. Ce fut une indignation générale. Comme les habitants, n'ayant pas encore des consuls titulaires, n'avaient pas droit de s'assembler sans autorisation spéciale, ils protestèrent contre les nouvelles redevances auprès du sénéchal de Rodez.

Jean IV, étant alors en lutte contre l'autorité royale, avait intérêt à ne pas mécontenter ses sujets afin d'être soutenu par eux. Il céda donc devant leurs réclamations et non seulement il leur permit de s'assembler pour délibérer, mais il décida encore de leur accorder une administration consulaire.

En cette année, 1432, le comte d'Armagnac se trouvait à l'Isle-en-Jourdain. Il envoya à Sévérac Gamelin de Gales, maître-d'hôtel de la comtesse d'Armagnac, porteur de lettres munies de son grand sceau et avec commission de faire élire six conseillers et quatre consuls, dont deux pour Sévérac et deux pour les villages du mandement.

Chose pour le moins très curieuse, ce messager de bonne nouvelle, porteur de libertés précieuses, ne fut pas accueilli avec enthousiasme à Sévérac; il paraît même qu'il fut reçu froidement et avec

(1) Document cité par M. Molinié, p. 316.

méfiance. On était prévenu contre Jean IV qui ne passait pas pour homme loyal; on flairait sans doute quelque piège.

Les habitants, convoqués à une réunion, refusèrent de procéder aux élections qu'on leur proposait. Le comte d'Armagnac cependant tenait à imposer ses bienfaits. Dans ce but, il envoya à Sévérac son sénéchal, Jean de Lapanouse, seigneur de Loupiac, qui réunit la majorité des habitants dans l'église. Là il donna lecture des lettres patentes de Jean IV, traduites en langue vulgaire. Les sévéraguais ne furent pas encore convaincus et ils se séparèrent au milieu du tumulte, sans avoir procédé à l'élection.

Jean IV ne se laissa pas décourager par ce nouveau refus. Il donna de nouvelles lettres patentes, datées du 10 septembre 1432, portant commission à Jean de Lapanouse, son sénéchal, à Béranger Sales, son procureur et à Jean de Montcalm, bachelierès-lois, juge de Sévérac :

1° D'informer secrètement contre ceux qui avaient incité les habitants de Sévérac à refuser le consulat.

2° De réunir une fois encore les habitants, à l'effet d'élire leurs consuls.

3° De nommer d'office ces consuls, pris parmi les *hommes probes* « probi homines », si les habitants refusaient de les élire.

Les commissaires se rendirent à Sévérac et convoquèrent les habitants dans la grande tour du château pour le 4 octobre suivant. Soixante treize hommes se présentèrent et, après avoir ouï les exhortations du sénéchal, écouté la lecture des lettres patentes du comte, ils choisirent deux consuls pour Sévérac : Jean Ayral, et Jean Boiry, ainsi que trois conseillers : Astorg Falquier, Pierre Castelnaux et Pierre Layssac. Pour les villages, deux consuls : Jean Sicard, du Requous et Raymond Boscary, de Drulhe, ainsi que trois conseillers : Etienne Delpont, Etienne Bourguet et Pierre Gély.

Il fut convenu qu'à partir de ce jour consuls et

conseillers exerceraient leurs fonctions jusqu'au lendemain de la Toussaint 1433, jour où ils procèderaient eux-mêmes à une nouvelle élection en s'adjoignant douze autres habitants, six de Sévérac et six de la campagne. Les consuls, en effet, devaient être renouvelés tous les ans [1].

Telles sont les origines et la fondation de la commune de Sévérac.

Après leur élection et aussitôt après avoir prêté serment entre les mains du juge, les nouveaux consuls rédigèrent et firent parvenir à Jean IV les revendications et franchises qui devaient être inscrites dans *la charte* de la nouvelle commune et constituer, à partir de ce jour, les prérogatives des consuls et le droit du peuple de la ville et du mandement de Sévérac. Elles étaient résumées en 14 articles.

Le comte d'Armagnac les agréa et les confirma par acte du 3 janvier 1435.

Ces franchises, qui purent varier quelque peu dans le cours des temps, sont rappelées dans un acte, daté du 6 novembre 1624, d'un très grand intérêt pour l'histoire de Sévérac [1]. Il a pour titre : « *Hommage des habitants de la ville et du mandement de Sévérac* reçu par Jehan de Bouttes, sieur de Berthonais et de Castel-Nouvel, agissant comme procureur de messire Louy viscompte d'Arpajon, marquis de Sévérac, seigneur et baron dudit lieu. » [2]

(1) Documents communiqués par M. le Dr Molinié à la Société des Lettres de l'Aveyron.

(1) Cet acte, jusqu'ici inédit, écrit sur beau parchemin de plus d'un mètre de longueur, est la propriété de la famille Trémolet, ancien notaire, de Sévérac, qui a bien voulu me le communiquer. Voir le texte intégral *aux pièces documentaires*.

(2) A cette époque, Jean V d'Arpajon, qui ne mourut qu'en 1634, dut céder à son fils Louis, la baronnie de Sévérac.

Après avoir indiqué les limites et confrontations du mandement, les principales localités qui le composent, cet acte, rédigé par Baboty, notaire royal, énumère d'abord les immeubles appartenant à la commune dont les consuls font hommage au seigneur ainsi que les principales redevances qu'ils lui doivent. Ce sont :

« Leur maison consulaire avec le sestayral qui est par dessoubs. »

De même, un pré dit « de La Taille contenant six journées ou environ » qui se trouve près de l'Aveyron.

Plus un autre pré dit « lou prat de Capayrous », contenant « trois journées ou environ », situé près de la même rivière.

Plus un bois, à Coursac dit « de la Commune » « de grande contenance ».

« Toutes et chacunes des rentes et revenus qu'ils ont en qualité *d'administrateurs des charités* ou autrement, avec directe seigneurie ou sans icelle, ès-villages d'Huguiers, La Vaïssette et autres dudit mandement. »

Enfin sont rappelés les autres droits que ledit seigneur pourrait avoir sur les habitants, « touchant les droits de guet et garde, meyssou, journées *(mot illisible)*, quatre cas, droicts de coupe et bassine, bouchery, couratage et paix laquelle demeurera en sa force et valeur. »

Après cela le seigneur promet à ses sujets qu'il « leur sera bon seigneur, les défendra, les protègera, leur confirmera toutes et chacunes libertés à eux concédées par ses prédécesseurs, qui seront cy-après exprimées ».

1º « En premier lieu, veut et entend ledict seigneur que lesdicts habitants aient particulière-

(1) Jean IV d'Armagnac avait permis aux consuls d'avoir un serviteur ou valet de ville pour remplir les fonctions qui sont encore de nos jours celles de ces sortes d'employés et pouvant infliger des amendes ne dépassant pas cinq sols.

MAISON DES CONSULS ET ANCIEN SÉPAYRA

ment deux consuls, gens de bien et sans reproche, qui puissent porter chapperons de parties de rouge et de noir, comme aussi leur serviteur [1], qui procèdent de l'élection [2] et création de leurs successeurs en la forme contenue au dict acte. »

2° « Qu'ils puissent impozer, assoir et despartir toutes tailles royaux et aultres affaires justement et également. » A cet effet, ils faisaient convoquer par leur serviteur l'assemblée communale. Les manquants et récalcitrants pouvaient être frappés d'une amende qui ne dépassait pas cinq sols. « Si la désobéissance ou rébellion méritait plus grande peine », les consuls avaient recours aux officiers du seigneur qui leur prêtaient main forte et contraignaient à obéir.

3° « Les clefs des portes de la ville seront et demeureront en leur pouvoir, lesquelles ils bailleront à leurs successeurs incontinent après qu'ils auront presté le serment entre les mains dudit seigneur ou, en cas qu'il serait absent, entre les mains de son juge ou son lieutenant. »

4° « S'il survenait des différents entre partis au sujet « des occupations [3], des chemins et patus communs, ou qu'il fût nécessaire de faire réparation aux murailles et portes de la dicte ville ou ès-chemins » il en sera référé aux consuls qui prendront connaissance de ces affaires, pourront faire planter des bornes et « vider » ces diverses questions. Si les partis ne sont pas satisfaits par la décision des consuls, ils pourront en référer aux officiers du seigneur.

5° « Il appartient et appartiendra aux dicts consuls de mettre prix au pain, vin, huile et autres vivres victuels, faire faire les draps de la longueur, largeur et qualité acoutumées, et lorsque les bou-

---

(1) Le rédacteur de l'acte doit avoir eu une petite distraction. Il faut évidemment : « procèdent à l'élection. »

(2) Usurpations de propriétés.

langers et boulangères feront le pain trop petit, le donneront et distribueront aux pauvres. Ils pourront défendre à tous taverniers, revendeurs et revenderesses de ne vendre à plus haut prix que leur sera par eux taxé et ordonné, à peine de cinq sous applicables par lesdits consuls, pour l'utilité publique, chaque fois que lesdits taverniers, boulangers ou boulangères, revendeurs ou revenderesses contreviendront aux dites défenses. »

6º « De même, il appartient aux dits consuls de marquer toutes mesures de bled, vin, huile, sel, poids, cannes avec lesquelles on poise et mezure les draps et autres choses; ils auront poinçon de fer où seront les armes dudit seigneur, pour marquer lesdites mezures, cannes et poids, et si quelqu'un se servait de fausses mesures, cannes ou poids, les mettront entre les mains du seigneur et ses officiers en certifieront pour en faire la justice et punition qu'il appartiendra. »

7º « De même ont et auront les dits habitants *pouvoir de chasser et de pêcher*, ainsi qu'ils ont acoutumé, excepté dans les debvoix [1] du dit seigneur et réserver ses droits seigneuriaux. »

On remarquera cet article des franchises communales, qui n'était pas certainement particulier à Sévérac. C'est la réfutation de la légende d'après laquelle, au temps des seigneurs, le gibier était, au prix des peines les plus sévères, fruit défendu pour le pauvre peuple.

8º « De même, appartiendra et appartient aux dicts consuls de faire, devèser [2]; icelle croistre ou

_____

(1) On appelait *debvoix* (devois, devès) certains endroits déterminés des ruisseaux ou rivières dont les seigneurs se réservaient la pêche. (H. Affre.)

(2) *Devèser* signifie que les consuls avaient charge de marquer, dans les terrains communaux, les paturages spéciaux pour les bœufs de travail. Ils en déterminaient l'étendue, qui variait selon les besoins, et défendaient, sous peine d'amende, d'y conduire paître les animaux en dehors du temps fixé par eux.

diminuer pour les bœufs aratiques (de labour);
défendre à peine de ban (amende) que personne ne
puisse paistre durant le temps qu'ils ordonneront;
et si dans le dit mandement il y avait bestail gros
ou menu infect ou malade, le pourront tirer hors
du dict mandement ou lui prescrire certains endroits
dans lesquels ceux à qui le bestail appartiendra, les
gardent jusques à ce qu'il soit guéri, sans le laisser
vaquer. Pourront les dicts consuls cotiser toutes
sortes de bestail forain et étranger pour les tailles
royaux ou aultres affaires de ladicte ville et mandement. »

9° « De même veut et entend le dit seigneur que
les *foires* et *marchés* qui ont accoustumé estre en
ladicte ville soient entretenus, gardés et observés
et que ses officiers y donnent concours faveur et
aide. »

Les foires étaient autrefois peu nombreuses en
Rouergue. On n'y en comptait que 185 en 1552.
Pour ce motif elles étaient beaucoup plus impor-
tantes qu'elles ne le sont généralement aujourd'hui.

Sévérac eut, de temps immémorial, des foires
réputées au loin. Le maréchal Amaury y établit
aussi des *marchés* qui se tenaient d'abord tous les
samedis et que les consuls, plus tard, placèrent au
mercredi.

10° « De même, il appartient aux dicts consuls
de paistre et faire paistre à leur bétail tous patus,
chemins, herbes et reveyrals en la forme qu'ils ont
de tout temps accoustumé. »

11° « De même, pour la conservation des fruits,
ils pourront créer et établir un *bannier*, prendre et
recevoir de lui les serments requis. » [1]

(1) On donnait, en Rouergue, le nom de *bannier*, ou encore
degnier à l'agent que nous appelons aujourd'hui garde-cham-
pêtre et qui était préposé à la garde des propriétés rurales.
Ces deux noms dérivaient de deux mots de basse latinité
banna et *dex* qui signifiaient l'amende prononcée contre les
contrevenants.

***

Milices communales et Compagnies bourgeoises. — Nous avons dit que les consuls avaient la police de la commune. Ils devaient en outre la protéger contre les bandes ennemies et pillardes qui, à certaines époques, infestaient les campagnes et ravageaient les récoltes. Pour cela, dans les premiers temps, ils eurent, pour leur prêter main forte, en plus du bannier, une milice communale composée de tous les citoyens valides et à la tête desquels étaient les consuls eux-mêmes.

Peu à peu ces sortes de milices perdirent leur caractère local et devinrent les auxiliaires des armées. Il resta néanmoins à la charge des communes l'obligation de fournir un certain nombre de miliciens, qui variait selon les besoins, et dont le recrutement s'opérait par voix de tirage au sort. Tous les garçons valides de 18 à 40 ans formaient la liste des appelés. En cas d'insuffisance on prenait les jeunes mariés. L'enrôlement n'était pas toujours facile; les jeunes gens fuyaient ou se cachaient. On était parfois obligé d'user de force et de les enfermer.

Dans les comptes d'Alexis Carlat, consul et chargé de lever l'impôt à Sévérac en 1743 [1], sont mentionnées les dépenses qu'il a faites pour porter les ordres concernant la milice dont l'assemblée devait se faire à Millau.

Le mandement de Sévérac avait fourni deux miliciens en 1742; il dut en fournir cinq en 1743. Pour les recruter, Carlat prit d'abord les noms de tous les garçons de la commune et puis « il fit passer la caisse (tambour) trois différents jours pour assembler la jeunesse ».

(1) Le cahier manuscrit original est en possession de M. de Lescure, de Lavernhe.

Au sujet des cinq miliciens qu'il dût aller conduire à Millau, il raconte une anedocte assez piquante : en chemin, le nommé Pierre Ferragut eut de la peine à marcher, « se trouvant incommodé de ses jambes ». On constata alors qu'il avait une plaie « le s'estant lui-même fait avec des mouches cantarides ». En punition de cette blessure volontaire, le délégué de Millau le fit, en arrivant, mettre en prison. On ne négligea pas cependant de le faire soigner et les comptes de Carlat portent les honoraires du chirurgien et du médecin.

Vers la fin du XVIIe siècle, on fonda aussi, dans diverses communes, des *Compagnies bourgeoises*. Celle de Sévérac fut établie en 1696 et paraît avoir vécu jusqu'à la Révolution.

D'après ce qu'en disent nos archives, ces sociétés étaient beaucoup pour la parade et relevaient par leur présence l'éclat des cérémonies et des fêtes. En voici deux preuves fournies par les comptes d'Alexis Carlat :

« Le comptable avait appris l'agréable nouvelle que Monseigneur le duc de Biron avait été honoré par Sa Majesté du *Cordon Bleu ;* il fit assembler la communauté le 16 février 1743, laquelle délibéra qu'il convenait pour en témoigner la joie qu'elle prenait de faire un feu de joye et que *la bourgeoisie se mettrait sous les armes* et de faire chanter le *Te Deum* en actions de grâces. »

Et un peu plus loin le même livre de comptes ajoute : « Il en aurait appris encore une autre (aimable nouvelle) le 9 mars suivant, que mondit seigneur le duc de Biron fut promu lieutenant général des armées de Sa Majesté. Et la communauté, pour en témoigner aussi la joye, délibéra de *faire mettre la bourgeoisie sous les armes*, de faire chanter le *Te Deum* en actions de grâces et de faire faire un feu de joye au-devant de l'église de Saint-Eloi (chapelle des Pénitents, »

***

Telles furent, à l'époque des seigneurs, les franchises et l'organisation de la commune de Sévérac. Vers la fin de l'ancien régime, il est vrai, l'absolutisme du pouvoir royal chercha à réduire peu à peu ces privilèges, ainsi que les prérogatives des consuls.

Par édit de 1692, Louis XIV créa des maires qu'il nommait lui-même. Cette charge, qui s'achetait, était mise aux enchères. Dès ce moment les consuls n'eurent qu'un rôle secondaire dans les Communes.

Eux-mêmes souvent ne furent plus nommés par voie d'élection. C'est ainsi qu'en 1776 et en 1781 nous voyons la municipalité de Sévérac imposée par ordonnance royale.

En ces circonstances, le viguier du château lisait une protestation, pour la forme, au nom de la maréchale de Biron, lésée dans ses droits de gardienne des libertés communales, et il recevait ensuite le serment que les officiers municipaux prêtaient en sa présence.

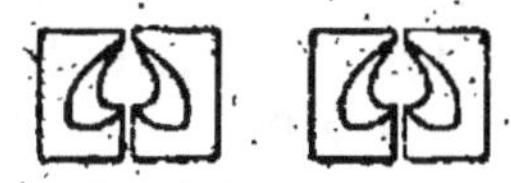

CHAPITRE V

Le peuple sous l'ancien régime. — Instruction. —
Commerce. — Industrie. — Agriculture.

On a souvent dit que, au Moyen-Age, le peuple
était surtout malheureux, ignorant, taillable à merci, obligé de subir, sans pouvoir se plaindre, les
caprices, souvent odieux et cruels, de ses seigneurs.

Au lieu de relever, dans les archives, les nombreux
documents qu'elles conservent sur la vie matérielle et la situation du peuple en ces époques lointaines, certains historiens prennent, dans les chroni-
ques anciennes, quelques faits particulièrement
inhumains, comme il s'en produit dans tous les
temps, qu'ils s'empressent de généraliser; ils re-
cueillent des légendes invraisemblables inventées
par de vrais croque-mitaines, et, avec cela, ils composent des tableaux à donner le frisson.

L'abbé Bousquet rapporte une de ces légendes
vraiment inimaginable, qu'on colportait à Sévérac pour donner aux bonnes gens l'horreur de l'ancien régime. C'est la légende de l'hyène.

Au temps des seigneurs, disait-on, lorsqu'un
homme du peuple commettait le moindre délit, il
était aussitôt enfermé dans un cachot obscur. Le
soir venu, une hyène, qu'on tenait enchaînée pendant le jour, était lâchée et elle dévorait immédiatement le pauvre manant coupable ou simplement
irrespectueux.

L'abbé Bosc ne conte pas cette histoire. Il affirme cependant, sur la foi de certains manuscrits,
que les seigneurs de Sévérac ne firent pas toujours
le bonheur de leurs vassaux. Certains les traitèrent

parfois avec un despotisme révoltant. Pendant quelque temps, dit-il, ils entretinrent au château un certain nombre de satellites qu'on appelait *des apôtres*. C'étaient les mouchards, les délégués de l'époque. Ces satellites parcouraient le pays, espionnaient leurs semblables, les dénonçaient et exécutaient sur eux les vengeances de leurs maîtres. Pour avoir refusé de prendre les armes en faveur du seigneur, souvent en guerre avec ses voisins, de pauvres malheureux étaient châtiés sévèrement et on alla parfois jusqu'à leur couper les oreilles.

Sans vouloir contester la vérité de quelques faits dont on eut bien fait de préciser l'époque, afin qu'on puisse les contrôler, il est loin d'être prouvé que tous les seigneurs de Sévérac se conduisirent de la sorte à l'égard de leurs sujets. Sans doute ils ne furent pas tous des modèles de douceur. Il dut s'en rencontrer de très autoritaires et même despotes; Louis d'Arpajon, lui-même, réprimait parfois durement et sans pitié les atteintes contre les lois divines et humaines.

Un acte de 1662 [1], rapporte que les officiers de justice de la vicomté d'Hauterive et Saint-Chély-du-Tarn, appartenant à d'Arpajon, portèrent une sentence par laquelle le nommé César Escoti, du lieu du Mazet, en Cévennes, « aurait été condamné par déffault à fère amende honorable en forme, au devant de la porte de l'église de Notre-Dame d'Uré de la dicte vicomté, d'avoir la langue coupée, d'estre pendeu et estranglé et son corps réduit en cendres, pour des horribles blasphèmes qu'il aurait proférés contre la sainte Vierge. » Ses biens furent confisqués au profit du duc.

Ce châtiment, par contumace, était sans doute très sévère, mais n'oublions pas qu'à ces époques les lois civiles regardaient le blasphème comme un crime plus grave encore que celui de lèse-majesté.

Nous savons que si, à Sévérac, il y eut des sei-

(1) Reçu Lamothe, notaire à Sévérac.

gneurs qui se montrèrent parfois durs et cruels, il y en eut aussi qui furent bons et charitables. L'histoire nous atteste qu'ils firent souvent, en faveur du peuple, des concessions importantes touchant leurs droits. Divers documents prouvent que nos ancêtres ne furent pas toujours esclaves. Ils ne vécurent pas seulement de pain noir et des rares miettes tombées de la table de leurs opulents seigneurs. S'il y eut, à ces époques, plus de pauvres qu'aujourd'hui, beaucoup de familles jouirent d'un bien-être qui, pour être moins raffiné que le nôtre, suffisait à leur bonheur.

M. d'Avenel, économiste distingué, dont les ouvrages ont été couronnés par l'Académie des Sciences morales, a publié une étude excessivement documentée sur les conditions de la vie du peuple sous l'ancien régime [1]. Voici quelques-unes de ses conclusions :

Le travail dit « fieffé », qui consistait à travailler des terres données en fief, était payé, au XIIIe siècle, trois fois et demi plus que de nos jours.

Le travail libre était aussi, en général, payé davantage. Pendant la période qui va de 1476 à 1525, le gain d'un journalier était supérieur de 15% au gain de 1897, bien que le labeur fut moindre d'un cinquième.

Le pain, le vin, la viande, à ces époques, étaient bien moins chers que de nos jours, aussi les documents du XIIIe, du XIVe, du XVe siècles nous apprennent que la viande était alors, pour le peuple, d'une consommation journalière.

Le Ménagier de Paris nous révèle qu'en 1393, les domestiques de la capitale mangeaient de la viande et buvaient du vin à tous les repas.

« La fin du Moyen-Age (XVe siècle et commencement du XVIe) a été, dit d'Avenel, un temps de

(1) D'Avenel. *Histoire économique de la propriété, des salaires, des denrées depuis l'an 1200 jusqu'en l'an 1800*, tom. III, p. 189 et suiv.

bombance, non seulement en France, mais dans tous les pays d'Europe. »

Nous savons, par divers témoignages, que les seigneurs de Sévérac se montrèrent, en général, très charitables à l'égard de leurs sujets.

« Le seigneur de Sévérac, dit un de leurs historiens [1], n'était pas insensible aux besoins de ses vassaux. Si parfois il appesantissait sur quelqu'un d'eux son bras de fer, c'était pour venger son autorité, ses droits méconnus. Mais le pauvre qui n'avait pas de pain trouvait toujours en monseigneur un père tendre et compatissant. »

Le même auteur prétend que, au XVIe siècle, ce fut surtout par des aumônes généreusement distribuées que les ducs d'Arpajon, passés au protestantisme, parvinrent à entraîner leurs sujets dans l'hérésie.

A cette époque, Sévérac et les pays des environs avaient grandement souffert des ravages causés par la fureur et l'esprit de destruction des huguenots. Les récoltes étaient détruites ou saisies, souvent les gerbiers étaient incendiés, plus souvent encore les soldats entraient dans les maisons où tout était pillé. Le peuple, réduit à une grande misère, allait trouver le seigneur. Celui-ci distribuait de larges aumônes à condition que les solliciteurs abjureraient le catholicisme.

La bienfaisance fut toujours de tradition chez les seigneurs de Sévérac. Dès l'époque des Croisades, nous les avons vus fonder sur leurs domaines des léproseries qu'ils entretenaient de leurs deniers.

Jean V d'Arpajon, revenu au catholicisme, fonda pour les pauvres une *aumône annuelle* de 93 setiers de seigle. L'acte de l'Hommage du 6 novembre 1624, appelle les consuls « *administrateurs des charités.* »

Nous avons déjà parlé, au précédent chapitre, des larges libertés communales qui furent concédées

____

(1) Abbé Bousquet, p. 56.

aux habitants de Sévérac. Pour compléter le tableau de leur état social, disons quelques mots de l'instruction, du commerce, de l'industrie et de l'agriculture sous l'Ancien Régime.

****

L'Instruction. — Dans les siècles passés, le peuple connaissait mieux que de nos jours la religion l'histoire sainte, les principes de morale chrétienne qui enseignent l'honnêteté de la vie, le respect de soi-même, l'obéissance aux supérieurs légitimes. Il ne possédait pas au même degré cet ensemble de notions qui composent le programme de notre enseignement primaire. Il ne faudrait pas en conclure pour cela que cet enseignement n'existait pas.

« Les nombreux érudits, dit un ancien directeur de la *Revue des Questions historiques* [1], qui ont interrogé les archives locales, sont unanimes à proclamer qu'avant 1789, et en général pendant les deux siècles qui ont précédé la Révolution, les écoles populaires ont été multipliées dans les villes et les campagnes, distribuant l'instruction aux ouvriers et aux paysans, *le plus souvent gratuitement.* »

« Avant 1789, pour l'enseignement primaire, d'après Condorcet, il y avait un budget de vingt millions. Cette dépense toutefois n'était pas supportée par l'Etat, mais par les congrégations, les fabriques et les fondations particulières. » [2]

A Sévérac, en général, le peuple n'était pas illettré. Ce qui frappe c'est que les actes publics de ces époques sont souvent couverts de signatures tracées par des mains exercées; elles sont illustrées de paraphes compliqués et non sans art. Les jeunes garçons étaient instruits, avant la Révolution, par un insti-

<hr>

(1) *Histoire partiale. Histoire vraie,* 3. vol. p. 358, par J. Guiraud.

(2) *Ami du Clergé,* 12 juillet 1923.

tuteur public aux honoraires de 150 livres par an. Le premier dont nous avons rencontré le nom est Jean Anglade, inscrit, en 1741, sur le registre de la confrérie des Pénitents. Son successeur fut Vaysset. En 1745, Alexis Carlat, collecteur des impôts, porte sur son livre de comptes : « pour les gages du maître d'escolles, avoir payé au sieur Vaysset et suivant la quittance du 3 mai 1744, cinquante livres. » Au début de la Révolution, le maître d'école de Sévérac était Jacques Blanc.

A l'article du Questionnaire de Mgr Champion de Cicé (1771) où il est demandé : « Y a-t-il un maître et maîtresse d'école et quels sont leurs honoraires ? » M. Martinon, curé de Saint-Chély-de-Sévérac, répond : « il y a un maître d'école auquel la communauté dudit Sévérac donne cent cinquante livres. Il n'y a point d'honoraire pour une maîtresse d'école. »

Mais le fait que la communauté ne payait pas la maîtresse d'école, n'est pas une preuve qu'il n'y en avait pas. En 1785, d'après le *registre des Agonisants*, Marianne Pouget était maîtresse d'école à Sévérac [1].

M. Affre [2] constate qu'en Rouergue, sous l'Ancien Régime, l'éducation des filles laissait plus à désirer que celle des garçons. « Cependant, dit-il, on ne la négligeait pas tout à fait », et il en trouve la preuve dans les associations de femmes qui se formèrent un peu partout dans ce but, spécialement dans le seconde partie du XVIIe siècle.

Ces associations prirent en général le nom de *Filles du Travail* ou *Filles de l'Union* et se placèrent sous le vocable de la Sainte Famille.

Mgr de Luzignen, évêque de Rodez, s'occupant d'elles dans une de ses ordonnances, dit que ces pieuses filles ou veuves « doivent garder l'habit séculier avec une modestie convenable, sans qu'el-

<hr>

(1) Archives paroissiales de Sévérac.
(2) *Dictionnaire*.

les puissent jamais être contraintes de faire aucuns vœux ni à garder aucune clôture. »

Dans nos régions, c'est dans le diocèse de Cahors que prirent d'abord naissance ces sortes d'associations, mais presque aussitôt il s'en forma aussi dans celui de Rodez.

Dès 1688, nous constatons leur présence à Sévérac-le-Château. Un acte de 1696 dit qu'en cette année le sieur Delfau et Jacques Bosc, son beau-père, cédèrent à la sœur Marguerite Costes et à ses compagnes une maison pour les *Filles du Travail.*

Cette maison, que ces filles occupèrent jusqu'à la Révolution, était située au quartier de *Bournols.* Il reste encore les murs de leur chapelle avec une inscription sur le linteau de la porte. Cette communauté dut, à certaines époques, être assez nombreuse. Sur le registre de la Confrérie des Agonisants (1719), nous trouvons le nom de onze filles du Travail. En 1785. Marguerite Aigouy, « sœur de l'Union du Travail » et plusieurs novices y sont inscrites.

Ces pieuses filles s'occupaient en même temps de travaux manuels et du soin des malades. [1]

Un dernier renseignement sur l'instruction des enfants à Sévérac nous est donné par l'acte de fermeture du couvent des Bénédictins, en 1788. Il y est réglé qu'une partie de leurs revenus serait affectée à l'entretien d'un maître et d'une maîtresse d'école, aux honoraires de 300 livres chacun, pour l'instruction gratuite des enfants pauvres de la communauté. Un autre maître, avec les mêmes appointements, devait enseigner le latin. Les hommes de la Révolution ayant eu d'autres préoccupations, ces nouveaux instituteurs ne semblent pas avoir jamais enseigné.

____

(1) Affre-Dict. — Archives paroissiales de Sévérac — Constitutions des Sœurs de l'Union de Lavernhe, rédigées par le savant M. Truel, vicaire général.

L'enseignement *secondaire*, comprenant ce qu'on appelle les Humanités, l'étude du latin et du grec, était, sous l'ancien régime, peut-être plus répandu qu'aujourd'hui.

A Sévérac, les registres en font foi, il y avait plus d'hommes ayant leurs grades en droit, en médecine, en pharmacie.

Il existait alors, en Rouergue, des collèges remplis de nombreux élèves, à Villefranche, à Saint-Geniez, à Laguiole, En 1577, le collège des Jésuites de Rodez comptait 1.300 élèves [1]. A l'époque où Deberttier, le futur évêque constitutionnel de l'Aveyron, y fut professeur (1775-1779), les élèves étaient encore au nombre de 800. De 30 à 40 professeurs y enseignaient la grammaire, la rhétorique, la philosophie, la physique, etc [2]. Depuis jamais collège, chez nous, n'a connu pareille prospérité.

A la fin du XVe siècle, à Ségur, aujourd'hui simple chef-lieu de commune, il y avait un collège qui avait plus de 300 élèves [3].

On a dit que la Convention s'était occupée de l'instruction populaire. La vérité est qu'elle ferma plus d'écoles qu'elle n'en ouvrit.

Sous l'impulsion surtout de deux prêtres apostats, Lakanal et Donou, elle fit, il est vrai, toute une législation scolaire, décréta la création d'*écoles normales* pour la formation des instituteurs, d'*écoles centrales*, qui devaient être l'équivalent de nos collèges secondaires, mais ces écoles furent sans élèves et ne vécurent pas.

Quant aux écoles primaires, on manqua d'instituteurs parce que la Convention n'avait pas d'argent pour les payer. Le grand nombre de ceux qu'elle

(1) *Histoire de l'Eglise du Rouergue*, par M. Servières.

(2) *Deberlier* évêque constitutionnel, par A. C. Sabatié, p. 15.

(3) Document qui se trouve aux archives départementales, publié par M. l'abbé A. Fabre, dans l'*Ami de Ségur*, octobre 1911.

put enrôler devint, par son inconduite, l'objet du mépris public.

Voici sur cette question, un témoignage qui n'est pas suspect; il est du célèbre conventionnel Grégoire :

« Sur plus de 700 districts, écrit-il, 67 seulement ont quelques écoles primaires, et de ce nombre il n'y en a que 16 qui présentent un état qu'il faut bien trouver satisfaisant, faute de mieux. Cette lacune de six années a presque fait couler les mœurs et la science. » [1]

Les générations populaires qui suivirent la Révolution furent illettrées dans une assez large proportion. Certains écrivains, ont conclu qu'il en avait été ainsi pendant tout le moyen-âge. C'est une erreur. La raison en est que la Révolution ayant détruit l'enseignement, lorsqu'elle fut passée, pendant quelque temps, dans les campagnes surtout, on ne trouvait pas de maîtres et maîtresses assez instruits pour enseigner les enfants.

Ce fut encore l'Eglise, qu'on venait de tant calomnier et persécuter, qui s'occupa la première à relever les ruines et à rouvrir des écoles.

*
* *

Commerce. — De tout temps Sévérac a été une ville commerçante. C'est là d'abord que toutes les campagnes environnantes venaient faire leurs achats. Dans tous les vieux registres on trouve le nom d'habitants de Sévérac qualifiés marchands. Ils étaient nombreux. Au début de la Révolution, le 5 septembre 1790, il se tint une réunion dans l'église Saint-Sauveur où étaient convoqués tous les citoyens actifs de la commune. Beaucoup n'y vinrent pas, il n'y eut que 125 présences. Sur ce nombre il se trouva *quinze* marchands, un « traficant » et « un lanier ». L'enquête de Mgr de Cicé constate qu'il y

____

(1) Chanoine Touzery. *La Révolution française,* 1 vol.

a, à Sévérac, « des marchands » et « des commerçants en laine », sans donner le nombre.

Ces marchands allaient vendre les toiles et les draps fabriqués à Sévérac dans le Midi de la France et jusqu'à Gênes et autres villes d'Italie d'où ils rapportaient divers produits et marchandises.

Les foires de Sévérac, dont plusieurs très anciennes, contribuèrent beaucoup à entretenir la vie commerciale. Des marchés très fréquentés s'y tinrent d'abord tous les samedis, puis tous les mercredis. Pour la vente des grains, il y avait un marché-couvert.

Une *pierre-foiral*, de même contenance que celle de Millau, faisait foi pour les mesures à faire dans les pays environnants.

D'après un certain Hérail, fermier du prieuré de Lapanouse, cette pierre-foiral aurait été frauduleusement agrandie par un maçon, payé sans doute par ceux qui recevaient des mesures de blé comme prix de fermage.

Le prieur et les collégiats de Lapanouse, qui plaidaient avec Hérail, affirmaient au contraire que cela ne pouvait être, attendu que tout le monde se servait de cette mesure et *qu'il n'y avait que les fermiers à la trouver trop grande*. D'ailleurs, ajoutaient-ils, « il y a, dans la maison-de-ville de Sévérac, un *escoudal* en cuivre qui lui n'a pas été augmenté. »[1]

____

(1) *Archives paroissiales* de Lapanouse. Un vieux parchemin, écrit probablement par un ancien curé de Lapanouse, donne des détails sur les *mesures* usitées dans le pays. « J'ai exactement vérifié, dit-il, que 40 quartes mesure petite, font 35 quartes mesure grande et trois boisseaux. J'ai aussi vérifié que 40 quartes de froment ou seigle, mesure petite, ne font que 34 quartes, mesure grande et quatre boisseaux. » Pour les grains, *la charretée* contenait 40 quartes ou 10 setiers. La quarte valait ordinairement 5 boisseaux. Le boisseau contenait plusieurs « escoudals » ou écuelles.
Les monnaies courantes étaient le *Louis d'or* dont la fabri-

Le roulage fut pendant longtemps cause de grand commerce à Sévérac. Les nombreux charretiers, qui y arrivaient tous les soirs, remplissaient les hôtels et donnaient de l'animation à la petite ville.

Il est difficile de préciser la date où commença le roulage. Dès les XVe et XVIe siècles, des routes se construisirent un peu partout en France. Sully, ministre d'Henri IV, a été surnommé « le grand voyer de France. »

La route de Rodez à Sévérac passait par Gages, Trébosc, Bertholène et Palmas [1]. Une route de Millau à Campagnac, « chemin Milhavès », passait aussi par Sévérac [2].

Un terrier de 1774 fait mention d'un moulin situé à La Trivalle, confrontant avec « le chemin ferrat » de Lapanouse à Buzarengues. Ce chemin, on le voit par un acte de 1598, allait aboutir à Millau.

C'est au XVIIIe siècle qu'on commence à construire les routes dites *nationales*. Une d'elles, allant de Montpellier à Paris, passe par Sévérac. La partie entre Sévérac et Millau fut terminée peu de temps avant la Révolution.

Pendant longtemps cependant, même les che-

cation commença sous Louis XIII et qui valait 24 livres. *La pistole* valait 10 livres. *L'écu*, monnaie en argent valait 3 livres. Il y avait aussi l'écu de 6 livres. Ce fut le roi saint Louis qui fit frapper les premiers. La *livre tournois* (de Tours) qui correspondait au franc actuel, valait 20 sols. Le *sol*, ou *sou*, valait 12 deniers, le denier 2 *mailles*. D'après certains auteurs, la *maille* et l'*obole* avaient la même valeur; d'après d'autres, la maille valait 2 oboles. Il y avait encore d'autres subdivisions appelées *pites*, *pogèses*, *gros*, etc., qui servaient à calculer, comme aujourd'hui, les centimes et les millimes, mais qui n'étaient pas frappés. En dehors de ces monnaies plus courantes, il y eut le *florin*, valant 15 *sols*. Pendant une courte période, au XVe siècle, il y eut les *carolins* ou *Carolus* valant 10 sols. *Les testons*, ou têtes de roi, sous Louis XII et Charles VIII, retirés par Henri III, valurent d'abord 10 sols et 10 deniers, puis 12 sols et 6 deniers.

(1) Actes de 1444 et 1513.
(2) Acte Baboti, 1625.

mins appelés *royaux* étaient tellement défectueux que les transports se faisaient surtout à dos des bêtes de somme, parmi lesquelles mules et mulets occupaient le premier rang.

Le duc d'Arpajon eut, en Rouergue, le premier carosse, voiture de luxe à quatre roues. Lorsque, avec cet attelage, il passait à Millau pour se rendre en Languedoc, la montée de la *Côte Roumive* était une grosse affaire pour les consuls de cette ville, désireux de faire la cour à ce puissant seigneur. Un jour, c'était le 18 mars 1662, Pierre Bonal, capitaine du guet, fut chargé de diriger le secours de renfort. Il ne fallut pas moins de trois paires de bœufs et, en plus, dix hommes vigoureux qui, placés à droite et à gauche de là lourde voiture, l'empêchaient de verser en la maintenant dans un équilibre nécessaire [1].

Ce fut surtout au commencement du XVIIIe siècle que les voitures se vulgarisèrent chez nous et que les grosses charrettes, faisant le roulage sur les grandes routes, durent commencer à arriver à Sévérac. En 1771, on n'avait pour expédier lettres et colis que des moyens très rudimentaires. Les curés de Saint-Chély et du Château répondant à la question de l'évêque demandant quels sont les moyens d'envoyer à Rodez les lettres et les paquets, disent : « un porteur qui y va ordinairement le lundi de chaque semaine et qui repart de Rodez le mardi, vers les neuf heures. »

Ce service devait évidemment se faire en voiture, car un homme chargé de commissions n'aurait pu faire à pied un trajet de sept lieues.

* * *

Industrie. — Sévérac possédait d'abord des ouvriers de tous corps de métiers et des hommes de toutes les professions libérales.

A la réunion du 5 septembre 1790, dont nous

[1] H. Affre. Dictionnaire. Art. Carrosses.

avons déjà parlé, où n'assistaient pas, tant s'en faut, tous les citoyens actifs de la commune, il s'y trouva : trois prêtres, quatre avocats, un bachelier en droit. un notaire, un médecin, un chirurgien, deux praticiens, un apothicaire, un receveur des domaines, un greffier, un huissier, un régent des écoles, deux féodistes, quatre boulangers, un chapelier, deux tailleurs, trois cordonniers, un cardier, quatre aubergistes, deux couteliers, trois menuisiers, un serrurier, trois fabricants, trois couvreurs, un paveur, un chaudronnier, trois maréchaux, un laneur, quinze marchands, *vingt-quatre* tisserands.

D'autres registres de l'époque parlent de cordiers, de teinturiers des Calquières, de perruquiers, de bouchers, d'un horloger, d'un maître-coutelier, d'un armurier, d'un tapissier.

Cette énumération donne déjà une idée de la vie industrielle et commerçante de la ville. Mais Sévérac eut plus que cela. Pendant longtemps il posséda une industrie spéciale qui dut procurer le bien-être à une foule de familles; c'était la fabrication en même temps que le commerce des *draps* et des *toiles*.

Qui en fut le créateur ou l'initiateur chez nous ? Il est difficile de le savoir de manière précise.

Pline, un des rares auteurs qui aient parlé des Ruthènes, dit, au sujet de la toile, que le Rouergue, le Quercy et quelques autres provinces voisines fournissaient les voiles nécessaires à la marine gauloise. Quoi qu'il en soit de nos lointains ancêtres, il est certain, dit M. Affre, que depuis longtemps, en beaucoup de localités de notre pays, le *tissage* était une véritable industrie. A Najac, dit l'abbé Bosc, on vendait annuellement 2.000 balles de toiles, valant une somme totale de 500.000 francs. A Rodez, il y avait « la Place des Toiles » et la draperie de cette ville était connue dès le début du XIV siècle. Camboulas, aujourd'hui commune de Pont-de-Salars, avait de nombreux tisserands qui fabriquaient des *tirelaines* ou *sargues*. Sévérac et quelques localités des environs, en particulier Lapanouse, eurent de nombreux ouvriers travaillant la laine et le chanvre, faisant des draps et des toiles, au moins dès le début du XVIIe siècle. Beaucoup de documents l'attestent. Les registres de catholicité de Lapanouse, du XVIIe siècle, au sujet des baptêmes, mariages et décès, mentionnent dix-neuf tisserands dans une seule année, or tous ni ne moururent ni ne baptisèrent ou marièrent des enfants en cette année-là. En 1678, il est fait mention de onze. A cette époque, il y avait, à Sévérac, la *foire des tisserands*. En 1737, la ville de Millau voulant réorganiser, au profit de son hôpital, une manufacture faisant des étoffes meilleures que celles du Vigan, fit écrire à Sévérac par un certain M. d'Urre, afin que cette ville consente à lui envoyer « deux filles de l'Union » réputées pour leur grande habileté et qui seraient d'un secours précieux pour réaliser ce dessein.

Les deux habiles ouvrières ayant été envoyées, un état dressé en 1750 constate que « la facture de petits cadis qui est dans cette maison est très bonne. » Les marchands de Sévérac, Saint-Geniez, Marvejols, La Canourgue, les préfèrent à ceux qu'on fait dans le Gévaudan et ils les font passer, avec d'autres marchandises, à Gênes et dans l'Italie [1].

A Sévérac, on travaillait surtout la laine dont on faisait du drap. C'est ce que dit « l'Hommage des consuls de la ville de Sévérac en 1624. » Il y est parlé « des draps dont les consuls surveillaient la bonne confection. » Un cadastre de 1644 constate que trois ou quatre moulins des environs de Sévérac avaient des *foulons*. Le curé Martinon écrit, en 1771, qu'à Sévérac « on file beaucoup de laine et peu de coton. »

Cette industrie comportait des travaux divers et devait occuper une grande partie de la population. Il fallait carder la laine, la filer, tisser les draps au moyen de métiers, les fouler, les teindre, ce que faisaient les teinturiers des Calquières,

(1) Affre. Dict.

En dehors des draps, Sévérac fabriquait aussi la toile, avec le fil de lin ou de chanvre. Les uns et les autres devaient être confectionnés d'après un règlement qui en déterminait les mesures et la qualité. Sans cela chacun aurait pu user de fraude, faire déprécier la marchandise et travailler ainsi à ruiner une industrie qui était la propriété de tous et une grande ressource pour le pays. « L'Hommage » de 1624 chargeait les consuls de surveiller la fabrication des draps pour qu'ils soient faits « de la longueur, largeur et qualité acoustumées ». Ils devaient avoir une canne pour les mesurer et un poinçon portant les armoiries du seigneur, pour les marquer. Si quelqu'un était convaincu d'avoir usé de fausses mesures ou d'avoir manqué en quelque sorte aux règlements établis, les consuls devaient le mettre entre les mains de la justice seigneuriale qui le punissait sévèrement.

Malgré ces sages règlements, cette industrie locale tomba en décadence vers 1740, parce que précisément, les consuls n'ayant pas été sans doute assez vigilants, les fabricants avaient pris l'habitude de frauder et de fausser les pièces de drap et de toile tant dans les dimensions que dans les matières employées.

Heureusement qu'un intendant, nommé L'Escalopier, y porta remède pour un temps. Après avoir étudié la question et provoqué, en divers centres, des réunions de tisserands, il publia un règlement sévère qui releva l'industrie. Pour en assurer l'observation, on créa, dans les principales localités du Rouergue, des *gardes-jurés* ou *visiteurs* qui devaient contremarquer chaque pièce de toile aussitôt après sa confection. Un de ces visiteurs eut sa résidence à Sévérac.

Telle fut une industrie modeste mais bonne, surtout pour les petites gens, qui exista chez nous pendant des siècles. Elle ne semble pas avoir guère survécu à la Révolution.

***

Agriculture. — Au Moyen-Age, les provinces éloignées de la mer, des grandes voies routières ou fluviales, devaient se suffire à elles-mêmes. Les transports furent longtemps difficiles et coûteux; les denrées devaient payer des droits onéreux pour passer d'une province à l'autre. C'est ce qui explique une grande variation des prix, surtout pour le blé, et des années de véritable famine que connurent autrefois nos anciens, suivant que les récoltes rappelaient les vaches grasses ou les vaches maigres de la vieille Egypte.

L'état prospère ou ruineux des affaires publiques avait aussi, presque toujours, sa répercussion jusque dans les pays les plus reculés. Les guerres de Cent-Ans et de Religion furent désastreuses. Elles empêchèrent le peuple de se livrer aux paisibles travaux de l'agriculture, elles occasionnèrent des pillages continuels et furent accompagnées d'années de grande misère.

Que savons-nous, aux siècles qui précédèrent la Révolution, de l'état de l'agriculture dans nos pays ? Rien que des choses générales sur les temps plus reculés. Sur la fin du XVIIIe siècle, le questionnaire envoyé aux curés par Mgr de Champion de Cicé nous apprend des détails excessivement intéressants. Pour en saisir la note juste, il faut avoir dans l'esprit que les curés, flairant quelque nouvel impôt à l'occasion de ce questionnaire s'il révélait un état des campagnes trop prospère, y répondirent, en général, avec quelque défiance et un peu de pessimisme.

Voici quelques-unes des réponses faites par M. Martinon au sujet de Sévérac :

Demande : « Y a-t-il beaucoup de pâturages et bestiaux ? »

Réponse : « Il y a beaucoup de prés dans le bassin de Sévérac, mais tous n'appartiennent pas aux habitants de la paroisse. Il y a peu de nourrissage en bêtes à cornes et il y a environ dix-sept troupeaux de bêtes à laine grands ou petits. »

D. « Combien de paires de bœufs employés au labour ? »

R. « Soixante-six. »

D. « Y a-t-il des terres en friche ? »

R. « Dans la montagne, où se trouve la grande partie de la paroisse, il faut laisser poser les champs neuf à dix ans; il y a des genêts que l'on brûle au bout dudit temps et on y fait deux récoltes dessus seulement. Dans le Réveyral (vallée de Sévérac), comme sur la montagne, il s'y trouve quelque pâturage pour les bestiaux à laine, mais, depuis l'exemption de la *dîme novale*, on les défriche. » [1]

Le même questionnaire nous apprend que les récoltes du pays étaient : « froment, seigle, orge, mixture, avoine et peu de légumes. » Les fruits étaient peu cultivés. Dans « le bassin de Sévérac nommé Reveyral », il n'y avait que cinq à six vergers.

A la question : « La récolte d'une année commune est-elle suffisante pour nourrir les paroissiens d'une année à l'autre ? » M. Martinon répond : « Je la crois suffisante moyennant les raves ou légumes qu'on peut y cueillir ou quelques châtaignes qu'on y porte ou qu'on va chercher. » La pomme de terre n'était pas encore importée en France.

La récolte en blé était, en général, suffisante. « Depuis vingt-trois ans que je suis curé de la présente paroisse, continue M. Martinon, j'ai vu manquer trois ans de récolte, et, sans le secours de certains particuliers qui ont fait venir du blé dans les dites années pour vendre et distribuer, moyennant un profit, les habitants n'auraient pu vivre ».Le

______

(1) La dîme dite *novale* était perçue pour la récolte provenant d'une terre nouvellement défrichée. Pour ne pas la payer les paysans s'abstenaient de défricher et de mettre en culture les terres jusque-là en pâturage.

même Questionnaire constate qu'il y avait alors dans toute la paroisse dont la population était de 1.145 habitants, (704 dans Sévérac et 441 à la campagne), 28 personnes invalides ou enfants n'ayant pour vivre d'autres ressources que celles fournies par l'hôpital de Sévérac. Cinquante familles, sans être dépourvues de toutes ressources, avaient besoin qu'on les assiste. Beaucoup de mendiants passaient dans la paroisse, mais c'étaient des étrangers.

Il n'est pas sans intérêt de connaître le prix du blé à cette époque. Un extrait des livres des gros fermiers de la *pierre-foiral* de Sévérac et des marchés les plus proches de la fête de Saint-Michel, temps auquel les rentes et autres pensions « ont acostumé se payer », donne le prix des grains de 1738 à 1748. Ceux qui sont indiqués dans le tableau suivant, sont les prix du setier :

1738. Froment, 7 livres 10 sols; orge, 4 livres 15 sols; avoine, 3 livres 10 sols.

1739. From. 8 l.; orge, 4 l. 15 s.; avoine 3 l. 10 s.

1740. From. 7 l.; orge, 5 l.; avoine, 3 l.

1741. From. 7 l. 17 s.; orge 5 l.; 12 s.; av. 5 l.

1742. From. 5 l. 15 s,; orge 3 l.; av. 3 l.

1743. From. 5 l. 10 s.; orge 3 l. 10 s.; av. 2 l. 10 s.

1744. From. 6 l. org. 3 l. 10 s.; av. 2 l. 10 s.

1745. From. 5 l. 10 s.; orge 3 l. 10 s.; av. 3 l.

1746. From. 7 l.; orge 4 l.; av. 3 l. 10 s.

1747. From. 8 l.; orge 4 l. 15 s.; av. 3 l. 10 s.

1748. From. 9 l.; orge 5 l.; av. 4 l.

Vérifié sur le susdit livre, 27 juillet 1749.

« Le greffier consulaire, Sahuquet. »

Au XVIIIe siècle on essaya d'introduire à Sévérac la culture du *murier* et du *ver à soie*.

MM. de Layrolle et Evesque, notaire, demandèrent des plants à la pépinière royale de Vabres, mais cette culture ne produisit guère et fut abandonnée peu après parce que le pays était trop froid.

CHAPITRE VI

Etablissement du christianisme. — Anciennes parois-

ses et vieilles églises. — Le Prieuré de Sévérac. —

Les bénédictins et l'Aumône. — L'Hôpital.

Nous ne connaissons aucun document qui nous renseigne, de manière certaine, sur l'époque où le christianisme fut implanté dans le pays sévéraguais. Serait-ce saint Austremoine, que certains historiens font vivre au premier, d'autres au troisième siècle, qui, venant d'Italie pour se rendre chez les Alvernes, serait passé par notre pays, s'y serait arrêté et en aurait été le premier apôtre ? Ce n'est pas impossible.

Serait-ce plutôt saint Marius ou saint Mary, compagnon et disciple de saint Austremoine, qui, arrivant avec lui dans nos régions, s'en sépara, croit-on, pendant quelque temps, pour aller évangéliser le Vabrais ?

Du pays des Alcassiens [1] où, d'après la tradition, il prêcha et opéra des miracles, son chemin, pour se rendre en Auvergne, où il alla rejoindre saint Austremoine, passait, ce semble, par le Sévéraguais. Est-ce lui qui s'y arrêta et annonça l'Evangile à nos ancêtres ?

Son culte qui, de temps immémorial, existe à Lavergne-de-Sévérac, pourrait le laisser croire.

(1) Pays compris entre Tournemire et Saint-Affrique. Cf. *Saint-Martial*. 1 vol. in-4° par le Cardinal Bourret — *Manuscrit* de Joseph Mazel, contenant des documents très anciens.

Il est vrai que ce culte a pu y être importé par les bénédictins de Vabres. La localité de Lavernhe, en effet, fut donnée à cette abbaye, en 943. Un monastère y fut fondé qui a existé longtemps.

Nous ne sommes pas renseignés davantage sur l'établissement et la première organisation de nos paroisses. Il est impossible de savoir, à plusieurs siècles près, la date de leur fondation.

Imbart de La Tour, dans son ouvrage sur « *Les Origines religieuses de la France* », dit qu'en Narbonnaise la fondation des paroisses rurales commence au IVe siècle. En beaucoup de pays ce ne fut que bien plus tard.

Il est certain cependant qu'à Sévérac, localité très ancienne et depuis longtemps importante, on n'avait pas attendu la fondation des couvents bénédictins pour y organiser l'exercice du culte. A en juger par l'esprit de foi et la générosité de ceux qui firent ces fondations, il n'est pas douteux que la vie chrétienne, à cette époque, ne fût déjà fortement et depuis longtemps implantée dans le pays.

Une opinion populaire veut que Saint-Chély soit la plus ancienne paroisse du Sévéraguais. Nous n'avons pas de document qui permette de l'établir. Le plus ancien connu constate qu'au commencement du XIIe siècle l'église de Saint-Chély était déjà « paroissiale ». [1]

Le Livre de paroisse dit qu'une pierre tumulaire, qui indiquerait en ce lieu l'existence d'un cimetière, porte la date de 1005. C'est tout ce que nous connaissons.

On a prétendu, il est vrai, que son église serait beaucoup plus ancienne et remonterait au VIe siècle. Ce n'est pas, en tout cas, celle dont les protestants démolirent la voûte et dont quelques nervures, qui subsistent encore, sont de l'époque gothique.

(1) *Cartulaire de Saint-Chaffre*, paragraphe 395, p. 137.

La charte du 1er mars 1103 nous apprend que Gui Ier, en même temps qu'il fonda le monastère des Bénédictines, construisit, à Sévérac, une église dédiée au Saint-Sauveur.

Cette église n'existe plus. Elle dut être remplacée par une autre très belle, que bâtirent les religieux bénédictins, dont il ne reste aujourd'hui que peu de chose : le chevet du chœur et quelques pans de mur au fond de la nef, côté du midi, avec deux contreforts et une fenêtre. Elle date de la seconde partie du XIIe siècle. A ce moment, les styles roman et gothique étaient souvent employés simultanément et dans le même édifice. C'est ce qu'on voit dans l'église Saint-Sauveur dont le chœur est gothique et le reste roman.

En 1147, il y avait une église à Altès, qui n'était pas celle qui existe aujourd'hui. En cette année Raymond de Sévérac donne par contrat de mariage à sa fille Plaz : « tout ce qu'il possède à Altès ou dans l'église de ce lieu. »

Saint-Dalmazy, qui dépendait du prieuré de Sévérac, possède une église très remarquable. Elle est toute entière, excepté les chapelles construites plus tard, de style roman et doit dater au moins de la première partie du XIIe siècle.

L'acte de 1106, fixe un point de notre histoire au sujet duquel on avait manqué jusqu'ici de précision; c'est que, à cette époque, il y avait, à Sévérac, un prieuré distinct de la paroisse de Saint-Chély et de Saint-Jean du Château. Le texte semble même indiquer qu'il était distinct aussi du couvent des bénédictins qu'on y établissait à ce moment. L'évêque de Rodez, en effet, donne les églises de Saint-Chély et de Saint-Jean-du-Château « à Vuilhermus, abbé de Saint-Chaffre et à l'église de Saint-Sauveur et à Etienne prieur de ce lieu. »

Il est d'ailleurs naturel que le seigneur de Sévérac, qui bâtit l'église Saint-Sauveur longtemps avant l'arrivée des bénédictins, ait établi, s'il n'y en avait déjà, un prieur chargé de la desservir. Des documents anciens, sans le dire explicitement, semblent même supposer qu'à cette époque Sévérac était une vraie paroisse, distincte de Saint-Chély et comprenant, outre la ville de Sévérac, les villages de Villeplaine et de Roumagnac. [1]

Les choses restèrent en cet état pendant plus de deux cents ans. Le 10 octobre 1324, l'abbé Bernard, du couvent de Saint-Châffre, obtint du pape, Jean XXII une bulle d'union du prieuré de Sévérac à son monastère, à condition qu'il entretiendrait dans l'église Saint-Sauveur un vicaire perpétuel pour y faire les fonctions de curé [2]. Ce fait ne laisse aucun doute sur l'existence des deux paroisses distinctes.

L'abbé de Saint-Châffre, pour se dispenser de l'entretien de ce vicaire perpétuel, réunit peu de temps après, et de sa propre autorité, la paroisse de Sévérac à celle de Saint-Chély [3].

C'est à partir de ce moment que la ville et tout l'ancien prieuré de Sévérac firent partie de cette dernière.

Cependant un pouillé du diocèse porte que trois ou quatre maisons de Sévérac appartenaient à la paroisse de Saint-Jean du Château. D'après une sentence arbitrale du XIIIe siècle, tous les nobles, quoique domiciliés dans la paroisse de Saint-Chély, dépendaient aussi, tant morts que vivants, de celle de Saint-Jean. Celle-ci, outre ces paroissiens, comprenait toutes les personnes qui habitaient dans l'enceinte du château. Elle avait été fondée par les seigneurs de Sévérac à une date très ancienne que nous ignorons.

(1) Livre de paroisse de Saint-Chély.

(2) L'abbé Bernard motivait sa demande d'union adressée à Jean XXII sur ce fait que l'abbaye de St-Châffre, située dans un pays de montagnes, avait besoin du prieuré de Sévérac pour lui fournir le blé qui lui était nécessaire.

(3) *Bénéfices du diocèse de Rodez*. — Notes de M. Lafon, ancien curé de Saint-Chély.

Les deux prieurés de Sévérac et de Saint-Chély réunis formaient ce qu'on appelait alors un *prieuré-cure*, dont l'abbé de Saint-Châffre était prieur mais administrateur.

L'usage, en effet, s'était établi alors pour les prieurs, de se décharger de l'administration paroissiale sur un autre prêtre dont ils avaient l'entretien à leur charge et qu'on appelait *vicaire perpétuel* ou *curé*.

Dès lors il ne fut plus nécessaire, en rigueur, que le prieur fut prêtre; il suffisait qu'il fut clerc, c'est-à-dire tonsuré; il n'était pas tenu à la résidence et n'avait qu'à s'acquitter de quelques fonctions spirituelles. Il percevait néanmoins les revenus du prieuré, appelé *bénéfice*, à la charge d'en laisser une part pour l'hospitalité des étrangers, pour l'aumône périodique aux pauvres de la paroisse, pour contribuer aux grosses réparations de l'église et du presbytère et surtout pour l'entretien du curé qui administrait la paroisse.

Cette dernière part fournie au prêtre desservant s'appelait « *portion congrue* ».

Elle était habituellement de trois cents livres. Le prêtre qui la recevait était dit « congruiste ». Lorsque le curé avait besoin d'un ou plusieurs vicaires, c'était l'évêque qui en déterminait le nombre. Ceux-ci recevaient, en général, la somme de 150 livres payée par les gros décimateurs de la paroisse.

Par acte du 7 avril 1646, entre de Villaret, curé, et les religieux bénédictins, le traitement du curé fut fixé au quart des revenus du prieuré.

Jusque vers la fin du XVIIIe siècle, la paroisse de Saint-Chély fut desservie par un curé et un vicaire qui résidaient à Sévérac. De droit, le curé pouvait, s'il le voulait, être à la table des religieux.

Pour la nomination du curé, l'abbé de Saint-Châffre avait droit de présentation à l'évêque qui approuvait et donnait l'institution canonique.

Cette organisation paroissiale ne fut pas heureuse et ne favorisa pas le bien. Outre qu'elle fut une cause continuelle de rivalités, parfois scandaleuses, entre le curé et les religieux, nous dirons plus tard comment un tel ministère fut imparfait. La population de la ville de Sévérac ne se rendait que très peu aux offices de Saint-Chély et ne recevait pas une instruction religieuse suffisante.

*
* *

Les Bénédictins du couvent de Sévérac devaient être au nombre de cinq. En réalité ils ne furent souvent que trois, à un certain moment rien que deux. Parmi eux, il y avait trois dignitaires : le prieur, l'hospitalier et le sacristain. A cette dernière charge étaient attachés un bénéfice ou revenus particuliers [1].

L'habitation des religieux, vulgairement appelée l'« Houstalas », était située près des remparts, à l'angle sud-ouest, attenante à un donjon où veillait le corps de garde.

Un acte du 26 avril 1626 [2], dit que les sieurs Lacroix se chargèrent de la reconstruction d'un corps de logis à trois étages sur les fondements et sur la voûte de la maison prieure et claustrale « de ladicte ville et prioré de Sévérac... laquelle aurait été demolye par les religionnaires depuis soixante ans environ ». Les religeux, représentés par frère Etienne Blanchon, sous-prieur de Saint-Châffre, et Pierre Bonnet, vicaire de Sainte-Catherine, firent les frais de cette construction.

---

(1) En 1740, la sacristie de Sévérac fut affermée au marchand Antoine Hérail, pour la somme de 60 livres, non compris la moitié des droits de lods et le pré « del sacresta » situé entre Huguiès et Blayac.

(2) Reçu par Lamarche, notaire à Sévérac. Le presbytère actuel occupe l'emplacement du couvent des bénédictins.

L'abbé de Saint-Châffre percevait des revenus assez considérables provenant des dîmes, champarts, censives et autres droits sur les paroisses de Sévérac, Saint-Dalmazy et Gaillac et aussi d'un certain nombre de domaines donnés au couvent lors de sa fondation.

On prenait sur ces biens pour subvenir à l'entretien des religieux de Sévérac. On leur donnait annuellement, en argent ou en nature, une somme de 2.120 livres.

Ceux-ci étaient tenus de réciter au chœur les Heures canoniales, de célébrer une grand'messe tous les jours et de chanter vêpres les dimanches et fêtes. Ils devaient aussi acquitter de nombreuses fondations de messes qui existaient dans leur église.

Parmi ces fondations, il y en avait une dite « messe de l'aurore » faite par Gui de Latour en 1265. D'après les intentions du donateur, les religieux devaient célébrer par eux-mêmes, ou par un autre prêtre qui en serait chargé, une messe, tous les jours, après la récitation de Matines, à la première apparition de la lumière [1].

Cette fondation fut ponctuellement acquittée pendant longtemps. Aux époques de relâchement de la discipline monacale, nous trouvons des réclamations de la part des habitants se plaignant de ce que les religieux non seulement négligeaient cette messe « matinière » mais encore empêchaient les prêtres fraternisants de la dire.

, Les religieux bénédictins ont vécu à Sévérac pendant près de sept cents ans. Il faut bien se garder de les juger tous par quelques actes de violence ou autres, commis par certains d'entre eux à des moments de relâchement dans l'observation de la règle.

Une pétition du 11 septembre 1765, adressée à l'évêque de Rodez dans le but de faire transférer

_____

(1) « Après les matines des moines pourvu que le jour ait apparu. » (Acte de fondation).

la paroisse de Saint-Chély à Saint-Sauveur de Sévérac [1], affirme que les religieux furent, dans les temps passés, surtout au XIVᵉ siècle, « gens édifiants, et vivant en odeur de sainteté, des personnes de probité et d'édification. »

***

Une des grandes charges des bénédictins était la distribution quotidienne de ce que les documents anciens appellent l'*Aumône*. Nous trouvons de précieux détails à ce sujet dans le règlement rédigé de concert par Mgr de Paulmy, évêque de Rodez, et le duc Louis d'Arpajon, à la suite d'abus qu'il fallait supprimer.

L'origine de cette aumône remontait à la fondation même du couvent des bénédictines. A cette époque, le seigneur de Sévérac et autres généreux donateurs dotèrent le nouveau monastère « de plusieurs et grands domaines, rentes et revenus nobles et allodiaux, tant pour l'entretien des susdites religieuses y servant Dieu, que *pour nourrir les pauvres, recevoir les étrangers et pèlerins*, comme appert de l'acte de fondation. »

Lorsque, plus tard, les religieuses furent remplacées par les bénédictins de Saint-Châffre, ceux-ci héritèrent de leurs domaines et revenus et en acceptèrent toutes les charges, parmi lesquelles se trouvait celle « de faire donner l'aumône générale, sur l'heure de Vêpres, *tous les jours de l'année*, à la porte dudit couvent. » [2]

(1) Archives paroissiales de Sévérac.

(2) Ces fondations d' « aumônes » étaient relativement nombreuses au Moyen-Age. Presque partout où elles existaient, elles se donnaient en pains plus ou moins volumineux et conformes à un modèle ou *type*, appelé en patois *pogèlo*, fait de pierre ou de bois, et placé en un lieu apparent de l'église (Affre). A Sévérac, le poids de chaque pain était « d'un quarteron de livre, poids de romane. »

Pendant de longs siècles, cette aumône fut régulièrement distribuée. C'était un grand bénéfice pour les pauvres de la localité et des environs. Mais hélas ! peu à peu s'introduisirent divers abus.

Les religieux qui devaient donner l'aumône à tous les pauvres qui se présentaient, la restreignirent aux seuls habitants des paroisses de Sévérac, de Saint-Dalmazy et d'Altès.

Les consuls protestèrent, l'affaire fut même portée devant les tribunaux et réglée par une transaction en 1550.

D'autres abus ne tardèrent pas à se produire.

Dans un acte du 2 février 1563 [1], nous voyons les paroissiens de Sévérac reprocher d'abord au prieur des religieux d'avoir changé l'heure de la distribution qui se faisait habituellement « après vêpres dites et trois heures frappées, hors le temps du caresme que a acoustumé estre à l'heure de tierce du matin. » Ensuite le pain « était fait avec abondance de jueil, avoine et peu d'orge et de froment, de façon que les pauvres gens ne le peuvent manger et qui pis est, l'ayant mangé, les estourdit comme s'ils étaient ivres. »

Plus tard encore nouvelles plaintes. Les revenus de l'aumône étaient cédés par les religieux à des fermiers sans conscience qui faisaient du pain absolument immangeable.

D'abord « par un abus et liberté abominable toute sorte de personnes, pauvres et riches, les présens pour les absens, seraient allés prendre ladite aumône, ce qui aurait donné occasion aux sindics dudit chapître ou distributeurs de ladite aumône, par succession, de tenir, de former un autre abus que de donner seulement ladite aumône en pain de paille, d'orge, d'avoine et diverses mondures provenant des autres bleds, les pièces d'icelles étant si petites que les vingt ne pesaient pas la livre,

____

(1) Acte reçu par Delort, notaire.

en tel état que la plupart a donné aux chevaux mulets et pourceaux. » [1]

Pareils abus ne pouvaient durer. Il fallait à tout prix sauvegarder les droits des pauvres en faveur desquels l'Aumône avait été fondée. C'est alors qu'intervinrent l'évêque de Rodez, Gabriel de Paulmy et le duc Louis d'Arpajon.

Après entente avec le supérieur des religieux, ils chargèrent deux hommes de Sévérac, Toussaint de Favier, qui administrait les biens du couvent, et Etienne Philibert, gradué en théologie, « de régler ladite aumône et corriger les abus qui se sont commis et prévenir ceux qui, à l'avenir, se pourraient commettre » soit pour la quantité du blé à distribuer, soit pour les personnes qui devaient participer à la distribution.

La question mûrement examinée, il fut statué que chaque année, à la Saint-Michel, le chapitre de Saint-Châffre, prieur du couvent de Sévérac, délivrerait ou ferait délivrer par ses fermiers, cent setiers de froment, cent setiers de seigle, cinq cents setiers d'orge, le tout criblé et bien nettoyé. Avec ce grain, on ferait du pain qui serait distribué chaque jour non aux personnes aisées, mais « aux vrais pauvres, mendiants, pèlerins, passagers et nécessiteux. » Le seigneur ou sa femme, ses officiers, les consuls de la ville, le supérieur des religieux, les curés des paroisses participant à l'aumône, avaient le droit et même le devoir de se rendre compte, chaque jour si c'était nécessaire, si ce point du règlement était observé.

Le blé destiné à l'Aumône devait être enfermé dans un grenier à *trois serrures* dont le seigneur et, en son absence, le chef de ses officiers, avait une

---

(1) Acte de transaction signé le 2 juillet 1668, présents Antoine de Barthélemy, Viguier du marquisat, Pierre Granier de Lavergne, Mgr de Paulmy, le duc d'Arpajon et les procurateurs de l'abbé de S. Châffre.

clef, le premier consul de la ville avait la seconde et le supérieur des religieux la troisième.

Tel fut le règlement très sage qui paraît avoir mis fin aux anciens abus. Il resta en vigueur jusqu'à la Révolution dont un des bienfaits, à Sévérac, est d'avoir fermé le grenier des pauvres.

*
* *

En dehors de l'Aumône distribuée par les bénédictins, Sévérac avait un Hôpital ou Hôtel-Dieu dont nous devons parler.

Au Moyen-Age, il y avait, en France, de nombreux hôpitaux. Rodez en posséda jusqu'à une dizaine, fondés presque tous par des personnes riches qui désiraient employer leur fortune en bonnes œuvres. Plus tard, ces hôpitaux d'une même ville furent souvent réunis en un Hôpital général, dans lequel, « afin de combattre la fainéantise et l'oisiveté » on établissait des fabriques et des manufactures pour occuper les pauvres sans travail.

Nous ne connaissons pas la date de la fondation de l'hôpital de Sévérac. Nous savons seulement qu'il était fort ancien, puisqu'il existait déjà en 1286, et qu'il dépendait, à ce moment, du couvent des religieux. En cette année, Laurens du Prat donna à Astorg de Castronovo, prieur de Sévérac, tous ses biens meubles et immeubles, se réservant deux juments, une ânesse avec son ânon, sous la condition d'être nourri et entretenu dans ledit hôpital et promettant d'y être bien obéissant [1].

Pendant plusieurs siècles, cet hôpital fut très prospère et bien renté. Nous voyons de nombreuses personnes lui faire des dons assez considérables, à condition bien souvent d'y être elles-mêmes nourries et entretenues, promettant toujours de se montrer très soumises aux règlements.

(1) Archives du Bureau de Bienfaisance.

Dans un de ses comptes-rendus, Richepéry dit au sujet de Sévérac : « il y a un hôpital bien renté où l'on soigne les malades et où l'on distribue du pain et de la viande aux pauvres. *Autrefois on y formait les enfants à la filature.* » [1]

Au moins dans les derniers temps, l'hôpital était situé à côté de la porte du Latazou, dans la maison à droite, en sortant de la ville.

Hélas ! comme l'Aumône, l'hôpital eut ses jours de crise, au XVe siècle d'abord et à l'époque du protestantisme ensuite.

Les *Archives paroissiales* de Sévérac possèdent le manuscrit original [2] d'une requête adressée, le 10 mai 1441, à Jean de Montcalm, juge de la baronnie de Sévérac, par les consuls qui étaient : Pierre Bouyssou, Durand de Bessodes, Antoine Bousquet et Jean Burlande.

D'après ce document, le seigneur de l'époque fit procéder à une enquête secrète par Etienne Vessodes, bayle de la Cour de Justice de Sévérac.

La requête des consuls rappelle que l'hôpital est tenu de subvenir aux besoins des pauvres et des infirmes qui y sont reçus, mais elle constate qu'il n'en est rien. L'hospitalier en afferme les revenus et ensuite il se les approprie. « On donne à peine un verre d'eau aux pauvres de la maison quand ils ont été ailleurs mendier leur nourriture. » Aussi personne ne fait plus de testament et de donation en faveur de cette œuvre, sachant comment elle est administrée.

Ce qui est encore pire, c'est que l'hospitalier, qui demeure toujours près de l'abbé de Saint-Châffre, est venu récemment à Sévérac et a aliéné les champs, jardins, maisons et prés de l'hôpital, sous le faux prétexte d'en retirer un plus grand revenu, à Pierre de Castelnau et Antoine Sancheli, ce dont a pris acte Antoine de Castelnau. D'après le droit,

---

(1) Bousquet, p. 14.
(2) Document jusqu'ici inédit.

dit la requête, cet économe doit être privé de sa fonction et le notaire condamné à l'exil.

Le bayle commença par faire défense à Pierre de Castelnau d'entrer dans les terres qu'il avait achetées [2] et ensuite eut lieu un procès où comparaissent un certain nombre de témoins. Tous sont accablants pour l'hospitalier.

Déodat de Cassagnes, de Sévérac, constate qu'il a affermé les biens de l'hôpital à Pierre Albi, prêtre, et qu'il prend les revenus pour lui; jusque-là cependant les consuls avaient été administrateurs et avaient fait à plusieurs reprises l'inventaire des biens.

Pierre Hugonet, bachelier en droit, confirme la déposition du précédent et parle du verre d'eau qu'on se contente de donner aux pauvres.

Jean Boyer, Pierre Layssac, Bernard Tiquet, Jean Sicard, de Novis, déposent tous dans le même sens.

Le 29 mai de la même année, les consuls demandent au juge Jean de Montcalm une descente sur les lieux, mais auparavant une nouvelle audition de témoins nous apprend que l'hospitalier laisse tout tomber en ruines, notamment une grange, que le linge de l'hôpital est en miettes, consumé par les rats ou la teigne.

Autrefois, disent-ils, l'usage existait, quand mourait, à Sévérac, quelque personne riche, que l'hospitalier et autres personnes considérables portaient son corps en terre; ensuite toute la literie du défunt allait à l'hôpital. Aujourd'hui personne ne fait aucune libéralité.

A cette occasion, on exhibe un vieil inventaire datant du vendredi après la Saint-Valentin de 1301.

---

(2) Ces terres étaient : un champ avec une sanhe (tourbe) ou pré sis ensemble à l'Hospitalet, confrontant avec une terre appelée Montclergue et avec une autre nommée Campredon et avec le chemin qui va de Sévérac à Cayrac, une terre située à Cabanis.

Le manuscrit des archives paroissiales ne donne pas la conclusion du procès. Nul doute qu'elle ne fût totalement contre l'hospitalier et qu'elle ne remît les consuls dans tous leurs droits d'administrateurs des revenus de l'hôpital.

Le XVIe siècle fut encore mauvais pour l'hôpital de Sévérac, qui ne devait pas avoir retrouvé d'ailleurs sa prospérité des anciens jours. A cette époque, beaucoup de seigneurs et de bourgeois étaient plus préoccupés de vivre dans un luxe souvent scandaleux que de secourir les pauvres. Les guerres de religion surtout furent la ruine de beaucoup de fondations pieuses. Un inventaire du mobilier de l'hôpital, fait en 1556 par Pierre Favier, notaire dudit lieu, comprend exactement : « cinq couvertures ou flessades; un coussin de plumes; quatre linceulx; deux bois de lit; une cuve de pierre; un trépied de fer; une table sans escavaulx. »

C'était bien peu de chose. Ce peu de chose cependant dut tenter la cupidité des protestants, à ce moment maîtres de Sévérac, qui pillèrent l'hôpital, le brûlèrent et *en emportèrent les titres*. C'est ce qui est dit dans une lettre de Louis XV, de 1738, confirmant certains privilèges du même hôpital.

Brûlé vers 1590, l'hôpital fut rétabli environ 50 ans plus tard. Aux revenus premiers qui lui furent rendus, vinrent s'ajouter d'autres libéralités faites par les fidèles. Il devint si prospère que, d'après la lettre de Louis XV, il fut à même de recevoir non seulement les pauvres et les malades de la ville et des environs, mais encore des convalescents de Millau et de Rodez. Ce fut le Sanatorium avant la lettre.

D'autres lettres patentes, du 30 janvier 1758, portent « union à perpétuité à l'Hôtel-Dieu et Hôpital de Sévérac des aumônes publiques qui se distribuèrent à la ville de Sévérac et mandement d'icelle et au lieu de Gaillac. » Les aumônes de

Gaillac consistaient en 370 setiers de blé et avaient été unies, en 1753, à l'hôpital général de Millau.

L'hôpital de Sévérac continua d'exister jusqu'à la Révolution. Certains biens sont encore aujourd'hui désignés sous le nom de « l'Hôpital », « lou prat de l' hespital », et appartiennent au Bureau de Bienfaisance. Jusqu'à la loi de Séparation, 1905, certaines propriétés, provenant du prieuré bénédictin et de l'hôpital, restèrent indivises entre la Fabrique et le Bureau de Bienfaisance qui s'en partageaient les revenus.

CHAPITRE VII

Après les guerres de religion. — Reconstruction des

églises. — La vie religieuse sous l'ancien régime.

On s'est demandé combien de temps le culte catholique avait été interrompu, à Sévérac, après le protestantisme.

Nous sommes convaincu qu'il ne le fut pas du tout.

D'abord, les guerres de religion, commencées en France en 1562, à la suite de ce qu'on a appelé « *l'affaire de Vassy* », durèrent sans doute pendant trente ans, mais non d'une manière continue. Elles furent, tour à tour, reprises et interrompues pendant neuf fois. Durant les intervalles plus ou moins longs de trêve ou de paix, la religion catholique n'était pas seulement tolérée, mais, en général, positivement protégée dans tout le royaume.

En ce qui concerne le Sévéraguais, le grand nombre de prêtres resta dans le pays. Ils durent continuer à dire la messe, faire les offices et administrer les sacrements, sinon dans les églises démolies, du moins dans d'autres locaux faciles à trouver.

Le testament de l'abbé Jehan de Villaret, daté de 1572, donne l'impression que, à ce moment, la vie religieuse était normale.

Nous avons vu que, dès 1571, les habitants de Lapanouse se mettaient en devoir de reconstruire leur église. Il est fort probable que, vers la même époque, ceux de Sévérac rebâtirent aussi celle de Saint-Chély.

Il ne faut pas oublier que l'église Saint-Sauveur,

qu'on ne commença à relever que 20 ans après, en 1590, n'était pas paroissiale.

Un acte du 24 juillet 1590 [1], donne, au sujet de cette dernière, des précisions très intéressantes.

« Sur le différent d'entre messieurs les abbé, couvent et religieux du monastère Saint-Châffre, en Velay, comme prieurs du prieuré de Sévérac, et les consuls et autres habitans et parochians de l'église parochiale de Sévérac, sur la réparation de ladite église Saint-Sauveur étant dans ladite ville, ruinée à cause des guerres advenues par la diversité des religions.

Assemblés ce jourd'hui, 24 juillet 1590, en ladite ville de Sévérac et maison claustrale (des religieux), devant moi notaire... honorables personnes frère François Chambon et Hugues Barbon de ladite abbaye, comme procureur et ayant charge dudit seigneur abbé, couvent et religieux.

Et Jean Sales, J. Viala, A. Ricard et Jean Caylus, consuls la présente année de ladite ville et paroisse...

... ont convenu et accordé comme s'en suit, à sçavoir.

Que lesdits Chambon et Barbon, pour fournir aux dites dépenses requises et nécessaires..... pour l'édification de ladite église, remettraient et délégueraient ès-mains de Jean Villaret, notaire de ladite ville, la somme de deux cents soixante-six écus deux tiers (800 livres) pour être ladite somme employée à ladite réparation. »

Au cas où les travaux ne seraient pas commencés au mois de mars suivant, Jean de Villaret avait permission de les donner à prix fait.

De leur côté, les consuls « seront tenus, tant en leur nom que des parochians et habitans, de fournir tous charrois et manœuvres nécessaires et requises pour porter chaux, sable, bois, pierres, tuiles, eau et autres choses et manœuvres de main pour

______

(1) Reçu Guiral, notaire à Sévérac. Copie de cet acte, prise par Planhols, bénédictin de Sévérac et syndic, au XVIIIe siècle, se trouve aux archives paroissiales.

servir les maçons et charpentiers besoignant et travaillaut audit édifice. »

Au cas où la somme promise par les bénédictins ne serait pas suffisante, « lesdits Chambon et Barbon promettent aux consuls ce qui sera requis et nécessaire... à l'arbitration de dame Françoise Montal, dame et baronnesse de Sévérac. » [1]

La reconstruction de l'église Saint-Sauveur, commencée en 1591, ne fut terminée qu'en 1620.

Dans les siècles passés, la religion occupait la première place dans la vie privée et publique de nos ancêtres. Il en fut ainsi à Sévérac, malgré quelques causes qui, à certaines époques, durent nuire à l'ardeur de la foi.

La première de ces causes fut l'exemple de quelques-uns de ses peu ascètes seigneurs qui essayèrent, à deux reprises, d'entraîner leurs sujets d'abord dans l'hérésie des Albigeois puis dans le protestantisme.

Vers la fin du XVIIIe siècle, la bourgeoisie, imbue des principes philosophiques de l'époque, laissa aussi trop souvent au peuple le soin d'accomplir les pratiques religieuses, même les plus essentielles.

Ce qui nuisit enfin beaucoup ce fut l'organisation paroissiale absolument défectueuse.

M. Martinon, le dernier curé avant la Révolution, constate [2] que la population de la ville se rendait très peu aux offices de Saint-Chély. Il en résultait de graves inconvénients.

----

(1) A la fin de cet acte il est dit que Chambon et Barbon ont promis et juré à *la manière des religieux « mettant la main sur la poitrine »*, et les consuls, *« la main sur les Évangiles »*.

(2) Réponse au Questionnaire de Mgr de Cicé, en 1771. *(Archives départementales.)*

Une pétition de 1765 [1] ainsi que deux *Mémoires* de Jean Costes, viguier du château, ne sont pas tendres pour les religieux bénédictins. Etant peu nombreux, la règle était mal observée, les offices incomplets, leur conduite peu ordonnée les exposait parfois à la critique.

Jean Costes rapporte un acte de violence commis, à la fin du XVIIᵉ siècle, en pleine église Saint-Sauveur, par le supérieur des religieux, sur la personne du curé, M. de Villaret, qui voulait annoncer une procession pour le lendemain à Saint-Chély.

En 1743, M. Palairet, curé, ayant obtenu du supérieur du Monastère de faire une instruction au peuple, lorsque les religieux auraient terminé les vêpres, ceux-ci s'y opposèrent et l'obligèrent à descendre de chaire.

Ces malheureux incidents et mesquines rivalités ne pouvaient que faire scandale et nuire au bien spirituel.

Remarquons cependant que ce sont là faits isolés, insuffisants pour juger plusieurs siècles de vie religieuse. Tout le monde sait que, au XVIIIᵉ siècle, plusieurs ordres religieux, longtemps très fervents, avaient relâché leur discipline.

Et puis, les Mémoires de Jean Costes, et autres pétitions faites dans le même but, sont visiblement tendancieux.

Pour obtenir en effet que l'église Saint-Sauveur devienne paroissiale, il fallait que les religieux quittent Sévérac et rentrent à Saint-Châffre « où ils vivraient en règle et sous les yeux de leurs supérieurs. » Pour amener ces derniers à prendre cette décision, il fallait leur en donner de pressants motifs !

Malgré tous ces obstacles, nous constatons une véritable renaissance religieuse, dans le Sévéraguais, après les guerres de religion.

A l'église Saint-Sauveur, par suite d'entente

____

(1) Pétition en vue de faire transporter la paroisse à l'église St-Sauveur. *(Archives paroissiales).*

entre le curé et les religieux, des prédicateurs étrangers, parfois de grand renom, prêchaient, chaque année, l'Avent, le Carême, l'octave du Saint-Sacrement.

On faisait alors des processions magnifiques auxquelles toute la population prenait part. Il y en avait deux surtout solennelles entre toutes : la procession du Saint-Sacrement et celle de Saint-Théofrède ou Saint-Châffre, patron des bénédictins. Ces jours-là tout le monde était sur pied; les canons du château faisaient entendre leur puissante voix; les armes à feu étaient mobilisées pour exécuter des salves en l'honneur de Dieu et de ses saints [1].

Des cérémonies religieuses, qui aujourd'hui passeraient inaperçues pour beaucoup, étaient alors de véritables évènements populaires. Pour n'en citer qu'un exemple, Pierre de Villaret, fils de François de Villaret, sieur de la Calsade-des-Fronts, nommé par le pape Urbain VIII à la curè de Saint-Chély, à l'âge de 22 ans, et avant d'être prêtre, chanta sa première messe, à Saint-Chély, le 25 juin 1642.

La foule y fut si nombreuse qu'elle ne put entrer dans l'église et la messe dût être chantée sous un oratoire qui se trouvait au milieu du cimetière.

Une grande invitation ayant eu lieu à La Calsade à cette occasion, il y eut cinq cents convives. Il fallut dresser la table en plein air dans une pièce de terre appelée le Bartassou [2].

(1) Alexis Carlat, consul, note dans ses *comptes* (1743) : « pour ce qu'on a accoutumé de donner à la jeunesse pour accompagner le Saint-Sacrement, le jour de la Feste-Dieu, *pour poudre*, 10 livres. »

Et encore : Aurait payé au sieur Chastla, trésorier du sacrement, pour les flambeaux qu'on a habitué de donner, 10 l. »

Et enfin : « Aurait payé pour l'achapt d'un quart de poudre, pour tirer lors de la procession de S. Théofrède, six sols trois deniers. »

(2) Archives paroissiales de St-Chély.

A cette époque, presque tous les chrétiens fai saient des legs pieux « pour racheter leurs péchés. » Aux funéraille, qui étaient très solennelles, on convoquait un nombreux clergé et on invitait les pauvres.

Le testament de Jean de Villaret (1572), dont nous avons déjà parlé, contient, à ce sujet, des détails très intéressants [1].

Il commence par cette formule, alors presque toujours en usage : « Comme ainsi soit qu'il n'y ait chose plus certaine que la mort, ni chose plus incertaine que l'heure d'icelle... vénérable homme maistre Jehan Villaret, prêtre, désirant la salvé (salut) de son âme et voulant à icelle pourvoir des biens que Dieu lui a donnés en ce monde.

« Premièrement, comme un vray catholique doit faire, s'est muni du signe du seing de la Sainte Croix. Recommandant son âme à notre Rédemppteur Jésus-Christ, à la glorieuse Vierge Marie sa mère et généralement à toute la cour céleste du paradis.....

Après ce préambule, il ordonne qu'on donne « deux deniers tournois » à chacun des prêtres qui viendront, le jour de ses funérailles, chercher son corps à domicile pour le porter à l'église, à charge par eux de réciter le psaume « *In exitu Israël de Ægypto.* »

Il demande que « aux jours de sa sépulture, novène et bout d'an soient appelés et convoqués *cent messieurs de prêtres et religieux* [2] au nombre des-

____

(1) Le parchemin original est aux archives de la famille Trémolet, ancien notaire et conseiller général.

(2) Pour comprendre qu'il fut possible, à cette époque, de réunir facilement un tel nombre de prêtres, il faut savoir qu'ils étaient alors plus nombreux qu'aujourd'hui. En 1551, il y avait, à Sévérac, 30 prêtres fraternisants; en 1541, 12 à Lapanouse; en 1537, 14 à S. Dalmazy; en 1553, 40 à S. Geniez et 26 à St-Agnan, près de Ségur, etc.

En 1548, il y eut 500 prêtres aux funérailles de Jean de Lapanouse, seigneur de Loupiac.

Ces prêtres étaient divisés en deux catégories distinctes : ceux qui desservaient les paroisses, en général, très instruits,

quels seront les religieux et prêtres dudit Sévérac, les collègues de Lapanouse, les prêtres de Saint-Dalmazy, du Requous, de Novis, de Clauselles, de Boyne, de Mostuéjouls, les chanoines et prêtres de Saint-Laurent-d'Olt, les vicaires d'Estables, de Bonneterre, etc.

Chacun de ces prêtres recevra, chaque fois, vingt deniers tournois.

Suivent divers legs pieux à l'*Œuvre* (fabrique) « de Monseigneur Saint-Chély », au bassin des âmes du purgatoire, « la lumière de Notre-Seigneur » (lampe du sanctuaire), aux religieux et prêtres de Sévérac, avec charge de dire des messes, pour que, le dimanche, « l'offrande soit faicte avec pain, vin, lun, avec l'absoute de son tombeau. » Il donne 25 livres tournois pour que « une messe en hault » soit dite à perpétuité pour le repos de son âme [2].

Confréries. — Les confréries eurent un rôle très important, sous l'ancien régime, tant au point de vue religieux qu'au point de vue social.

beaucoup possédant les grades de bachelier ou docteur en théologie ou droit Canon. Les autres, peu cultivés, connaissant assez de latin pour comprendre le bréviaire et le missel, ne faisaient guère qu'acquitter des messes de fondation ou donner des absoutes. Beaucoup vivaient dans leurs familles, s'adonnant aux travaux manuels. Sans habiter ensemble, ils formaient souvent entre eux ce qu'on appelait une *fraternité* à la tête de laquelle était un syndic.

(2) On invitait souvent aux funérailles un certain nombre de pauvres qu'on habillait aux dépens de la succession ; les hommes d'une robe et d'un chaperon noirs, en drap burel dit du pays ; les femmes d'une robe noire ou blanche, suivant l'usage de la paroisse, avec un voile de toile sur la tête. Deux portaient la croix de cire et la *canelle*, sorte de lanterne faite de cire, qu'on posait sur la bière. Les autres avaient chacun à la main une torche de cire d'un poids déterminé par le testament.

Les robes « honnêtes et traînantés » devenaient la propriété des pauvres qui les avaient portées aux funérailles.

Sévérac en posséda plusieurs qui furent très populaires et très florissantes.

Il faut placer en première ligne la *Confrérie du Saint-Sacrement.*

Elle fut érigée, en 1550, en vertu d'une autorisation obtenue de Rome par le cardinal d'Armagnac. Les exercices en furent interrompus « par les guerres de religion et par les ravages que les hérétiques auraient faits dans la ville et prieuré de Sévérac, où ils démolirent ladite église et prieuré. » [1]

Aussitôt les guerres de religion passées, les catholiques, désireux de réparer les outrages faits à la sainte Eucharistie par les protestants, se mirent en devoir de la rétablir. Ils y furent autorisés par lettres de Mgr Bernardin de Corneillan, datées de 1627.

La population catholique s'y fit inscrire en masse, entraînée d'ailleurs par l'exemple de la famille d'Arpajon elle-même.

Sur les registres, qui existent encore, nous lisons les inscriptions authentiques suivantes :

« Je, Louis d'Arpajon, me suis enrôllé dans ladite confrairie du Saint-Sacrement. »

« Moy, Gloriande de Thémines, me suis enrôllée dans ladite confrérie du Saint-Sacrement. »

Le premier *baile* de la confrérie, en 1627, fut François de Villaret, docteur en droit, lieutenant du marquisat de Sévérac; le premier *trésorier*, Jean de Miqualet, bourgeois; le *secrétaire*, Jean Dupont, greffier; le procureur, Jean Paris, procureur juridictionnel du Marquisat de Sévérac.

La Confrérie des *Pénitents Bleus* fut aussi établie à Sévérac en 1704, à la suite d'une mission. Les réunions se faisaient à chapelle de Saint-Eloi, dite chapelle des Pénitents, située près d'une porte de la ville, au bout du faubourg du Peyrou [2].

---

(1) Registre de la Confrérie. Archives paroissiales.

(2) La chapelle des Pénitents fut fermée à la Révolution. A la fin du registre de la Confrérie se trouve cette note : « La nuit du 8° au 9° jour du mois d'août 1791, la porte de la cha-

Les membres de cette confrérie d'hommes, à la tête desquels étaient les premières familles du pays, furent tout de suite très nombreux.

Je relève, sur les registres, les noms de de Barthélemy, seigneur de Las Cases; Guillaume de Durand, avocat et juge, « qui donne deux escuts neufs »; de Layrolle; Anglade, régent des écoles; Jean Salles, chirurgien; Jean Forestier, procureur d'office; Georges de Durand, avocat; Gély, docteur en médecine; Antoine Hérail, praticien; Bernard Massol, lieutenant; noble de Guiraud de Sénergnes; noble Gilles de Gransaigne, seigneur de Loupiac; Lunet de La Malène, avocat en parlement; Alexis Vernhet, chirurgien; Loupiac, maître armurier; etc...

Les Pénitents étaient revêtus d'un habit ou « cilice » de couleur bleue. Ils devaient, tous les matins, au lever, dire, à genoux, cinq *Pater* et *Ave*, communier tous les seconds dimanches du mois, jeûner tous les vendredis, excepté de Pâques à la Pentecôte et de Noël à la Purification. Dans leur chapelle ils assistaient aux offices un cierge à la main. Les registres nous parlent de processions solennelles auxquelles le grand nombre assistait « pieds nus », en particulier le Jeudi-Saint.

« Le 6 juin 1706, avec torches et flambeaux, cierges et chappes, *pieds nus à l'exception de deux ou trois infirmes*, procession en réparation des outrages et injures faites au Saint-Sacrement par les hérétiques. »

Nous devons aussi une mention à la *Confrérie des Agonisants*, établie, en 1719, à la chapelle de Notre-Dame de Pitié, mais qui existait longtemps auparavant sous le nom de « Confrérie de Notre-Dame de Bergogne. »

pelle St-Eloi et des Pénitents a été fermée clandestinement avec une bande de fer en crampons sur l'entrée de la clef avec cet écriteau : *Quiconque s'avisera d'ouvrir cette porte sera pendu et sa maison brûlée.* »

***

Nous avons dit que l'organisation paroissiale de Sévérac était défectueuse. Sur la fin du XVIIIᵉ siècle surtout, diverses pétitions furent adressées à l'Evêque de Rodez pour le supplier de modifier cet état de choses. Le cardinal de La Rochefoucauld lui-même avait promis d'appuyer cette affaire lorsqu'il fut surpris par la mort.

Les vœux de toute une population finirent cependant par être exaucés.

En 1787, par suite d'une transaction intervenue entre les religieux et le clergé paroissial, il fut convenu que désormais les fonctions curiales se feraient dans l'église Saint-Sauveur, à condition de ne pas troubler les religieux au moment de leurs Heures canoniales.

L'année suivante, (1788), le couvent des bénédictins fut définitivement supprimé. Une part de leurs revenus fut affectée à une pension faite aux religieux existant à ce moment. Le supérieur était dom Pourquié, de Recoules-de-l'Hom, qui se retira dans sa famille et y mourut pendant la Révolution.

La paroisse de Saint-Chély fut momentanément supprimée et son curé, François Martinon, devint curé de Sévérac [1].

---

(1) *Bénéfices du diocèse de Rodez*. Religieux de Sévérac. Cahier B.

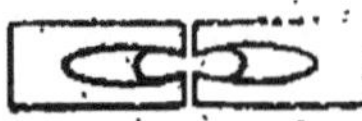

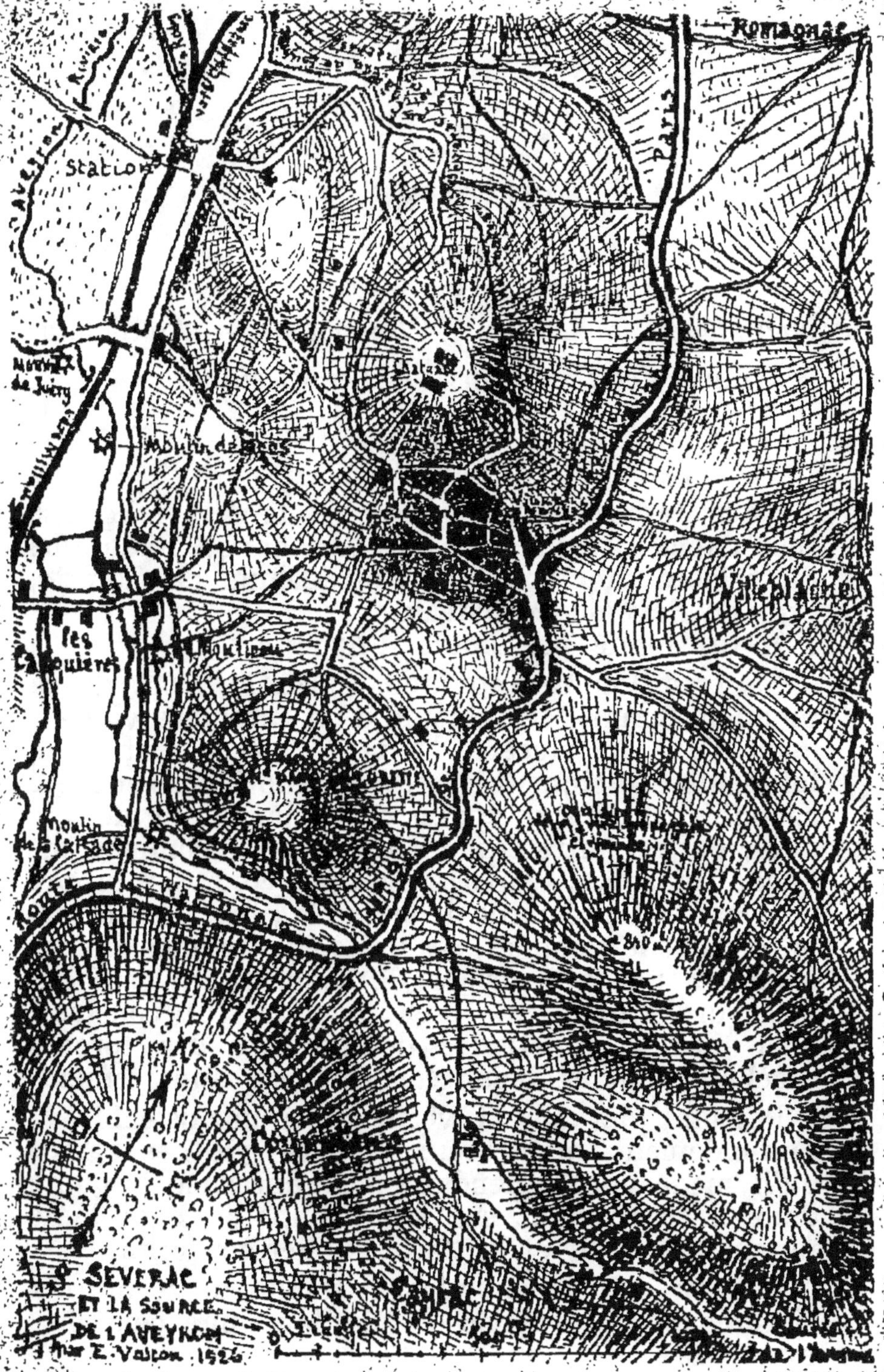

PLAN DE SÉVÉRAC ET DE SES ENVIRONS
(D'après la carte de l'Etat-Major.)

CHAPITRE VIII

*Notre-Dame de Lorette. — Fondation. — La commu
nauté des chapelains. — Le pèlerinage.*

Nous terminerons l'exposé de la Vie religieuse
sous l'ancien régime par un court abrégé historique
du célèbre sanctuaire de Notre-Dame de Lorette,
près de Sévérac-le-Château.

Il fut fondé par Louis d'Arpajon.

La tradition raconte que, après la mort de sa
première femme, cet homme d'un caractère violent,
mais d'une foi sincère, ne tarda pas à rentrer en
lui-même. Quoique l'infortunée Gloriande eut été
coupable, il comprit qu'un crime jamais ne doit se
punir par un autre crime. « Celui qui le commet, dit
l'abbé Bousquet, emporte dans son cœur son propre
bourreau. » Le remords ne le quitta plus; il en perdit
le repos et le sommeil; ses nuits elles-mêmes étaient
troublées par des visions de sang. Il lui semblait
voir sur le monticule d'en face, où fut construit
plus tard le sanctuaire de Lorette, des torches
funèbres dont la lueur éclairait son appartement.

Pendant dix ans il vécut ainsi inconsolable et
profondément malheureux. Ni la vie des camps
qu'il mena encore pendant des années, ni la gloire
dont il se couvrait sur les champs de bataille ne
purent l'étourdir et lui faire oublier son crime.

A la fin, n'y tenant plus, il résolut de se tourner
sincèrement vers Dieu et de faire une pénitence
exemplaire.

Jadis, au Moyen-Age, de rudes chevaliers, ayant
parfois des fautes graves à expier, partaient pour la

Croisade et versaient leur sang en combattant les ennemis du Christ.

On peut croire que Louis d'Arpajon eut un semblable dessein lorsqu'il entreprit, à ses frais, la grande expédition contre les Turcs qui menaçaient l'île de Malte. Mais, s'il avait eu le désir d'y verser son sang, son vœu ne fut pas exaucé. La gloire et les honneurs qu'il en rapporta le payaient trop des sacrifices qu'il avait faits pour que son remords fût éteint et que sa conscience retrouvât la paix.

C'est alors, croit-on, que, sur le conseil de directeurs sages, il aurait entrepris le voyage de Rome. Il voulait, dans sa foi profonde, demander au représentant du Christ lui-même de pardonner sa faute et d'enlever de ses épaules un poids qui l'écrasait.

Nos historiens croient que le pardon fut accordé avec une double pénitence à accomplir.

D'abord, dit M. Bousquet, on le condamna à faire peindre une femme, jeune et belle, à laquelle on ouvrait les veines, et à déposer ce tableau dans le couvent de l'Arpajonie, de Millau, qui avait été fondé par un ancêtre de Louis d'Arpajon et dont sa famille avait gardé le patronat.

Une note de H. de Barrau semble confirmer ce fait. Il y est dit : « il existait autrefois, dit-on, au couvent d'Arpajonie de Millau, une femme les quatre veines ouvertes.

Ne serait-ce pas là une offrande expiatoire que se serait imposée le duc d'Arpajon, comme pour faire ressortir son indignité dans un lieu où tant de souvenirs rappelaient les vertus et la piété de ses ancêtres ? »[1]

« On ajoute, dit de Barrau, qu'en expiation il fut condamné à faire le pèlerinage de Notre-Dame de Lorette et qu'au retour il fit bâtir la chapelle de ce nom qu'on voit encore sur un monticule près Sévérac. »

Tous les catholiques connaissent l'histoire de

(1) *Documents historiques.* I, 397.

Lorette, en Italie. C'est là, d'après une tradition plusieurs fois séculaire, que se trouve la *Santa Casa*, la maison elle-même habitée jadis, à Nazareth, par la Sainte Famille. La vérité de ce fait, dit le pape Pie IV, « est prouvée par les témoignages les plus dignes de foi. »

Dieu, voulant conserver à la vénération des fidèles une relique si sainte et la soustraire à la profanation des infidèles qui occupaient la Terre sainte, fit en sa faveur un miracle extraordinaire mais nullement au-dessus de ses forces. Le 10 mai 1291, il fit porter par ses anges la sainte maison à Terratz, en Dalmatie. Quelque temps après, le 10 décembre 1294, elle fut encore enlevée de ce lieu et transportée en Italie, à un endroit appelé Lorette, dans la province d'Ancône.

Au cours des siècles, Lorette a été un des lieux de pèlerinage les plus célèbres du monde. Des foules innombrables de pieux fidèles de tout pays et de toute condition sont allés et vont encore tous les jours vénérer la sainte maison où s'incarna et où vécut pendant trente ans le Fils de Dieu fait homme.

Revenu de son pieux voyage, Louis d'Arpajon s'occupa aussitôt de faire construire près de Sévérac un sanctuaire dont les dispositions rappelleraient, aussi exactement que possible, la maison de la Sainte Vierge.

Il avait prié les religieux qui desservaient le sanctuaire d'en dresser le plan et de prendre les plus minutieuses mesures.

M. l'abbé Lévesque [1] a publié la lettre, datée de Rome, 26 juin 1651, dans laquelle un de ces religieux, Bernardin Bauguil, envoie au duc d'Arpajon les renseignements les plus précis à ce sujet. Il les fait suivre d'un modèle en bois colorié indiquant l'état des lieux et d'un plan imprimé qui permirent d'en imiter tous les détails.

(1) *Notre-Dame de Lorette*, 1877, chez Carrère, Rodez.

En possession de ces divers documents, on se mit immédiatement à l'œuvre. La chapelle de Lorette fut rapidement construite et, le 1er novembre 1654, elle fut bénite solennellement par M. Péle-vin, chanoine de la cathédrale de Rodez, délégué par M. de Patris, vicaire général et administrateur du diocèse pour Mgr Hardouin de Péréfixe, en présence de Louis d'Arpajon et de beaucoup de gentilshommes [1]. M. l'abbé Bousquet commet une inexactitude en plaçant cette inauguration au 25 mars 1658.

Le duc d'Arpajon fournit le nouveau sanctuaire de riches ornements et de tous objets nécessaires au culte. La statue de la Sainte Vierge qui y fut placée existe encore et se trouve dans une des cha-pelles de l'église Saint-Sauveur de Sévérac. Elle est en bois noir et d'une expression de figure remarqua-ble. Le modèle n'est pas le même que celui de la sta-tue de Lorette, en Italie.

« La nature du bois et la couleur dénotent une origine orientale, mais la facture est française, ou du moins exécutée pour la France, comme sem-blent l'indiquer les fleurs de lys des couronnes et l'attitude de l'Enfant-Jésus qui rappelle celle du petit enfant d'or offert à Lorette par le roi Louis XIII, en 1639. » [2]

Dès les premiers jours, les pèlerins accoururent en foule et la chapelle eut des prêtres pour la des-servir.

Dans une lettre écrite en 1655, à un certain M. Sabatié, probablement prêtre, le duc d'Arpajon disait :

« Je suis extrêmement obligé au révérend père Lenurin et à tous ceux qui contribueront au service de Dieu en la chapelle de Lorette.

(1) H. de Barrau I, 382. — *Notice Historique* sur la cha-pelle de Notre-Dame de Lorette, par Mlle Berthe Cabiron, de Sévérac-le-Château, 1904, chez Carrère.

(2) Lévesque, p. 31.

Monsieur de Rodez (Mgr l'Evêque) y contribuera de tout son pouvoir et enverra par le prochain ordinaire tout ce que le révérend père Lenurin a désiré de luy, ce qui sera assez à temps pour servir à la fête de la Pentecôte. Monsieur de Rodez donne de même permission de confesser à M. Lévesque que je vous prie d'employer et parce qu'alors vous aurez divers prêtres étrangers à recevoir, j'enjoins au sieur Viguier de Sévérac de loger le père Lenurin dans le château, s'il l'a ainsi agréable; et si ma mère peut se passer de M. Delmont, il ira à Sévérac au temps de la Pentecôte. Je vous recommande d'avoir toujours soin de cette dévotion et vous vous pourrez assurer que vous aurez la consolation de la voir bien augmenter dans quelque temps. Priez Dieu pour moi et je serai toujours votre affectueux amy. » — signé : *d'Arpajon.* [1]

Le 3 mai de la même année, une confrérie de Notre-Dame de Lorette, affiliée à celle d'Italie et enrichie de précieuses indulgences, fut établie dans le petit sanctuaire. Elle avait à sa tête un prêtre directeur et les statuts donnaient au duc d'Arpajon le titre de fondateur et de premier confrère.

Une pancarte, scellée des sceaux du roi de France, de l'évêque de Rodez et du seigneur de Sévérac, permet de prêcher dans tout le royaume les grands pardons et indulgences concédés. Elle oblige les magistrats, consuls, syndics, etc. de faire eux-mêmes la quête en faveur de la chapelle. Cette pièce, datée du 20 novembre 1663, contient un ordre des vicaires généraux de Rodez obligeant tous les prieurs, curés et vicaires forains du diocèse, lorsque les procureurs de Notre-Dame de Lorette viendront à passer dans leurs paroisses, à publier leurs indulgences et à exhorter leurs paroissiens à élargir leurs libéralités pour l'entretien de ladite chapelle et des pèlerins qui y abordent [2].

(1) Lettre citée par Mlle Cabiron, p. 188.
(2) M. Lévesque dit être possesseur de cette pancarte, p. 33.

La foule des pèlerins est constatée encore par l'acte de fondation des chapelains dont nous allons parler un peu plus loin. Il y est dit que le duc d'Arpajon a fait bâtir, près de Sévérac, une chapelle en l'honneur de Notre-Dame de Lorette « à laquelle il a plu à Dieu de donner sa bénédiction, les peuples du voisinage y ayant en grande dévotion et l'ayant visitée *par grands concours et processions*, en telle sorte qu'à présent, par la grâce de Dieu, il *s'y pratique de grandes œuvres de piété*. »

Pour les besoins d'un pèlerinage qui prenait de telles proportions, il fallait d'autres constructions que la petite chapelle primitive et des prêtres qui y fussent en permanence.

C'est ce que comprit le généreux fondateur. Dès 1658, il se met en devoir de faire construire une plus vaste église et une habitation pour les chapelains qu'il avait dessein d'établir sur la colline sacrée.

Le tout était terminé en 1566. Il est dit, en effet, dans l'acte de fondation, du 27 mars de cette année, que Louis d'Arpajon a fait bâtir, joignant à la chapelle de Lorette, «une autre chapelle dédiée à saint Louis et à saint Joseph, au-dessous de laquelle il a pareillement fait construire une autre chapelle sous le nom et représentation du saint Sépulcre de Notre-Seigneur Jésus-Christ. Et tout proche et dans l'enceinte desdites chapelles, les logements, ayant toutes les autres commodités cru sages et nécessaires pour douze ecclésiastiques. »

Mgr Abelly, évêque de Rodez, visita les lieux et les trouva en bon état.

L'église de saint Louis avait 28 mètres de longueur et près de 7 mètres de largeur. Elle formait croix latine dont l'un des bras était la chapelle de saint Joseph, qui existe encore, et l'autre une chapelle dédiée à l'ange gardien.

La chapelle du saint Sépulcre, dont il est plusieurs fois question dans les documents de l'époque, se trouvait sous la sacristie actuelle où est une grotte formée en partie par l'excavation du rocher et en partie par les fondations de la chapelle.

Une porte de la chapelle de l'ange gardien ouvrait sur un clocher ou tour carrée dont il reste encore des pans de mur. Enfin, au-dessous de l'église Saint-Louis, était une voûte, sorte de crypte, de même dimension que l'église, servant, à n'en pas douter, de refuge pour les pèlerins. Cette crypte avait deux portes, une vers l'orient, l'autre vers le couchant (aujourd'hui murée). De ces deux portes partait une allée ombragée de grands arbres qui faisait le tour du mamelon. C'est là que devaient se dérouler les processions aux jours de pèlerinage ou de grande solennité.

Les chapelains. — Le duc d'Arpajon eut la belle inspiration, pour couronner son œuvre, le service du pèlerinage d'ailleurs l'exigeait, d'établir à Lorette une communauté de prêtres. Ces prêtres ne seraient pas des religieux mais des chapelains du sanctuaire et ils auraient la vie commune. Ils seraient occupés à prier Dieu, à organiser des offices et de belles cérémonies en l'honneur de la Sainte Vierge et à exercer auprès des âmes un fructueux ministère.

Après avoir bâti leur habitation il fallait trouver les ressources nécessaires pour les faire vivre.

Le premier don généreux en faveur de cette œuvre fut celui de Simiane de Moncha, seconde femme du duc. Sur le point de mourir, à Pézénas, elle donna par testament du 2 novembre 1657, la somme de 12.000 livres pour l'entretien des chapelains. Elle y mettait la condition que deux messes seraient célébrées chaque jour et à perpétuité pour le repos de son âme et celle de ses parents.

Ces revenus et le casuel du pèlerinage purent faire vivre deux prêtres nommés Hérail et Delacan qui desservirent d'abord le sanctuaire et qui, par volonté expresse du duc, furent les deux premiers chapelains titulaires.

Mais cela ne suffisait pas. C'est pourquoi, le 25 mars 1658, en la fête de l'Annonciation, Louis d'Arpajon fit vœu de fonder à Lorette *douze chapellenies*.

On sait que les chapellenies étaient des fondations de messes, faites au moyen d'un capital donné souvent par une famille ou quelque personne pieuse. Les messes devaient être dites, à jour fixe, dans telle église ou chapelle et à un autel déterminé. Les prêtres qui acquittaient ces messes, habituellement nommés par l'évêque sur la présentation de la famille qui avait fait la fondation, étaient appelés *chapelains*.

Pour entretenir les douze prêtres qui devaient composer la communauté de Lorette, le duc d'Arpajon fonda donc douze chapellenies et, pour cela, il ajouta 28.000 livres au legs qu'avait déjà fait Simiane de Moncha. On aurait ainsi une somme totale de 40.000 livres produisant un revenu annuel de 2.000 livres, suffisant dans son esprit, pour l'entretien des chapelains.

Pour ces sortes de fondations, au lieu de verser la somme promise en or ou en argent, c'était alors un usage presque universel de la reconnaître et de l'hypothéquer soit sur des terres dont on cédait la jouissance, soit sur des droits seigneuriaux, censives, champarts, dîmes, etc., qu'on abandonnait aux bénéficiaires.

Se conformant à cet usage, le duc d'Arpajon s'engagea à assurer la rente annuelle de 2.000 livres en cédant aux chapelains de Lorette le domaine de *Cormane*, dans lequel le sanctuaire se trouve enclavé, un moulin à deux meules dit de *Falguier*, un pré dit *pré de Combes*, un petit domaine, situé près de Valady, nommé *La Cabrière*, le *logis et métairié de Bastide*, un moulin à vent proche de ce lieu, un pré situé près des murs de Sévérac, un autre pré et grange y attenant, dit *pré de Four-*

nialis, le droit de bassive du marché de Sévérac et divers autres droits perçus sur le Cantabel, Sermels, Saint-Dalmazy, etc.

Mgr Abelly, qui vint visiter les lieux au moment de la fondation, jugea que la rente annuelle de 2.000 livres était insuffisante pour faire vivre douze chapelains. Il en réduisit le nombre à dix dont huit devaient être prêtres et deux jeunes clers [1].

Quelques années plus tard, Mgr de Voyer de Paulmy, évêque de Rodez, par ordonnance du 13 avril 1669, ajouta à ces revenus les droits et réserves des prieurés de Banc-Anglars, de Novis et d'Altès.

En réalité, il n'y eut jamais, à Lorette, que six prêtres et il n'y eut jamais les deux jeunes clercs. La preuve nous en est fournie par une requête que les chapelains adressèrent à l'évêque de Rodez, pour lui demander de rendre une ordonnance qui régularisât la situation et mît les chapelains à l'abri des prétentions que certains dévolutionnaires avides pourraient, un jour ou l'autre, émettre au sujet des revenus de Lorette.

Le 30 avril 1779, l'évêque chargea M. de Villaret, vicaire général, de procéder à une information.

Ce dernier consulta un certain nombre de témoins et les *six chapelains* de l'époque qui étaient : MM. Bernard, directeur, Pourquery, sous-directeur, Pailhoriès, Quinsart, Pouzet et de La Baume.

Il fut établi que des revenus de Lorette, il reste net 2.369 livres pour la nourriture et entretien des *six chapelains* et *un domestique*.

Le 30 juin 1779, l'évêque rendit une ordonnance constatant que personne ne s'étant opposé à la demande des chapelains, leur nombre est réduit et fixé à six; les deux places de chapelains prêtres et

---

(1) Copie de l'acte de fondation, qui contient tous ces détails, m'a été communiquée par M. de Lescure, de Lavernhe. Cet acte fut rédigé à Paris, le 27 mars 1666, par MM[es] Raveneau et Vallon, notaires.

ـes deux places de chapelains clercs, *qui n'ont jamais été remplies*, sont supprimées.

Cette ordonnance constate en outre que les revenus des chapelains ont été diminués par la réduction à 200 livres de la rente annuelle volante de 500 livres, au capital de 10.000 livres, dûe par le clergé du diocèse, par une autre réduction à 153 livres d'une rente foncière de 200 livres, payée par un domaine, et par le fait que la réunion du prieuré d'Altès n'eut pas lieu à cause que la collation de ce bénéfice n'appartenait pas à l'évêque de Rodez [1].

En 1771, le curé de Sévérac, répondant au questionnaire de Mgr de Cicé, affirme à son tour qu'il y a « six chapelains séculiers à Lorette ».

Pour la vie d'une communauté, ce qui est aussi nécessaire que le pain de chaque jour, c'est un bon règlement et de sages statuts. Ceux des chapelains de Lorette sont rédigés en seize articles. Nous allons en donner les dispositions principales.

Les Bénéfices, y est-il dit, porteront le nom et auront le titre de chapellenies perpétuelles et irrévocables. Les huit premières seront accordées à des prêtres de bonne vie et mœurs, capables « de confesser, catéchiser et faire mission ». Les seigneurs de Sévérac les proposeront à l'évêque dans les quatre mois qui suivront les vacances des chapellenies. Après les avoir examinés par lui-même ou son vicaire général, celui-ci leur donnera l'institution canonique et ils ne pourront être destitués que par suite d'une conduite indigne.

Les chapelains devront vivre en communauté, avoir une table commune et garder la résidence. Pour une absence de huit jours, il fallait la permission écrite du supérieur et une intervention de l'évêque si elle devait aller jusqu'à un mois. Si un chapelain s'absentait plus d'un mois, son bénéfice

____

(1) *Archives départementales.* G. 234, p. 82 bis. *Revue Historique du Rouergue,* avril 1919.

devenait vacant par le fait même et il devait être pourvu à son remplacement.

A la tête de la communauté il y avait un *supérieur* nommé à vie par l'évêque sur la présentation du seigneur de Sévérac. Il devait être « gradué ou du moins bachelier en théolgie. » Il ne pouvait être révoqué que par l'évêque pour faute grave contre les mœurs ou pour mauvaise administration.

Le supérieur avait partout le premier rang et il présidait les assemblées. Il avait seul la direction des offices divins, le droit de correction fraternelle et, au cas où un membre de la communauté se serait rendu coupable de quelque faute grave, il devait, de concert avec ses confrères, en dresser procès-verbal qui était transmis à l'évêque. Ce dernier avait toute juridiction et droit de visite de la chapelle et de la communauté.

Les statuts ne parlent pas de la charge de *sous-directeur*. La fonction exista néanmoins et nous connaissons le nom de plusieurs de ceux qui l'occupèrent. En 1723, c'est M. Fabre. Le dernier fut M. Pourqueri, nommé en 1771, en remplacement de M. Gavalda, décédé.

L'article ix des statuts dit : « Tous les ans, à certains jours, l'un des chapelains prêtres sera élu et nommé synaic de ladite communauté par lesdits chapelains prêtres, pour, pendant une année, exiger et recevoir tous les revenus d'icelle, pourvoir aux dépenses et entretien de ladite chapelle, ornements, bâtiments et subsistance desdits chapélains. »

Le syndic rendait compte, chaque année, de son administration devant l'assemblée des prêtres et en présence du seigneur de Sévérac ou son délégué, le viguier du marquisat.

Tous les jours les chapelains devaient chanter « en chant grégorien » une messe dite «de fondation et de communauté » à laquelle tous étaient tenus d'assister. Ils devaient dire, en outre, un certain nombre de messes basses de fondation, pour le repos de l'âme des bienfaiteurs de la chapelle.

Les chapelains étaient aussi tenus à l'office en commun. Aux jours de certaines solennités, ils devaient le chanter en entier; en temps ordinaire, ils en réciteraient ensemble la plus grande partie. Il est vrai que, à cause qu'ils étaient peu nombreux et absorbés par leur ministère, ils furent dispensés, par ordonnance épiscopale de 1669, du chant de l'office, les jours de grande fête.

Leurs principales occupations étaient les confessions et la prédication.

A Lorette, il devait y avoir habituellement quatre chapelains désignés par le supérieur pour entendre les confessions des pèlerins.

Voici ce que disent les statuts au sujet des missions et autres prédications qu'ils devaient donner dans le marquisat de Sévérac et aussi dans le reste du diocèse, s'ils y étaient appelés par l'évêque :

« Le supérieur sera tenu de choisir, chaque année, deux chapelains pour, pendant trois mois, vaquer aux missions, instruire et catéchiser les peuples dans l'étendue dudit marquisat de Sévérac, dans la baronnie de Calmont-de-Plancatge, de Brousse, de Durenque, Belcayre et Espayrac, de Saint-Chély (Lozère) et de Castelnau-de-Lévézou, appartenant audit seigneur et duc, et autres endroits dudit diocèse de Rodez où ils seront jugés être nécessaires par ledit seigneur évêque et ses successeurs duquel ils seront tenus de prendre les ordres et la bénédiction pour ladite mission. »

Non seulement ces prédications devaient se donner gratuitement, mais encore, pendant ce temps, la communauté devait fournir ce qui était nécessaire pour la subsistance des prédicateurs.

Nous avons le nom de plusieurs chapelains de Lorette. Les registres et les minutes des anciens notaires de Sévérac constatent qu'ils appartenaient souvent aux meilleures familles du pays, les de Villaret, les Vaquier de Labaume, les de Grandraigne, etc...

Pierre de Villaret, de La Calsade-du-Fonts, prêtre fraternisant en 1702, puis chapelain de Lorette, *mourut en odeur de sainteté*, à 65 ans, et fut enseveli dans l'église Saint-Sauveur, le 4 septembre 1745.

Voici la liste complète des *supérieurs* ou *directeurs* :

1° *Alexis Delmon*, que les documents de l'époque appellent homme de sainte vie. Il mourut le 7 décembre 1692 et fut enseveli le lendemain dans la chapelle de Saint-Joseph, de Lorette.

2° *Pierre Vaquier de Labaume*, d'Auberoques, docteur en théologie, nommé *prieur* de Lorette par décret du roi Louis XIV, du 21 mars 1693.

Son testament, du 29 août 1750, contient un grand nombre de legs pieux.

Il veut être enseveli dans la chapelle de l'Ange gardien « et dans le tombeau sous le degré qui monte à la chapelle de la Sainte Vierge, où il y a son nom. »

3° *Guillaume Lacaze*, de Compeyre, supérieur de 1751 à 1764, bachelier en théologie, avait été simple chapelain en 1727 et sous-directeur en 1744.

4° *Antoine Vaquier de Labaume*, né à Auberoques en 1738, était le petit-neveu de Pierre. Il fut supérieur de Lorette de 1764 à 1774. Nommé curé de Campagnac en 1774, il y resta jusqu'à la Révolution. Prêtre de grande valeur, licencié en l'un et l'autre droit. On a prétendu qu'il avait refusé la mître au moment du Concordat de Napoléon Ier.

Dans son testament (1808) il donne un revenu de 400 francs pour l'instruction des jeunes filles pauvres de Campagnac [1].

5° *Etienne Bonnemayre*, recteur d'Inos, diocèse de Mende, chapelain depuis au moins 1753, succéda à Antoine Vaquier de Labaume comme supérieur. Il le fut jusqu'en 1777.

6° *Pierre-Jean Bernad ou Bernat*, né aux Martouls, paroisse de Saint-Agnan, le 7 novembre 1744,

____

(1) *Annales de Millau* par M. J. Artières, p. 271.

fut le 6e et dernier supérieur. Sa nomination, signée en cour de Rome, le 21 juillet 1777, dit que « le supériorat » était vacant parce que Bonnemayre, non gradué, qui l'occupait, se trouve pourvu d'une église paroissiale, contrairement à l'acte de fondation de la susdite chapelle et qu'il y a ainsi incompatibilité entre les deux bénéfices [1].

Plusieurs historiens ajoutent à la liste des supérieurs le nom de Pierre-Jean Pourquery, du Bourg, qui était sous-directeur au moment où la Révolution ferma la chapelle et dispersa les chapelains. En réalité, M. Pourquery n'a jamais été nommé supérieur d'une communauté qui, à partir de ce jour, n'existait plus. Seulement, étant resté dans le pays, pendant que M. Bernat était en prison ou déporté, il le remplaça durant ces mauvais temps et il s'occupa, dans la mesure du possible, des intérêts de Lorette [2].

Telle fut, dans ses grandes lignes, l'organisation d'un pèlerinage resté célèbre et d'une communauté de prêtres qui firent grand bien non seulement dans le pays du Sévéraguais, mais encore au loin, dans les diocèses de Rodez et de Mende.

Il est difficile d'évaluer, même approximativement, le nombre des pèlerins qui, avant la Révolution, affluaient, chaque année, à Lorette. Nous avons dit que, dès les débuts, ce nombre fut considérable.

A ces époques de foi vive, le peuple, qui voya-

(1) *Revue Historique* du Rouergue, février 1919.

(2) Les divers renseignements sur les chapelains et les Supérieurs de Lorette, sont fournis par les Archives du notariat Trémolet, les *Bénéfices* du diocèse de Rodez et par les papiers de la famille V. de Labaume.

geait peu, qui n'avait pas les diverses attractions profanes qu'on lui procure souvent aujourd'hui, était très avide de fêtes religieuses. Il aimait les processions, les manifestations extraordinaires du culte. A Lorette il fut attiré de loin par l'illusion qu'on éprouvait, en voyant la chapelle, de visiter le célèbre pèlerinage du même nom, en Italie. Il y avait des cérémonies pieuses, abondance de confesseurs, des prédications. Dans les débuts, les seigneurs de Sévérac, accompagnés de leur petite cour, s'y rendaient aussi et contribuaient, par leur présence, à relever la pompe des solennités.

Toutes les paroisses du Sévéraguais et celles du Gévaudan plus ou moins limitrophes prirent, de bonne heure, l'habitude d'y venir, chaque année, en procession. Sévérac dut se distinguer entre toutes par sa piété envers Notre-Dame de Lorette et s'engagea probablement *par vœu* à faire tous les ans ce pèlerinage [1].

La petite communauté de prêtres, fondée par Louis d'Arpajon, vécut pendant 130 ans sur la montagne bénie, jusqu'au jour où la Révolution vint briser cette belle œuvre et la remplacer par des ruines.

Lorette fut alors vendue comme bien national et les chapelains se dispersèrent. Nous en retrouverons plusieurs lorsque nous raconterons l'histoire de ces mauvais jours.

La tradition locale, recueillie par les historiens du sanctuaire [2], rapporte qu'un groupe de révolutionnaires de Sévérac, comprenant, croit-on, une douzaine d'hommes et femmes se rendit un matin

---

(1) Un document, qui se trouve aux archives paroissiales de Sévérac, dit que, le 2 février 1706, la Confrérie des Pénitents alla solennellement satisfaire « *au vœu de N.-D. de Lorette.* » Il est à croire que ce vœu avait été fait non pas uniquement au nom de la confrérie, mais au nom de la paroisse entière.

(2) Mlle B. Cabiron, p. 150 et suiv.

à Lorette. Après avoir brûlé, sur la petite esplanade, tout le mobilier de la chapelle, on plaça la statue de la Sainte Vierge au milieu de la plate-forme et, autour d'elle, on se livra à de grossières orgies. Tandis qu'on dansait et qu'on chantait la Carmagnole, une femme se permit de frapper la statue au visage. Aussitôt, cette malheureuse, saisie d'atroces douleurs, tomba à la renverse et elle fut atteinte d'un mal qui resta toujours incurable. On dut la rapporter à Sévérac sur une civière. Ce coup de foudre frappa de panique la bande infernale qui se hâta de prendre la fuite.

Profitant de ce désarroi, une brave fille, nommée Marie Verlac, domestique au hameau de Cayrac, qui avait été témoin du hideux spectacle, emporta la statue sur ses épaules et elle alla la cacher dans une grange de Cayrac où elle la garda jusqu'à la fin de la Révolution [1].

M. Bernat, dernier directeur, avait pu emporter deux grands reliquaires en bois qui contenaient des reliques insignes de deux saintes martyres, sainte Théophile et sainte Simplicie, en grande vénération dans tout le Sévéraguais. Il les cacha d'abord dans sa maison natale des Martouls. Comme la chapelle de Lorette resta longtemps fermée, les reliquaires furent ensuite placés dans l'église de saint Agnan, dont M. Bernat fut curé après la Révolution, et ils y sont encore.

L'ancienne maison des chapelains, ainsi que la grande église dédiée à saint Louis ne sont aujourd'hui que des ruines. La chapelle de Lorette a été conservée. Elle fut rendue au culte, en 1854, par Mme Blanc, née de Durand, de Sévérac, qui en était devenue propriétaire.

(1) Lorsque les églises furent réouvertes, la Vierge de Lorette, en vénération dans tout le pays, fut portée dans l'église Saint-Sauveur, de Sévérac, où elle est encore.

TROISIÈME PARTIE

La Révolution

CHAPITRE I

*La Révolution. — Ses débuts à Sévérac. — La peur.
— La garde nationale. — Les élections. — Sévérac chef-lieu de district. — La Constitution
civile du Clergé. — Le soulèvement et la bataille de Lapanouse. — Chabot à Sévérac. — Le
meurtre de Sigaud de Favars.*

Il n'entre pas dans le cadre d'une histoire de
Sévérac-le-Château de faire une longue étude sur
les causes générales de la grande Révolution. Cette
étude d'ailleurs a été faite bien des fois.

Pour mémoire, rappelons seulement, d'après les
historiens les moins suspects en matière religieuse,
le rôle prépondérant des écoles philosophiques du
XVIIIe siècle. Tous les adversaires du christianisme de l'époque formèrent, sous le nom de *franc-
maçonnerie*, une association secrète qui a pour but
de réaliser, par la ruse et par la force, les aspirations
de l'incrédulité et dont le vaste réseau s'étend à
l'univers entier.

En vain plusieurs papes frappèrent d'excom-
munication les membres de cette secte. Les nobles
eux-mêmes s'y affilièrent en foule et elle pénétra
jusque dans la cour de Louis XVI. Sur trois millions de francs-maçons alors dans le monde, les
français y étaient pour un million.

Pour réaliser leur dessein de Révolution, dit
Louis-Blanc, « les sectes n'agirent pas seulement
par une propagande purement morale. Il y avait
un complot parfaitement formé dont Horace Wal-

pole surprit le secret. » Au moyen de 500 loges maçonniques, elles s'organisèrent dans toutes les provinces, elles provoquèrent partout de l'agitation et elles parvinrent ainsi à faire élire aux Etats Généraux un grand nombre de députés francs-maçons ou au moins dévoués à leurs idées. Leur plan était de démolir la religion catholique en commençant par le trône.

« *Voilà la victime*, s'écria Mirabeau en désignant Louis XVI, le jour de l'ouverture des Etats Généraux où se trouvaient presque tous les membres de la loge des *Amis réunis*. » [1]

« La persécution religieuse et la domination du club des Jacobins, telles furent les étapes successives de ce drame qui aboutit au régicide, à la terreur universelle, au meurtre juridique de plus d'un million de Français, à la banqueroute et à quinze ans de guerre contre l'Europe entière. Eh bien ! tous ces malheurs, tous ces crimes avaient été préparés et délibérément voulus. Le plan en avait été arrêté dans le Comité de propagande des *Amis réunis*. » [2]

Il faut le reconnaître d'ailleurs avec impartialité, ce qui favorisa les plans de l'impiété, ce fut le besoin de réformes qui, à cette époque, se faisait partout, en France, vivement sentir. Dans le cours des siècles le régime féodal s'était peu à peu faussé et n'était plus au point. Dans les administrations s'étaient glissés des irrégularités et de véritables abus. Trop de nobles, ne résidant plus au milieu de leurs sujets, ne se souvenaient d'eux que pour les pressurer, en retirer les ressources dont ils avaient besoin pour leur vie joyeuse. La cour du roi, à Versailles, étalait un faste qui scandalisait la France et ruinait ses finances par des dépenses fabuleuses [3].

(1) Louis-Blanc.
(2) Claudio Janet : Les *Sociétés secrètes*.
(3) Taine, *Ancien régime*.

Le peuple, malgré tout, restait catholique et dévoué à Louis XVI, mais le mécontentement était général et des réformes urgentes s'imposaient.

Aussi lorsque, en 1789, on annonça dans les provinces que l'Assemblée nationale, d'accord avec le roi, avait concédé les libertés réclamées et aboli, la nuit du 4 août, les privilèges de l'Ancien régime, ce fut partout une joie délirante et un enthousiasme extraordinaire.

Nous avons eu occasion de dépouiller les archives de plusieurs de nos communes et nous avons été frappé de la satisfaction générale dont témoignent les actes publics de cette époque. On pleurait de joie, on faisait des fêtes, on chantait le *Te Deum*.

Partout le clergé était à l'unisson de ces sentiments et prenait part active aux assemblées locales. C'est la meilleure preuve qu'il ne bouda pas aux idées nouvelles jusqu'au jour où la franc-maçonnerie démasqua ses plans et s'attaqua directement à la religion. C'est grandement le calomnier que de l'accuser des visées politiques au sujet de son refus du serment et de sa conduite pendant la Terreur.

****

A Sévérac, les premières nouvelles de la Révolution furent accueillies avec une ferveur et un enthousiasme extraordinaires [1].

Dans *les cahiers* que cette ville avait envoyés aux États généraux, il était demandé, entre autres choses, que les États de Rouergue fussent rétablis, dis-

(1) Nous avons, sur les débuts de la Révolution à Sévérac-le-Château, les *Notes de M. Monestier*, publiées par M. J. A. Molinié, député de l'Aveyron, son arrière petit-fils, dans son volume : *Sévérac-le-Château en Rouergue*. M. Monestier, brillant officier de la Révolution et de l'Empire, plus tard maire de Sévérac, historien et homme de lettres, se trouvait dans sa famille, à Sévérac, au début de la Révolution.

tincts de ceux du Quercy, et que les députés du Tiers-Etat fussent aussi nombreux que ceux du Clergé et de la Noblesse réunis. La prise de la Bastille fut célébrée par une grande fête. « Les officiers municipaux de Sévérac, informés des résolutions prises par leurs collègues de Rodez touchant les principes professés par l'Assemblée nationale, provoquèrent une réunion de toute la communauté pour le dimanche 2 août. Onze officiers municipaux, treize membres du clergé, cinq nobles ou privilégiés, le viguier du château proclamèrent unanimement leur adhésion aux principes nouveaux et jurèrent de les défendre, s'il était besoin. »

On lira avec plaisir ce que raconte M. Monestier au sujet de « *la peur* » dont le peuple a gardé un vivant souvenir et qui se produisit à Sévérac, comme dans la France entière, dans les premiers jours d'août 1789 :

« La rentrée au ministère de M. Necker, alors très populaire, avait excité partout en France la plus grande joie. Dans les villes des réjouissances étaient organisées. Le maire et les consuls de Sévérac décidèrent d'organiser une fête avec les quatre pièces de grosse artillerie et les onze fauconneaux du château. En conséquence, MM. Durand, Saint-Simon et Vaquier du Bosc furent envoyés à La Canourgue pour obtenir de M. Chauvel, entrepreneur de la route royale n° 9, un baril de poudre.

« Partis le 1er août de grand matin, les émissaires rentrèrent le soir même et rapportèrent qu'après force difficultés, M. Chauvel n'avait voulu rien céder que cinquante livres d'explosifs, car il était, assurait-il, prudent de garder une ample provision pour se défendre contre quinze mille brigands qui, réunis dans le Vivarais et les Cévennes, s'avançaient en pillant et incendiant. Les officiers municipaux de La Canourgue avaient confirmé ces dires.

« A Sévérac, on crut d'abord à une mystification, mais, à la tombée de la nuit, M. Vesin, de Gaillac, arriva à Sévérac, assurant qu'une autre bande dévastait les environs de Figeac.

« Le lendemain, dimanche, les officiers municipaux de Sévérac se réunirent pour entendre tous les porteurs de nouvelles et, après maints commentaires, M. Marty, receveur, fut invité à partir sans retard pour Figeac, dont il était originaire, afin de vérifier les dires de M. Vesin. Une autre personne fut dirigée sur Mende pour s'informer aussi.

« Ce fut bientôt un affolement; on proposa de fondre des balles de plomb de différents calibres, de rechercher toutes les armes disponibles, et, avec l'aide de quelques miliciens et d'un ancien canonnier de marine, de mettre en état, sur les remparts, les pièces d'artillerie du château.

« Sur l'heure, quelques officiers municipaux de Lapanouse, Lavernhe, Saint-Grégoire, Saint-Privat, présents à la loue des moissonneurs, furent avisés de ces décisions et le soir même l'on put voir, sur le pas de leurs portes, bourgeois et artisans fourbir de vieilles épées, des piques, des hallebardes oubliées dans les galetas depuis le temps de la ligue.

« La journée du lundi, 3 août, se passa tranquille. Le 4, M. de Grandsaignes d'Hauterive, ancien capitaine d'infanterie, qui habitait le château de Loupiac, vint offrir ses services pour diriger les mesures de défense. Ce même jour, vers midi, M. Delzers vint précipitamment de Bessodes, à cheval, annonçant que le tocsin sonnait à Gaillac, Gagnac, Saint-Amans, Prévinquières et dans toutes les paroisses du Laissaguais. Arrivé à la porte de Belvézé, Delzers, toujours en selle, enfila la rue de ce nom, descendit, au risque de se rompre le cou, par la ruelle étroite et escarpée qui se trouve au bout, sur la droite, et frappa à grands coups à la porte du maire. » [1]

Telle fut, à Sévérac et dans les environs, la célèbre alerte de « l'année de la peur ». Si les brigands

(1) *Sévérac-le-Château en Rouergue*, p. 381 et suiv.

annoncés un peu partout ne vinrent pas, cette panique, organisée par les émissaires de la Révolution, servit à surexciter encore le peuple, à accroître sa haine contre les nobles et les riches et donna occasion à de nombreux désordres.

D'après M. F. de Barrau [1], on avait eu pour but immédiat, par une émotion générale, de déterminer le peuple des provinces à s'armer spontanément, comme celui de la capitale. On attribua généralement ce stratagème à Mirabeau.

« Quoi qu'il en soit, le succès fut complet. La France entière, en un jour, fut armée et organisée en *garde nationale*. Ce qui étonne, c'est l'unité d'action et de temps sur un territoire aussi vaste. »

La garde nationale de Rodez était définitivement constituée dès le 7 septembre 1789. Les autres villes du Rouergue suivirent ou précédèrent cet exemple. L'organisation de celle de Sévérac fut commencée le 16 août, sous le commandement de M. Durand, propriétaire à Villeplaine, et de sept officiers municipaux. L'arsenal du château, où se trouvaient des canons et de vieux fusils, lui fournit des armes.

Elle fut très active pendant les années de la Révolution et prit part à de nombreuses affaires. Signalons en particulier deux campagnes qu'elle fit dès le début et dont parlent les archives de l'époque.

La première eut lieu en février 1790, voici à quelle occasion :

A la suite des décrets de la nuit du 4 août qui abolissaient les droits féodaux, se produisirent un peu partout de graves désordres. Des bandes de brigands parcouraient les campagnes; des agitateurs ameutaient le peuple en répandant de faux décrets de l'Assemblée nationale. Pour combattre l'anarchie et empêcher les pires excès, le conseil permanent de Rodez décida de rassembler des forces con-

____
(1) *La Révolution en Rouergue*, p. 17,

sidérables et de les mettre en campagne. Plusieurs villes du Rouergue envoyèrent du secours. La garde nationale de Sévérac fournit 84 hommes dont 20 à cheval qui partirent sous les ordres de Durand, leur commandant. Laissac les vit passer avec enthousiasme. Les divers contingents réunis à Rodez formèrent une troupe de 500 hommes dont 100 cavaliers. Partie le 19 février 1790, elle se montre successivement à Bruéjouls, Clairvaux, Valady, Marcillac, Saint-Cyprien, Firmy, Aubin, Bournazel dont le château venait d'être mis à sac par une foule de 4000 paysans. Cette parade frappa les esprits. Partout le peuple parut se calmer et les gardes nationaux, commandés par Viguier de Grun, rentrèrent à Rodez, le 22 février, amenant sept prisonniers.

Une seconde campagne de la garde nationale de Sévérac fut faite, le 24 juin 1791, à Buzeins où menaçait de se produire une sérieuse émeute.

Dans la nuit du 23 au 24 juin, M. Thomas-Simon Lévesque, maire de Sévérac, reçut communication d'une lettre écrite par M. Vesins, procureur de la commune de Buzeins, adressée au commandant de la garde nationale de Sévérac :

« Monsieur, disait M. Vesins, nous voici ce soir et sans faute dans la nuit, dans un grand danger si vous ne nous donnez pas un prompt et grand secours et tout de suite; avec mon exprès venez mettre le haut-là sans quoi je crains beaucoup qu'il arrivera quelque chose de funeste, j'en suis au désespoir et je n'en puis plus. »

Devant un appel si pressant, le maire envoya 42 membres de la garde nationale qui partirent tout de suite sous les ordres de François Molinié, de Villeplaine, procureur-syndic du district. Ils arrivèrent à Buzeins vers les cinq heures du matin.

Le procureur attendait à l'entrée du village et toute la population était sur pied. Les gardes nationaux allèrent se ranger sur la place en ordre de bataille.

La cause de cette effervescence c'était la question politique qui à ce moment divisait les moindres localités.

Le maire de Buzeins, de Solanet, avait refusé de prêter le serment civique lors d'une assemblée primaire. Ses fils, et plusieurs autres particuliers, « s'étaient attroupés la veille et avaient tenu des propos et fait des menaces tendant à troubler la tranquillité publique. » On avait fait « un grand rassemblement d'armes ». Un des fils de Solanet avait été vu en portant « un ou deux fais » qu'on prétendait avoir été cachés dans plusieurs maisons, mais surtout chez Solanet père. En fait, des recherches domiciliaires permirent de découvrir un certain nombre de fusils, dont quelques-uns chargés à balle, des pistolets, « deux grandes faussilles ou poudas, un tranche-lard, un canon de fusil à gros calibre qu'on dit être chargé et quelques munitions. » Solanet, pour avoir refusé de prêter le serment civique, dut rendre le drapeau de la garde qu'il n'était plus digne de garder. A la suite de ces divers faits, l'effervescence des esprits se calma et la garde nationale, fière de ses exploits, reprit tranquillement le chemin de Sévérac [1].

L'année précédente, le 28 avril 1790, il s'était produit un évènement bien triste. Cabassut, fils d'un gargotier de Sévérac, commandait le poste des gardes de la prison. Il s'y rendait avec ses hommes. Pourquery-Montredon, le plus jeune des fils Pourquery du Bourg, âgé de 18 ans, était du nombre et marchait à cette corvée de mauvaise grâce. Il paraissait chercher à s'esquiver.

Cabassut le prévint que s'il décampait, on ferait feu sur lui. Pourquery se remet au rang, mais bientôt, parvenu près d'une rue oblique, il s'y élance à toutes jambes. Cabassut le couche en joue, tire à dix pas sur lui et l'étend raide mort. On prétendit

(1) Le procès-verbal, rédigé par Thomas Lévesque, aux archives paroissiales de Sévérac.

que le meurtrier avait été poussé moins par des opinions politiques que par une explosion de jalousie au sujet de la fille Marion Verdier, une triste célébrité locale de l'époque.

Cabassut, devenu odieux à ses compatriotes, dut s'expatrier et se réfugier en Auvergne. Après la Révolution, il vint, avec la fille Verdier, sa concubine, tenir un café à Millau. Jusqu'à sa mort, arrivée au commencement de la Restauration, il fit profession des sentiments les plus pervers. Quelqu'un lui ayant demandé un jour s'il avait été à Paris : « Certainement, répondit Cabassut, et dans le bon temps !... alors on était jeune, on s'amusait, on tuait le roi ! » [1]

En juin 1790, la garde nationale de Rodez proposa une fédération de toutes les gardes nationales du département. Le 14 juillet suivant, Bailly, maire de Paris, proposa la fédération pour toute la France.

L'Aveyron y envoya 136 délégués dont quatre de Sévérac; c'étaient Lescure, de Lavernhe; Molinié, de Villeplaine; Sigaud et Vidal, vice-président du district.

Sur la proposition de Laurent Monestier, de Sévérac, député de la Lozère, la Convention porta, le 18 juin 1793, un décret relatif aux troubles survenus dans la Lozère. Ce décret constatait que, à cette occasion, les gardes nationales de l'Aveyron et en particulier celles du distrct de Sévérac avaient bien mérité de la patrie.

*
* *

Elections municipales. — Dès les premiers mois de 1790, des élections municipales eurent lieu dans toutes les communes. Etaient électeurs les seuls *citoyens actifs* [2] qui se réunissaient en « assemblées

---

(1) F. de Barrau, pp. 168-169.

(2) Pour être « citoyen actif » il fallait justifier de sa qualité de Français, payer une contribution directe équivalente au

primaires » et nommaient leurs corps municipal. Ce dernier, élu pour deux ans, devait prêter le serment civique au moment de son installation.

Les citoyens actifs nommaient aussi *les électeurs du second degré* dans la proportion d'un sur cent citoyens actifs [1].

Le 1er mars 1790, ceux de la commune de Sévérac se réunirent en assemblée primaire dans l'église de Saint-Sauveur, au nombre de 157. Toutes les professions, le clergé lui-même, y étaient largement représentées. Ce fut le curé du château, François-Pierre Lambert, qui fut chargé d'expliquer le but de l'assemblée et de lire les pièces en vertu desquelles elle avait été convoquée. Les trois plus anciens qui savaient lire et écrire, François Palhoriès, chapelain de Lorette, Jean Lévesque notaire et Guillaume Ricard, négociant, furent désignés comme scrutateurs. Jean Molinié, de Villeplaine, fut président et Thomas-Simon Lévesque secrétaire de l'Assemblée.

Lorsque toutes les formalités requises furent accomplies, on vota pour la nomination du maire. Jean Molinié eut 135 voix sur 157 votants. Après cela « vu l'heure tarde » on s'ajourna au jour suivant. Le lendemain 124 citoyens actifs seulement furent présents. Voici le résultat des divers votes :

Procureur de la commune. Joseph Eloi Fages, de Saint-Chély, (73 voix).

Officiers municipaux : Lambert, curé du Château, (85 v.); Jean-Pierre Barascud, avocat, (84 v.); François Vezin, avocat, (75 v.); Joseph Vaquier de

prix de trois journées de travail et n'être pas en état de domesticité.

(1) Les électeurs du second degré devaient payer un impôt de la valeur de dix journées de travail. Ils avaient mission de voter pour la nomination des députés à l'Assemblée nationale, des administrateurs du département, de l'évêque, des juges du district, etc.

Labaume, notaire, (68 v.); Jean-Antoine Bessodes, négociant, (67 v.).

Notables. — Pierre-Benoît Ricard, de Lacombe, (67 v.); Jean Descols, de Sermels, (66 v.); Philippe Lescure, du Cardenal, avocat, (63 v.); Louis Ginisty, marchand, (60 v.); Pierre-Jean Pouget, de Bastide, (43 v.); Pierre-Jean Bernard, directeur de Lorette, (41 v.); Jean-Baptiste Gruat, de Sévérac, (41 v.); Jean-Antoine Verlac, négociant, (40 v.); Jean Conte, négociant, (38 v.); Laurent Sicard (38 v.); Costes, maître-cordonnier, (38 v.); Louis-Antoine Hérail, de Sévérac, (34 v.).

Peu de temps après, Jean Molinié, maire, ayant été élu membre du Conseil départemental, une seconde assemblée, du 5 septembre 1790, le remplaça par Marty, receveur des domaines. Fages, de Saint-Chély, ayant donné sa démission de procureur, fut remplacé par Jérôme Hérail, bourgeois de Sévérac [1].

***

Le district de Sévérac. — A la même époque, l'Assemblée nationale supprima les anciennes provinces et divisa la France en départements. Les départements, à leur tour, furent divisés en districts, les districts en cantons et les cantons en communes. L'Aveyron eut neuf districts; chaque district comprenait neuf cantons et chaque canton un nombre variable de communes.

Sévérac fut chef-lieu d'un district dont la population totale était de 23.015 habitants. Les neuf cantons qui le composaient étaient : Sévérac, Coussergues, Saint-Laurent d'Olt, Gaillac, Laissac, Saint-Saturnin, Ségur, Vezins et Saint-Léons.

Le canton de Sévérac, d'une population de 4.135 habitants, comprenait neuf communes : Sévérac,

[1] Archives de la commune de Sévérac.

Altès, Lapanouse, Lavernhe, Le Samonta, Novis, Saint-Dalmazy, Saint-Grégoire et Saint-Privat.

Le district avait à sa tête *une administration* dont les membres se réunissaient une fois par an et un *directoire* permanent.

Les premiers administrateurs furent : Simon-Jude Monestier, de Laissac, avocat, *président* ; François Molinié, de Villeplaine, avocat, *procureur-syndic* ; Jean-François Vezin, de Gaillac, avocat, Joseph-Bernard Lévesque, de La Guiraldie, notaire, Jean-André Vidal, de Saint-Laurent, *conseillers*.

Le plus célèbre d'entre eux fut Jean-François Vezin, qui devint successivement membre du Conseil départemental, député au conseil des Cinq-Cents et député sous le premier empire.

M. H. de Barrau en a tracé le portrait suivant : « M. Vezin, dont l'éducation scolaire avait été négligée, fut l'un des hommes de notre pays les mieux doués des facultés oratoires; c'était une belle âme, un cœur brûlant et passionné; de ces nobles foyers jaillissaient parfois des traits de flamme que relevaient une voix forte et sonore, une haute stature et une tête énorme, alors superbe dans son animation, comme celle de Mirabeau. »

Le titre de chef-lieu de district donna à Sévérac une certaine importance; il fut le siège de diverses administrations; il eut un tribunal dont les premiers juges furent MM. Monestier, Caplat de Lapanouse, Girard et Sigaud. C'est dans les prisons de Sévérac que furent détenues de nombreuses personnes appartenant aux plus honorables familles du pays. C'est à Sévérac enfin que furent d'abord centralisés, pour être de là dirigés ailleurs, les ornements, les vases sacrés, les cloches enlevés aux églises qui se trouvaient sur le territoire du district.

*
* * *

JEAN FRANCOIS VEZIN

membre administrateur du district de Sévérac — Membre du Conseil
départemental — Député au Conseil des Cinq-Cents
et sous le premier empire.

(D'après un portrait du château de Monrepos, près Gaillac.)

La Constitution civile du Clergé. — Tout alla bien, en France, pendant les premiers mois de la Révolution. Nous avons dit que les réformes qu'elle apportait ou qu'elle promettait furent accueillies par les catholiques avec un véritable enthousiasme. En 1791, au nom de ses collègues dans l'épiscopat, Mgr de Bonald, évêque de Clermont, se déclare « *prêt à signer de son sang* » la constitution de 1791 qui consacre la ruine politique et financière du clergé à la fin de l'ancien régime.

Ceux qui voudraient laisser croire que l'opposition irréductible du clergé et des catholiques à la Révolution fut inspirée par des vues politiques, sont mal renseignés ou de mauvaise foi.

La cause de la guerre civile qui éclata et divisa la France en deux camps : les catholiques et les non-catholiques, et non les bleus et les chouans, c'est que la Révolution, conduite par la franc-maçonnerie, voulut tout de suite toucher aux consciences et s'attaquer à l'Eglise.

« La Révolution, dit un historien, s'est montrée avant tout irréligieuse et impie. Au milieu de ses victoires et vicissitudes politiques, elle fut toujours ennemie violente de la religion, de l'Eglise et de ses prêtres et, pour rappeler le mot du comte de Maistre, satanique par essence. » [1]

Après avoir spolié l'Eglise de ses biens, elle vota, le 12 juillet 1790, la *Constitution civile du Clergé* qui organisait, en France, une Eglise schismatique. Les évêques ne devaient plus être nommés par le Pape, ni les curés par les évêques, mais les uns et les autres par les électeurs même non catholiques.

La discussion de cette loi par l'Assemblée constituante fit tomber les illusions que les fidèles avaient nourries jusque là et les prêtres cessèrent de paraître dans les assemblées primaires.

A Sévérac, M. Lambert, curé du Château et M. Bernard, directeur de Lorette, donnèrent, le

____

(1) *Girard, Cours d'histoire contemporaine,* p. 208.

14 novembre 1790, leur démission des fonctions municipales qu'ils avaient acceptées. Plusieurs bons catholiques firent de même.

D'après le « Registre officiel de l'Administration diocésaine », qui donne l'état du clergé au 1er juin 1790, il n'y eut, dans le district ecclésiastique de Sévérac, que M. Lescure, curé d'Altès, qui prêta le serment exigé par la Constitution civile. Le pouillé de Grimaldi [1] y ajoute M. Pierre Austruy, second vicaire de Sévérac. Les registres de la commune ne laissent aucun doute au sujet de ce dernier. Ils constatent, en effet, qu'à partir du 8 juin 1791, Pierre Austruy signe comme *curé constitutionnel* de la paroisse, remplaçant M. Martinon qui ne mourut que le 23 juillet 1792. Austruy resta curé schismatique de Sévérac jusqu'à la fin de 1792, époque où il se retira à Saint-Remy-de-Bédène, son pays natal.

A part ces deux exceptions, tous les prêtres du doyenné de Sévérac, au nombre de vingt-cinq, refusèrent de trahir leur conscience et ne prêtèrent pas le serment [2]. L'un d'eux, futur martyr de la foi dont nous parlerons plus loin, Gratien Jourdier, premier vicaire de Sévérac, se signala entre les autres par sa fermeté et son courage.

Un dimanche, dit-on, il invita les officiers municipaux à se rendre à l'office de Saint-Chély pour y entendre son prône. Ceux-ci, escomptant sa prestation de serment, se gardèrent d'y manquer. Grave déception. Au lieu de cela, le vicaire leur servit une violente philippique à l'adresse des fauteurs du nouveau schisme dont ils étaient, ce qui les rendit la risée de tous.

A partir de cette époque, les prêtres, en France, furent divisés en deux catégories :

---

(1) Publié par M. Touzery. *Bénéfices du diocèse de Rodez.*

(2) M. Martinon, curé de Sévérac, prêta d'abord, de bonne foi, le serment constitutionnel, mais il s'empressa de le rétracter dès qu'il sut que cet acte était illégitime. *(Bénéfices du diocèse de Rodez).*

Les assermentés, que le peuple méprisa et au ministère desquels il refusa de recourir.

Les réfractaires, chassés des églises, traqués comme des bêtes fauves. Quelques-uns d'entre eux s'exilèrent, quelques rares prirent part aux mouvements royalistes qui se produisirent en divers endroits, convaincus que le rétablissement du trône pouvait seul rétablir les autels. Beaucoup, pacifiques et courageux, en attendant la prison, la déportation ou l'échafaud, ne purent se résoudre à quitter leurs paroisses. Ils se cachèrent dans des maisons amies, dans les bois et les cavernes, disant la messe de ci, de là, pendant la nuit, administrant les sacrements Dieu sait au prix de quels sacrifices et de quels dangers.

_

Révolte et bataille de Lapanouse. — La persécution religieuse et le pillage des églises avaient profondément irrité les populations de nos campagnes. Ce qui mit le comble à l'exaspération ce fut le service militaire obligatoire, inconnu sous l'ancien régime, qu'on voulut imposer de force.

Un décret de la Convention, du 24 février 1793, ordonnait une levée de trois cents mille hommes. Comme il se présentait très peu de volontaires, on fut obligé de recourir au tirage au sort. De tous côtés on murmura et on chercha à se soustraire à ce qu'on appelait une tyrannie.

Les chefs royalistes y virent une occasion de faire regretter la monarchie et cherchèrent à exploiter ce mécontentement. A Rodez et dans plusieurs localités du département, il y eut des révoltes et des essais de résistance.

Le plus considérable fut celui de Lapanouse-de-Sévérac. Voici le récit qu'en fait M. F. de Barrau [1].

« Là se trouvait un homme de tête et de cœur,

(1) *L'époque révolutionnaire en Rouergue*, pp. 130 et suiv.

Cablat, qui jouissait d'une grande influence dans la contrée où sa famille occupait le premier rang. Il avait fait de brillantes études de droit à la Faculté de Toulouse, avait reçu ses grades au Parlement de cette ville et promettait dès lors de devenir un jurisconsulte distingué.

Lorsque l'Assemblée constituante créa la nouvelle organisation judiciaire, Cablat fut nommé commissaire du roi près le tribunal de Sévérac. Investi de cette fonction de confiance, il crut devoir s'éclairer près de Louis XVI lui-même sur certains décrets que l'opinion publique signalait comme arrachés au monarque par contrainte. Le hazard fit que la lettre de ce jeune magistrat fut retrouvée au pillage des Tuileries, le 10 août 1792, dans la fameuse *armoire de fer* dont on fit tant de bruit.

Louis XVI avait coté cette lettre de sa main. Il s'était rendu compte du mérite peu commun de son auteur. Si bien que, par son ordre, en 1791, M. de Laporte, ministre de Sa Majesté, écrivit à Calbat pour l'entretenir des plus grands intétêts de l'Etat.

Tel était l'homme, d'après M. F. de Barrau, qui dirigea le complot de Lapanouse. Méditant, dit-il, un mouvement populaire au profit de la cause royaliste, il avait pensé que le mécontentement excité par le nouveau mode de recrutement, offrait une occasion favorable et il la saisit. Il fut secondé par quelques royalistes notables du pays tels que Unal, de Capdenac (près Sévérac), Lunet de Pomayrols, du château de Recoulettes, Pourquery du Bourg, d'Hauterive, de Loupiac, et surtout par un homme d'affaires du château de Varès, nommé Carrié, dit Layssac, qui développa autant d'activité que d'audace en toute cette affaire.

Lapanouse fut choisi pour point central de l'insurrection; l'opération du tirage au sort devait en être l'occasion et le signal.

A l'encontre de l'affirmation de M. F. de Barrau, un document d'une incontestable autorité, jus-

qu'ici inédit, semble bien prouver que Cablat fut
étranger à la préparation et à l'exécution du soulèvement de Lapanouse. Ce document est une
requête que Mme Lunet de Pomayrols, détenue à
la prison de Sévérac, adressa à la Convention pour
demander sa mise en liberté [1].

Elle déclare que sa détention dure depuis quinze
mois, qu'elle fut arrêtée en même temps que son
mari et que Cablat, (à la suite évidemment de
l'affaire de Lapanouse). Cablat resta pendant trois
mois à la prison de Sévérac et « lors du jugement
qui le relaxa, il fut prouvé par plus de soixante
témoins non seulement qu'il n'avait pris aucune
part à l'attroupement de La Panouse, mais encore
qu'il avait exposé sa vie pour favoriser le recrutement ordonné par la loy du 24 février et pour empêcher que la jeunesse enlevât les personnes détenues qui s'y étaient opposées, qu'il ne fut instruit
de l'attroupement de Lapanouse que deux jours
après qu'il eût été dissipé, que ce ne fut que par
des manœuvres condamnables et en haine de ce
qu'il n'avait jamais parlé que le langage de la loy
qu'on avait cherché à le perdre. »

C'est ce qui laisse croire que, lors des représailles impitoyables exercées contre les auteurs de la
révolte de Lapanouse, Cablat, jugé par le tribunal
de Rodez, fut mis en liberté non pas « grâce à la
bienveillance des juges qui ne voulaient pas con-
damner un collègue », comme on l'a écrit, mais parce qu'on n'eut pas des preuves contre lui.

Quoi qu'il en soit, le 16 mars 1793, les jeunes de
Lapanouse refusèrent de tirer et aussitôt on vit se
former un rassemblement qui avait tous les caractères d'une sédition.

Les commissaires du département : Yence, Vesin,
Lescure, Gervais, informés de ce mouvement, se

____

(1) Le texte original est aux *pages documentaires*.
La requête est du 15 nivôse, an 3e de la République,
(5 janvier 1795).

transportèrent de Sévérac à Lapanouse pour le réprimer. Ils furent mal reçus. Une compagnie de la Haute-Garonne qui les escortait fut chargée et mise en déroute.

L'insurrection prit alors des proportions bien plus grandes. Les habitants de Ségur, Prévinquières, Recoules, Saint-Saturnin, Campagnac et d'un grand nombre d'autres lieux, réunis au son du tocsin, se portèrent en masse sur Lapanouse. Un jeune séminariste de Saint-Geniez, Séguret, conduisait les gens de Campagnac, au nombre de quatre cents. En peu de temps, quatre mille insurgés se trouvèrent réunis. Unal se mit à leur tête pour marcher sur Sévérac [1].

Effrayée, cette ville avait appelé du secours. Huit cents hommes de Millau, conduits par Rouvelet et Loirette, lui étaient arrivés dans la nuit. Les commissaires du département se jugèrent en état de tenir tête à l'insurrection avec ce renfort et ils résolurent de prendre l'offensive.

Sortant de Sévérac, le 21 mars, au matin, avec toutes leurs troupes, ils marchèrent contre les rebelles. Ceux-ci occupaient, à ce moment, les flancs d'une colline qui s'élève à une demi-lieue de Sévérac [2].

La colonne républicaine s'étant tout d'un coup

(1) Déjà, au mois d'octobre de l'année précédente, au sujet de quelques contingents d'hommes que le district devait fournir, les habitants de Saint-Dalmazy, conduits par ce même Unal, de Capdenac, avaient préludé à la résistance en rompant tumultueusement la séance et en chargeant, à grands coups de bâton, les citoyens de Sévérac qui souffrirent de cette agression. (Note de F. de Barrau.)

(2) M. F. de Barrau ne nomme pas la colline où se livra la bataille. La tradition conservée dans le pays, qui nous a été transmise par M. A. Fabre, de Cassagnes, dont plusieurs ancêtres, les Solignac, prirent part à la bataille, et dont un fut tué, désigne la montagne de *Lagarde* ou le pic de *Councagat*. Si on tient compte de ce que dit M. de Barrau, que cette montagne n'est qu'à une demi-lieue de Sévérac, il n'y a pas de doute, c'est Lagarde.

déployée, commença l'attaque à coups de canons. Cette brusque agression, à laquelle les royalistes ne s'attendaient pas, et le feu meurtrier de l'artillerie les jetèrent dans un grand désordre. Ils cédèrent précipitamment le terrain, prirent la fuite, laissant dix-huit morts sur le champ de bataille et douze prisonniers aux mains des vainqueurs.

Après leur victoire, les républicains exercèrent des représailles terribles et injustifiées.

Aussitôt après la bataille, les commissaires se rendirent à Lapanouse avec leurs troupes. Le village était abandonné; il n'y était resté que des femmes et quelques enfants. Trois maisons furent livrées aux flammes : celles d'Alexis Dalous, de Vabres et de Jean Costes; les autres furent pillées et saccagées [1].

La justice républicaine ne s'arrêta pas là. Pendant que, le même jour, le château de Loupiac, envahi par un détachement et dévasté, n'échappait aux flammes que par les efforts surhumains du capitaine Thibaud, une autre troupe se portait sur la maison d'Unal, à Capdenac. Là, en arrivant, un soldat tua un domestique d'un coup de fusil. La dame Combettes, prévenue à temps, s'évada par la fenêtre. La maison fut pillée et mise en cendres.

Le jour suivant, les commissaires allèrent à Campagnac avec 600 hommes. Mais ici, comme ailleurs, tout était rentré dans l'ordre, tous se soumettaient à la loi; ce que voyant, les chefs contremandèrent les forces qui arrivaient de Rodez, de Saint-Geniez, etc., leur assistance étant désormais inutile.

On poursuivit les auteurs de l'insurrection et, pour donner un grand exemple et intimider les communes, on n'eut pas honte de faire transporter à Sévérac le tribunal criminel de Rodez, *traînant à sa suite la hideuse guillotine*. Elle fut installée au *Claousou* [2] et y resta du 3 mai au 10 juin 1973, épo-

(1) *Procès-verbal* du capitaine de gendarmerie Thibaud.
(2) C'est le terrain où fut bâti plus tard l'établissement des frères du Sacré-Cœur qui sert aujourd'hui d'école libre pour les garçons.

que où le tribunal fut rappelé à Rodez pour le procès de Charrié.

Un jeune homme de Campagnac, Jean-Pierre Durand, apothicaire, âgé de 19 ans, qui s'était signalé dans le mouvement, y fut guillotiné, le 26 mai, après 53 jours d'emprisonnement.

En outre, furent condamnés :

A la détention jusqu'à la paix : Jean Latrille, de Coursac; Raymond Gély, berger à Coursac; Pierre Rouquet, maître-valet, de Coursac.

A la déportation : Jean-Pierre Salel, berger au Bousquet; Jean-Pierre Lavabre, charpentier à Sévérac; J.-B. Vernhet, de la Roubayre.

A dix ans de fers : Jean Rives, cultivateur, à Ajas.

A six ans de détention : Antoine Fabre, de Lavernhe; Antoine Rous, de La Capelle-Bonance; Baptiste Aïfre; Joseph Baumel, Baptiste Solignac de Buzeins.

Anne Pouget, Veuve Bédos, de Lapanouse, à la *déportation et deux heures d'exposition sur l'échafaud.* Ses biens furent confisqués.

Jean-Pierre Bédos, dit *Lou Sounal,* fils de la précédente, s'était dérobé par la fuite. Sa tête fut mise à prix (2.000 francs) par le Directoire du département.

Ce jeune homme, qui fut un vrai héros, mérite une mention spéciale. Il avait hérité des sentiments politiques et religieux de sa mère qui fut une véritable Vendéenne aveyronnaise. Il prit part aux insurrections de la Lozère. Accusé d'avoir joué un rôle important à la bataille de Chanac, il répondit avec crânerie :

« Je n'y ai point exercé de commandement et je n'ai pu m'y distinguer beaucoup, puisque les occasions y ont manqué; mais je m'y suis comporté assez bravement pour mériter d'être complimenté par M. Charrié (le chef de l'insurrection) qui me dit : *Bédos, si j'avais beaucoup de gens comme toi, j'irais assiéger Perpignan.* »

Après la bataille de Chanac (31 mai 1793), Bédos se cacha dans les environs de Lapanouse, restant en intelligence avec les principaux royalistes du pays. Les soldats de Viton, en garnison à Sévérac, qui cherchaient la mère, cachée elle aussi, découvrirent le fils dans une meule de paille d'une métairie de M. Ségaret, de Saint-Geniez, aux environs de Lapanouse.

Amené à Rodez, il fut guillotiné, le 19 novembre 1793. Il avait 23 ans.

Nous avons dit que sa tête avait été mise à prix. Le sang de Bédos fumant encore, un officier municipal de Lapanouse, s'empressa de réclamer les 2.000 francs, mais, après divers incidents, aussi odieux que ridicules, la grosse part, 1.416 francs, alla aux soldats qui l'avaient arrêté. Le reste fut donné aux dénonciateurs.

Quelques inculpés purent échapper à toutes les recherches. De ce nombre fut Unal, de Capdenac, qui mena longtemps la vie de proscrit et connut toutes les détresses. Après la Révolution, presque abandonné par le régime auquel il avait tout sacrifié, il souffrit la misère et mourut, en 1848, âgé de 90 ans.

Cablat et Lunet de Pomayrols furent arrêtés, le 7 mai 1793, chez Monestier, de Raujas. Amenés d'abord à Sévérac, ils furent ensuite transférés dans les prisons de Rodez. Leur procès n'ayant pu fournir contre eux des preuves suffisantes, ils furent acquittés.

Cablat ne tarda pas à être arrêté de nouveau par le général Viton et emprisonné à Rodez avec Carrié, régisseur de Varès.

Par un audacieux coup de main, les chouans du Bourg parvinrent à les délivrer. Pour se venger, les révolutionnaires rasèrent la maison de Cablat, après l'avoir pillée.

Quelque temps après, Cablat, ayant obtenu, grâce à la protection de Boissy-d'Anglas, d'être rayé de la liste des proscrits, il fut nommé député de l'Aveyron au Conseil des Cinq-Cents.

Ce ne fut pas cependant la fin de ses tribulations. Des jours mauvais revinrent pour lui. Il put néanmoins échapper à la déportation à la Guyane où allèrent mourir tant de ses collègues.

Après la Révolution, Cablat vécut à Montpellier où il jouit d'une grande réputation comme avocat et jurisconsulte. Il y mourut en 1819, âgé de 60 ans [1].

C'est peu de jours après la bataille de Lapanouse, le 29 mars 1793, qu'arrivèrent dans l'Aveyron, pour combattre la réaction et y implanter le plus pur jacobisme, deux commissaires de sinistre mémoire : Chabot, de Saint-Geniez, ex-capucin, et Bô, du Mur-de-Barrey, tous deux députés montagnards de la Convention.

Nous n'avons pas à raconter ici leurs tristes exploits. Rappelons seulement que partout où il passait, Chabot, ancien prédicateur, se faisait une fête d'aller à l'église et de monter en chaire pour y tenir le langage le plus dévergondé et ériger en vertu le plus honteux libertinage, au point que ceux qui l'entendaient, en étaient épouvantés.

Un jour qu'il se trouvait à Sévérac-le-Château, il ne manqua pas d'y faire son sermon habituel. L'auditoire en fut révolté. Lescure, de Lavernhe, et Vezin, de Gaillac, ne purent se contenir et désapprouvèrent hautement ces abominables déclamations. Ils engagèrent même l'orateur à changer de sujet et à parler plutôt contre les entreprises de certains individus qui exerçaient mille rapines contre les pauvres gens des campagnes, après les avoir traqués pour leurs opinions religieuses. Chabot jeta sur ses contradicteurs un regard sinistre qui les avertissait de leur imprudence et se contenta de répondre : « il faut bien que les sans-culottes vivent, »

(1) F. de Barrau.

Une des grandes sollicitudes de Chabot, pendant son séjour en Aveyron, fut la création de *Comités de surveillance* et de *sociétés populaires* dans chaque chef-lieu de district. C'est lui, à n'en pas douter, qui organisa l'un et l'autre à Sévérac. Dès le premier jour où elle y fut fondée, le 1er mai 1793, la Société populaire compta plus de deux cents membres « Ce nombre, dit M. F. de Barrau, semble indiquer qu'il devait y avoir autant de craintives recrues que de forcenés patriotes ». François Vezin en fut nommé président.

Les représailles exagérées des républicains envers les auteurs des révoltes de Lapanouse ou de la Lozère, étaient très imprudentes. Elles ne pouvaient qu'achever d'exaspérer les royalistes et les bandes de chouans qui s'organisaient un peu partout et les provoquer à commettre des excès. On ne tarda pas à en avoir la preuve.

A ce moment vivait, dans son domaine de Favars, près de Lavernhe, M. Sigaud, ancien juge de la terre de Lavernhe, puis juge au tribunal du district de Sévérac. Il avait embrassé les idées nouvelles, espérant y retrouver une régénération politique et un meilleur sort pour son pays. Ame foncièrement droite, de mœurs douces et d'une éducation polie, disent ses contemporains.

Le 14 septembre 1793, à huit heures du soir, il rentrait de la foire de Buzeins. A peine eut-il franchi le seuil de sa maison qu'on frappa à coups redoublés, à la porte de la cour. On demandait à parler au Maire, qui était Sigaud cadet, frère du juge.

La maison de Favars est solitaire, dans l'angle de deux montagnes couvertes de bois. On hésite à laisser entrer, mais la fatalité voulut qu'un domestique arrivât en même temps du dehors. A sa voix, reconnue de tous, s'ouvrit la grande porte donnant accès dans la cour de la ferme.

Aussitôt une troupe armée s'élance et atteint la porte même de l'habitation. Une quinzaine de domestiques, réunis dans la cuisine, glacés d'épouvante, restèrent immobiles. M. Sigaud, qui était au salon, ayant entendu le tumulte, se présenta un flambeau à la main. Immédiatement plusieurs voix l'accueillent par des menaces; l'un des agresseurs le frappe avec le canon de son fusil. Sigaud cadet, ayant voulu s'interposer et le couvrir de son corps, reçoit deux coups de pistolet, il tombe et ne peut que se traîner dans une pièce voisine où il s'évanouit. Alors le chef de la troupe commande le feu et Sigaud aîné tombe mort, atteint par deux balles en pleine poitrine.

En cette tragique circonstance, une brave domestique, Anne Causse, fut admirable de courage et de dévouement. Elle seule s'élança pour secourir son maître. En vain on la repousse; elle remplit la maison de ses cris, se précipite sur le pauvre mourant et recueille son dernier soupir.

Comprenant ensuite que la vie de sa maîtresse est aussi menacée, pendant qu'on pille la maison, elle l'entraîne vers la fenêtre d'un appartement donnant sur la basse-cour. Malgré ses 67 ans, Mme Sigaud n'hésite pas, elle s'élance d'une hauteur de plus de trois mètres et, en tombant sur le pavé, se fracture un pied.

Anne Causse la relève et l'entraîne dans une petite grange, au coin de la cour. Là, se souvenant qu'on a parlé d'incendier tous les bâtiments, les deux fugitives cherchent à s'éloigner en franchissant péniblement l'enceinte du jardin. Mais, comme Mme Sigaud ne pouvait plus marcher, la servante la prend sur ses épaules et la porte jusqu'au bord d'un ravin. L'ayant déposée à cet endroit, elle la couvrit de feuilles sèches et courut au village de Lavernhe pour appeler du secours. Qui n'admirerait un si héroïque dévouement !

Les meurtriers s'étant aperçus du départ des deux femmes, en parurent troublés. Après avoir délibéré à voix basse, ils défilèrent en silence et ils disparurent.

Quels furent les auteurs de ce crime ? Le n° 597 des arrêts du tribunal criminel de Rodez est ainsi rédigé : « Réponse à 787 articles, condamnation à mort de François Rossignol, Joseph Galtier, Pierre Raynal, Guillaume Rolland, Etienne Galtier, le 17 nivose an VII, à cause de l'hommicide commis, le 14 septembre 1793, sur la personne de Sigaud de Favars, canton de Sévérac. » Nous n'avons pas sur eux d'autres détails.

« Quant à la cause, dit M. F. de Barrau, on ne peut se livrer qu'à des conjectures. La petite ville de Sévérac était en proie à une grande exaltation révolutionnaire. Sa position près du théâtre des insurrections avait fourni aux habitants l'occasion de diverses démonstrations vigoureuses et d'excécutions rigoureuses.

« Il y avait souvent, à Sévérac, des réunions où les autorités et les principaux citoyens concertaient leurs mesures. Quelle que fut la modération de Sigaud, il avait dû nécessairement, à raison de ses fonctions, se trouver souvent mêlé à ces assemblées, d'où sortaient les motions les plus violentes. Telle fut peut-être la seule cause de sa mort. »[1]

Tous les historiens, et à juste titre, l'ont vivement regrettée. Mais très regrettable fut également la mort de bien d'autres, très honnêtes eux aussi, uniquement victimes de leurs opinions politiques et religieuses.

Durand, guillotiné à Sévérac, l'héroïque Bédos guillotiné à Rodez, ce pauvre domestique de Capdenac, et tant d'autres n'avaient commis d'autre crime que celui de s'être levés pour les défendre. Sur eux aussi qu'on n'oublie pas de pleurer.

Le meurtre de Sigaud porta l'épouvante dans toute la contrée. Sévérac, croyant déjà l'ennemi à ses portes, se mit en état de défense. Les autorités s'établirent en permanence et formèrent un Comité de salut public composé de Belloc, Chassary,

(1) *L'époque révolutionnaire*, p. 185.

Giscard et Lescure, qui demanda de prompts secours
à Rodez.

Les membres du conseil départemental envoyèrent Randon-du-Landre, dont l'intrépidité connue
inspirait une grande confiance aux jours de péril.

Daumart, adjoint à l'état-major de l'armée des
Pyrénées, devait suivre pour diriger les gardes
nationales de Rodez, de Villefranche et de Saint-
Geniez qui reçurent l'ordre de se porter à marches
forcées sur Sévérac. Lamarque arrivé en hâte de
Saint-Laurent à Sévérac, demandait des munitions de guerre, des boulets et, à leur défaut, de
« vieilles mitrailles », un approvisionnement de
farines et l'envoi du citoyen Cabrol, en qualité de
commissaire des guerres.

Mais Randon-du-Landre, arrivé à Sévérac, s'aper-
çut bien vite que tout cela n'était qu'affolement et
vaines alarmes. En conséquence, tous les secours
furent contremandés.

CHAPITRE II

La Terreur. — Séjour de l'armée de Viton à Sévé-
rac. — Pillages et odieux excès. — Mme Lunet
de Pomayrols. — Campagnes aux gorges du
Tarn. — Le Comité de surveillance. — Les
prisons de Sévérac.

On était arrivé aux jours de la grande Terreur. Taillefer, député montagnard du Lot, venait d'être envoyé en Aveyron par Robespierre comme « Représentant du Peuple. »

On sait que ce titre conférait des pouvoirs absolus et ceux qui en étaient revêtus portaient dans les départements la désolation et la mort.

Un des premiers soins de Taillefer fut de recruter dans le Lot, son pays natal, une armée révolutionnaire composée de gens sans aveu et affamés de pillage. Elle compta 1800 hommes.

Son général en chef fut Viton, ou *Bitou,* comme l'appelaient ses soldats. Ce personnage exerçait jusque là la profession de perruquier. C'était un de ces énergumènes de club, comme il y en eut tant alors, jouissant d'une importance considérable, grâce à une taille avantageuse, à une voix de stentor et une impudence sans égale. Les monuments écrits de son commandement en Averyon attestent une grossièreté d'éducation et une ignorance qui ne sont comparables qu'au cynisme de ses déprédations.

Après avoir fait étape à Rignac, l'armée révolutionnaire fit son entrée à Rodez, le 17 octobre 1793. L'épouvante qui la précédait était telle qu'à son approche on ferma toutes les portes et les habitants se barricadèrent dans leurs maisons.

Pendant plusieurs jours, la ville fut livrée au pillage. Des détachements parcoururent les campagnes qu'ils ravagèrent. Plusieurs maisons, entre autres le château de Carcenac-Salmiech, où résidait la famille de Barrau, furent livrées aux flammes.

Les républicains croyaient à ce moment qu'un grand nombre d'insurgés royalistes, revenant de l'armée de Charrié, s'étaient retranchés dans les gorges du Tarn, non loin du Sévéraguais.

On envoya contre eux un bataillon de 400 hommes de Villefranche-de-Rouergue, sous les ordres de Carrandier, qui partit pour Sévérac, le 15 octobre. Il y fut rejoint par un autre bataillon venu de l'Ardèche. Mais ce fut surtout Viton qui reçut mission d'aller combattre « les brigands ».

Le 25 octobre 1793, il quitta Rodez avec son armée. Sa première étape fut Laissac où il ne manqua pas de se signaler par les plus odieux excès. Le lendemain, passant près du château de Lugans, Viton fut offusqué d'y voir des tourelles. Il fit faire halte à sa troupe et il en ordonna le pillage.

Lorsque l'armée révolutionnaire fut arrivée à Sévérac, les scènes de vandalisme prirent un caractère plus violent encore. Viton y commit des actes de brutalité et de férocité sans nom. [1]

Dès son arrivée, il se rendit aux prisons. Elles étaient pleines de détenus, hommes et femmes, appartenant aux meilleures familles du pays. La nouvelle de l'arrivée de l'armée révolutionnaire les avait remplis d'épouvante. Les pauvres femmes surtout se réfugièrent toutes tremblantes au fond de leur prison, craignant tout et n'imaginant pas encore ce qui les attendait.

---

(1) M. F. de Barrau, l'*Époque Révolutionnaire*, pp. 219 et suiv. a raconté longuement, avec des détails très intéressants, la campagne de l'armée de Viton dans le Sévéraguais et les gorges du Tarn. Nous ne pouvons ici que résumer son récit.

Viton, s'en étant fait ouvrir les portes, adressa d'abord aux détenus d'insolantes paroles. « Puis, remarquant parmi eux une femme d'un extérieur où la décence et la dignité se joignaient encore à la grâce, (Mme Lunet de Pomayrols, née Jourdan des Combettes), il lui ordonna de le suivre. Ses hommes s'emparent d'elle, au milieu de la terreur générale des détenus et de la victime. Elle est conduite au lieu le plus fréquenté de la ville; le tambour bat, une soldatesque effrénée l'environne, une populace immonde fait entendre des éclats d'une joie sauvage, tandis que, éplorée, Mme Lunet essaie vainement de se défendre contre l'ignoble traitement que lui inflige un sapeur à mine effrayante, que Viton lui avait donné pour bourreau.

« La femme eut défailli; la chrétienne trouva sa force dans la colonne de la flagellation; prompte comme un rayon divin, l'image du Sauveur lié au poteau du prétoire, apparut à ses yeux troublés. Et aussitôt, immobile et résignée, elle attendit la fin de cette horrible scène — J'aurais préféré mourir, dit Mme Lunet de Pomayrols, ramenée dans sa prison, à ses compagnes de captivité empressées autour d'elle; mais, Dieu fait homme a subi le même outrage et pardonné à ses bourreaux. » [1]

Trois autres femmes, dont le nom nous manque, furent soumises aux mêmes ignobles brutalités. Après quoi, l'illustre général compléta sa victoire en livrant aux flammes le château de Recoulettes, qui était la résidence de Mme de Pomayrols.

Ces faits sont confirmés et rappelés succinctement par Mme de Pomayrols elle-même dans la supplique qu'elle adressa à la Convention, le 5 janvier 1795, afin d'obtenir sa mise en liberté : [2]

« Dans un tems, dit-elle, où par les ordres d'un soi disant Comité du district de Sévérac, la maison

____

(1) F. de Barrau, p. 320.
(2) Le texte aux *pièces documentaires.*

de mon mari, nos meubles, nos bestiaux, nos denrées, nos effets de tout genre, étaient pillés, incendiés; dans un tems où mon mari et moy étions en réclusion; dans un tems où, sous les yeux des corps constitués, je venais d'être traînée dans les rues comme la plus vile des femmes et d'y subir, à la tête de l'armée révolutionnaire et en présence de Viton qui la commandait, un supplice qui outrage à la fois l'humanité et la pudeur, un supplice que l'ancien régime réservait aux voleurs et que les nouvelles lois ont aboli. »

Sur l'indication du Comité de Surveillance, Viton fit démolir les maisons de Léquepeys, marchand et de Mercier, de Sévérac, anciens volontaires de Charrié. Dans les environs du bourg deux autres furent aussi désignées au marteau des démolisseurs; plus de deux cents « aristocrates » furent voués à la prison.

Cela fait, il convoqua les autorités locales pour les consulter « sur les moyens de salut public ». Peu scrupuleux sur l'étiquette, il les reçut dans sa chambre où le *sans culotte*, était couché *sans chemise*. Nonchalamment appuyé sur son coude, il les interpella en ces termes :

« Combien de maisons me donnez-vous à brûler pour demain ? »

Le plus élevé en dignité des assistants, qui n'en pouvait croire ses yeux ni ses oreilles, répondit en balbutiant.

« Citoyen général, tu penses bien que ce n'est qu'en tremblant qu'on peut improviser de pareilles mesures. »

« Tu trembles, lui dit Viton d'une voix de tonnerre, lorsqu'il s'agit d'exterminer des aristocrates !... Tu n'es pas bon républicain ! moi je boirais leur sang dans cette coupe ! » Et il saisit un calice, volé dans la chapelle de Lugans, qui était sur sa table de nuit.

Ce qui est triste à constater c'est, qu'en tous ses actes d'odieux vandalisme, Viton agissait en plein accord avec les autorités locales. Les lettres de Loiseleur-Deslongchamp et de Randon, qui se trouvaient à ce moment à Sévérac comme commissaires du département, approuvent toutes les mesures révolutionnaires prises par Viton.

Cependant le bruit de pareilles exactions retentissait de toute part. Mille réclamations surgissaient contre l'armée révolutionnaire. Ce qui aggravait l'affaire, c'est que les soldats indisciplinés ne distinguaient guère entre « aristocrates » et « patriotes. » Tous étaient également pillés. Devant ce faisceau d'accusations, Taillefer sentit le besoin de disculper ses agents. Il rendit un arrêt défendant à tous agents civils et militaires, en dehors des membres des Comités de surveillance, de prélever des taxes et contributions. Viton fut convoqué à Rodez pour rendre des comptes à la Commission civile, composée de Cléophas Périé, Lagarde et Lagasquie.

Il comparut avec des airs pleins d'arrogance : « J'aime mieux, dit-il, dans son rapport, avoir servi la chose publique en m'écartant un peu des formes, que de l'avoir compromise par une trop grande réserve. »

Il fut félicité par la Commission civile qui prit en même temps un arrêté portant la solde journalière des soldats de l'armée révolutionnaire à *un franc dix sols*, sans compter les vivres de campagne : le tout à prélever sur la taxe de guerre supportée par les « modérés fédéralistes et royalistes. »

Viton rentra à Sévérac le 1er novembre. Il forma, aussitôt le projet d'aller combattre les bandes d'insurgés et les chefs royalistes qui, croyait-on, se cachaient dans les gorges du Tarn. Mais, à peine fut-il en campagne que son humeur belliqueuse perdit de son ardeur. Quand il fut parvenu, avec quelques hommes, à l'endroit où les gorges, très étroites, sont dominées par des pics abrupts, il lui sembla voir « des brigands » sortir de toutes les fissures et il ne put s'empêcher de trembler.

Ce qui acheva sa déroute fut un « *Qui vive ?* » qui retentit subitement dans cette solitude profonde. Viton se crut perdu. Aussitôt, tournant bride, il s'enfuit de toute la vitesse de son cheval.

Rentré à Sévérac, il fit des descriptions tragiques des terribles dangers qu'il avait courus. Il ne voulut jamais convenir — ce qui était cependant la vérité — que celui qui avait crié *Qui vive* était un de ses soldats [1].

Cependant les autorités locales persistaient à demander une exploration immédiate et complète et l'occcupation militaire des gorges du Tarn.

Deux insurgés qu'on avait fait prisonniers, Séguret, l'ancien séminariste de Saint-Geniez et Bédos, dit (Lou Sounal), de Lapanouse, avaient fait des révélations précises, affirmant que de nombreuses bandes s'y tenaient cachées. A condition qu'on leur ferait grâce de la vie, Séguret offrait même de servir de guide.

Viton, qui n'était pas remis de sa frayeur, ne voulait rien entendre.

L'expédition étant décidée malgré son avis, il prétexta, pour ne pas la conduire et rester à Sévérac, la nécessité de sa présence au quartier général afin de pouvoir embrasser l'ensemble des opérations militaires, et il confia le commandement de la colonne expéditionnaire à son adjoint, le cadurcien Hector Delpech.

Celui-ci, amenant avec lui Séguret, qui avait conquis la confiance de Viton et était devenu son secrétaire, partit de Sévérac le 5 novembre. Il rejoignit aux Vignes un bataillon de l'Hérault qui venait prêter main forte.

Pendant que la colonne explorait la vallée, toutes les hauteurs étaient occupées par d'autres détachements chargés de couper la fuite des « brigands ».

(1) Rapport du Comité de Surveillance de Sévérac.

De brigands on ne vit pas trace. M. Durand, qui leur portait plus d'intérêt que ne semblait l'indiquer sa qualité de maire de Sévérac, les avait fait prévenir de ce qui se préparait et, dès la veille, ils étaient tous partis pour les montagnes de Vezins.

Comme la première expédition, la seconde se faisait, non sans peur, mais sans tirer un coup de fusil. On ne pouvait cependant rentrer à Sévérac sans avoir accompli quelque brillant exploit.

La troupe étant arrivée jusqu'à la Malène, on trouva dans ce village une trentaine d'individus valides qui, ignorant tout de la politique et ne soupçonnant pas qu'on puisse leur faire le moindre mal, n'avaient pas même songé à fuir. On s'empara d'eux et on les expédia sur Sévérac comme prisonniers de guerre. Après cette bonne prise de « brigands », les femmes, les enfants et les vieillards ayant été campés hors du village, toutes les maisons furent livrées aux flammes. « Puisse cet exemple, écrivait le lendemain le général Louis, commandant des bataillons de la Lozère, apprendre à tous les malveillants que rien ne peut résister aux vengeances républicaines et que les manœuvres perfides seront toujours déjouées ».

L'expédition terminée, Viton s'empressa d'en faire un rapport emphatique au Représentant Taillefer. Les soldats et les chefs y sont qualifiés de héros ayant « escaladé avec un courage et une intrépidité sans exemple les rochers dangereux et terribles qui conduisent aux cavernes des brigands ».

Cette campagne plus que burlesque fut le grand exploit militaire de Viton en Rouergue. Mais sur ces entrefaites, un pénible mécompte vint le troubler au milieu de ses triomphes. Séguret, son prisonnier favori, qui, pensait-il, pourrait faire des révélations intéressantes, disparut subitement et jamais plus on ne le revit. Il avait obtenu de Viton un laisser-passer sous le malin prétexte d'aller prendre mesure d'une paire de souliers.

Viton en manifesta grande colère. Il est vrai que certains soupçonnèrent qu'elle était feinte. Séguret, en effet, ayant été son secrétaire, avait dû mettre un peu d'ordre à une comptabilité fort irrégulière. Si on l'avait gardé prisonnier, il aurait bien pu en parler !

Quoi qu'il en soit, on ne se hâta pas de poursuivre le fugitif et Viton fit tomber toute sa vengeance sur le chevalier de Layrolle, dans la maison duquel il était logé [1].

L'infortuné chevalier venait de perdre sa mère et, dans sa tendresse filiale, il en portait l'image sur son cœur. On découvrit ce portrait et on feignit de le prendre pour un emblème royaliste ou un signe de ralliement.

Aussitôt on enchaîne M. de Layrolle qui était retenu dans son lit par une forte indisposition et on le jette à demi-nu dans un cachot. Il y resta jusqu'au jour où, l'armée révolutionnaire quittant Sévérac pour rentrer à Rodez, on l'attacha, malade, à la queue d'un cheval, le faisant marcher ainsi, par un temps affreux, jusqu'au chef-lieu du département.

Viton s'ennuyait à Sévérac. Le pays, épuisé par ses réquisitions et ses pillages, ne lui offrait plus que de maigres ressources. Il obtint de pouvoir rentrer à Rodez.

L'armée révolutionnaire quitta Sévérac le 10 novembre 1793, emmenant avec elle, comme trophée de ses victoires : les trente prisonniers de la Malène, quelques proscrits, parmi lesquels, le chevalier de Layrolle, Cablat, avocat, Bédos, de Lapanouse, quelques autres individus plus obscurs; en tout quarante-six personnes.

L'armée coucha à Laissac. Le lendemain elle fit à Rodez une entrée triomphale.

____

(1) Cette maison appartient aujourd'hui à M. de Chaliès.

******

Le Comité de Surveillance. — La loi du 21 mars 1792 avait créé dans chaque district un Comité de Surveillance. A la suite de la fondation du *Comité de Salut public* présidé par Robespierre et de la promulgation de la loi dite des *suspects*, ces Comités furent investis d'une autorité si exhorbitante que tous les autres corps constitués s'effacèrent devant eux.

Ils étaient chargés de dresser les listes des suspects et de lancer contre eux des mandats d'arrêt. De plus, les personnes saisies devaient être transférées dans un bâtiment public et s'y nourrir à leurs frais jusqu'à leur jugement. En moins de six mois, plus de deux cents mille suspects, en France, furent arrêtés. Il fallut, pour les recevoir, convertir en prisons les palais, les églises et les collèges.

Le Comité de Surveillance de Sévérac fut fondé par Chabot, de passage dans notre ville. M. F. de Barrau en donne les premiers membres : Barascud, président; Gruat; Fabre; Carlat; Olier; Cavalier; Malet; Valentin; Ricard; Trémolet; Contestin; Vénichet; Soulié; Gavalda; Blanc, secrétaire.

Il existe un cahier des procès-verbaux des délibérations de ce Comité. Après avoir séjourné jusqu'à ces dernières années dans un notariat de Sévérac [1], il a été emporté à Rodez par M. Lempereur, directeur des archives départementales [2].

Ce document, jusqu'ici inédit, que, faute de place, nous ne pouvons reproduire en entier, contient des renseignements fort intéressants sur les familles notées comme suspectes du pays, sur la manière plus que légère dont se faisaient les arrestations,

(1) Notariat de M. Trémolet, aujourd'hui de M. Lestrade.
(2) Des personnes renseignées sont convaincues qu'il existait au moins deux cahiers. Il serait regrettable qu'on ne parvînt pas à retrouver le second.

motivées souvent bien plus par des antipathies et haines personnelles que par des peuves même d'incivisme — la *loi des suspects* n'exigeait pas des preuves —, sur les prisons de Sévérac et sur le régime des pauvres détenus.

Le premier procès-verbal est celui de la séance du 4 frimaire, an II de la République, (27 novembre 1793). Plusieurs membres du Comité sont différents de ceux donnés par M. de Barrau.

La séance est consacrée à faire rayer de la liste des suspects un certain nombre d'officiers municipaux de diverses communes, révoqués de leurs fonctions pour incapacité et ignorance et non pour incivisme. Il y est parlé d'un homme de Verrières qualifié de « brigand » pour avoir porté des vivres à des prêtres réfractaires. Le citoyen Boussac, destitué à cause de son ignorance, doit cependant être « reconnu pour patriote, s'étant évadé par une fenêtre à l'époque du camp de Lapanouse pour échapper aux poursuites des brigands qui voulaient le forcer et l'entraîner au dit camp. »

Le jour même du départ de Viton de Sévérac (10 novembre 1793), le Comité de Surveillance fit arrêter un grand nombre de suspects. A cette époque, Randon-du-Landre, commissaire du département, faisait, sur le Lévézou, d'actives investigations. A la tête de la Compagnie de Sévérac, sur laquelle Cléophas Périé « comptait beaucoup » [1], il parcourait les campagnes, fouillait les villages, à la poursuite des honnêtes gens. Le Comité de Surveillance voulut rivaliser d'ardeur et de zèle.

Dans sa séance du 18 frimaire, il prit l'arrêté suivant :

ART. 1er Les commissaires déjà nommés par arrêté du 17 du courant se transporteront chacun dans le canton à eux assigné, ils feront arrêter et

____

(1) Lettre du 18 brumaire,

conduire dans la maison de réclusion, à Sévérac, les aristocrates de la première et de la seconde classe dont la note leur sera délivrée.

ART. 2. Ils apposeront les scellés sur leurs papiers et s'il s'y trouve quelque preuve de leur complicité avec les rebelles, ils en dresseront procès-verbal.

ART. 3. Ils feront des visites domiciliaires en même temps qu'ils feront faire lesdites arrestations, s'empareront du numéraire, argenterie, cuivre, étain, fer et acier qui se trouveront dans les maisons desdits aristocrates, ayant soin de ne leur laisser que l'absolu nécessaire.

ART. 5. Les métaux seront de suite envoyés au district, à cet effet, lesdits commissaires devront autoriser les bœufs et charrettes qu'ils croiront nécessaires pour ledit transport.

ART. 6. Lesdits monnaies et métaux seront sous la responsabilité desdits commissaires, jusqu'à ce qu'ils soient parvenus au distrcit et, à cet effet, ils seront autorisés à requérir partout où besoin sera, telle force armée qu'ils jugeront convenable pour la sûreté desdits effets.

ART. 7. Tous les aristocrates de la première et de la seconde classe seront incessamment conduits dans la maison d'arrêt de Sévérac, sous bonne et sûre garde.

ART. 8. Les commissaires auront soin de s'informer, dans les lieux où ils passeront, si quelque aristocrate a échappé à la surveillance du Comité central, ils prendront des renseignements sur la nature de leur incivisme et se conformeront à leur égard aux dispositions du présent arrêt ».

Dès avant ce jour, un nombre considérable de suspects, appartenant aux familles les plus honorables du pays, avaient été arrêtés. On les avait entassés pêle-mêle les uns sur les autres, dans la prison déjà existante, sans distinction de sexe et sans le moindre souci de l'hygiène. Bientôt non seulement ce local fut insuffisant mais l'infection se produisit et des maladies contagieuses se déclarèrent.

Le Comité de Surveillance dut se préoccuper de trouver de nouvelles maisons de réclusion et de remédier à un état de choses qui menaçait de compromettre la santé publique.

La maison des Sœurs de l'Union fut d'abord convertie en prison, mais elle ne tarda pas à son tour à devenir trop petite. On affecta alors à cet usage le presbytère et l'église du château. Vo.ci, concernant ce sujet, la délibération du 13 frimaire.

« Un membre a dit qu'il y a plusieurs reclus qui sont atteints d'une dysenterie très dangereuse dont la contagion pourrait se communiquer et infester la ville, qu'il est instant de pourvoir à une maison où lesdits malades soient reclus et séparés des autres, que cette maison doit être saine et sûre, qu'il est également urgent de transférer tous les reclus dans une maison sûre et salubre et de séparer les hommes des femmes.

Le Comité, après avoir pris en considération les observations du préopinant, arrête ce qui suit :

1° La maison où était logé le citoyen curé du ci-devant château demeure destinée pour servir d'asile aux malades de l'un et de l'autre sexe reclus.

2° La municipalité sera invitée de la mettre dans le plus bref délai en état de contenir les reclus.

3° Il sera fourni auxdits malades un service d'une probité et d'un patriotisme à toute épreuve, qui sera payé par les aristocrates reclus.

4° Lesdits malades ne pourront communiquer qu'avec l'officier de santé commis par le Comité, conformément à l'arrêté du représentant du peuple, du 23 brumaire dernier.

5° La ci-devant église du ci-devant château demeure destinée à servir de maison de réclusion pour les hommes suspects.

6° La maison de réclusion déjà existante servira à la réclusion des femmes suspectes.

7° La municipalité sera invitée de faire arranger, si le cas le requiert, la ci-devant église.

8° Extrait du présent arrêté sera envoyé à la « municipalité. »

La plupart des procès-verbaux qui suivent énumèrent les nombreuses personnes suspectes des divers cantons du district et les raisons futiles, souvent ridicules, qui en nécessitent l'arrestation.

Il serait trop long de rapporter ici tout cet odieux verbiage [1]. A titre d'exemple, nous résumons ce qui concerne Saint-Dalmazy.

A la séance du 18 frimaire, an II de la République, « un membre a présenté la liste des gens suspects de la commune de Saint-Dalmazy, de laquelle il résulte :

1° Que Ginisty de Blayac, et sa femme sont suspects, étant fanatiques et inciviques, ayant mal parlé de la Révolution et soupçonnés d'avoir donné asile à des prêtres réfractaires.

2° Que Joseph Cancère, restant à Bellas, est suspect pour avoir été au camp de Lapanouse et à celui de Charrier...

3° Que Jean-Pierre Costes, de Blayac, est suspect pour s'être constamment montré l'ennemi des lois et avoir tenu de mauvais propos contre ceux qui les faisaient exécuter, étant d'ailleurs fanatique.

4° Que Monestier et Jean-Pierre Vieilledent, du Villaret, sont suspects pour s'être fait rayer du registre de la garde nationale.

5° Que Joseph Gruat, fils, du Villaret, est suspect pour avoir été au camp de Lapanouse.

6° Que François Cabirou est suspect pour avoir aidé à désarmer, au village de la Bastide, les soldats patriotes qui revenaient du camp de Charrié.

(1) Nous avons publié, in-extenso, le texte du cahier des délibérations, dans l'*Echo Sévéragais* de 1921, n°⁸ 89, 90, 91, 92, 94, 95, 96 et 100.

7º Que Jean et Louis Vernhet, de Bellas, sont suspects, ayant toujours affecté un souverain mépris envers les lois de la République,... et soupçonnés d'avoir recélé des prêtres puisqu'on a trouvé chez eux une soutane.

8º Antoine Poujol est suspect étant fanatique et ayant menacé les patriotes et tenu des mauvais propos contre eux et contre la Révolution.

9º Jean Roudil, d'Huguiès, est suspect pour n'avoir acquitté aucun devoir civique et ceux de sa charge ayant voituré du blé pendant la nuit.

10º Michel Vors, de Sermeillets, est suspect pour avoir tenu des propos incendiaires contre l'assemblée, n'ayant point été à l'assemblée primaire, ayant voulu, plusieurs fois, attaquer les patriotes, fait des balles et recruté pour le camp de La Panouze.

11º Que Pierre-Jean Péricr, de Montaliès, est suspect pour s'être fait rayer des registres de la garde nationale.

12º Que Joseph Gâches, des Fonts, est suspect pour avoir forcé les ouvriers du chemin de lui remettre de la poudre pour la porter au camp de la Panouze.

Le Comité, vu les motifs ci-dessus, arrête que les susnommés seront arrêtés et conduits dans la maison d'arrêt de Sévérac et les scellés apposés à leurs papiers.

Arrête de plus que Marie-Jeanne Lescure, la servante du ci-devant curé, Marie-Jeanne Albaret, du Villaret, reconnue pour avoir tenu de mauvais propos contre la constitution, déchiré la loi du serment des prêtres entre les mains de Fages fils, des Fonts, qui voulait la publier et l'avoir injurié, Marie Carrière des Fonts, la femme de Girou de Bellas, les deux sœurs Panafieu et Bastide père d'Huguiès, fanatiques et ayant tenu de mauvais propos contre les lois et la chose publique, seront conduits à la maison d'arrêt jusqu'à nouvel ordre. »

Parfois, le Comité de Surveillance prend des arrêtés pour faire rendre justice à certains « patriotes » dont le civisme avait été méconnu.

Lalande, de Sévérac-l'Eglise, avait été dénoncé comme suspect. Or, il est prouvé que « du temps de l'infâme Charrier », « Lalande se battit en républicain... il contribua à la prise de Marvejols où, à la tête de l'avant-garde, il fit mordre la poussière à plusieurs des brigands qui composaient la garnison de cette ville. En reconnaissance de sa conduite valeureuse et républicaine, il fut nommé major de l'armée qui se retrancha à Sévérac.... C'est encore lui qui, de concert avec le citoyen Randon, commissaire du département, et quelques autres gardes-nationaux, arrêta les falsificateurs des faux assignats de Buzeins; il fut blessé lors de cette arrestation. » [1] Pour toutes ces raisons, « il y a lieu de croire que ceux qui ont dénoncé Lalande sont des mal intentionnés. »

Dans la séance du 27 frimaire, c'est en faveur de Vaquier, de Caumels, qu'intervient le Comité de Surveillance. Au nombre de ces hauts faits civiques était celui d'avoir « été traîné aux cheveux par une troupe de femmes de Campagnac » lorsqu'il fut question de publier la loi sur le serment

(1) Voici en quoi consiste cette affaire : Un homme originaire de Buzeins, Joseph Alméras, mais qui depuis longtemps habitait Montpellier, revint dans son village, en septembre 1793, accompagné de trois amis de l'Hérault. Il séjourna quelque temps avec eux. Comme les papiers étaient en règle, on ne prit d'abord aucun ombrage de leur présence. Des soupçons s'élevèrent quand on les vit louer une maison et prolonger leur séjour. Deux membres du Comité de surveillance, Mathieu Colrat et Baptiste Majorel les ayant épiés, les dénoncèrent. Le Commissaire Randon, avec 80 hommes du bataillon de l'Ardèche, vint, la nuit du 19 octobre 1793, investir la maison suspecte. Un des quatre individus essaya en vain de se défendre et tira des coups de pistolet. Tous furent pris. On trouva chez eux une fabrique de faux assignats, des presses, les drogues nécessaires, des rouleaux de papier destinés à cet usage, une somme de sept à huit mille livres en assignats neufs. Les quatre prisonniers furent d'abord conduits à Sévérac et de là à Rodez où ils furent condamnés à mort. (F. de Barrau, pp. 198, 199.)

des prêtres. La seule faute que le Comité reproche à Vaquier c'est de n'avoir pas dénoncé ces femmes « mais cette faute paraît excusable par la crainte qu'il pouvait avoir d'être maltraité, étant dans une commune *gangrenée*. »

Un dernier détail, odieux et injuste, que nous donnent les procès-verbaux du Comité de Surveillance, c'est que les prisonniers, empêchés de gagner leur vie, étaient cependant obligés de pourvoir à leur subsistance et à celle de leurs gardiens. « Les commissaires de surveillance de la maison de réclusion exposent que les détenus en ladite maison ont des dissensions pour le payement des frais de garde et de la nourriture de ceux d'entre eux qui sont indigents et demandent qu'il soit fait une taxe pour fixer ce que chacun des détenus doit être dans le cas de payer. »

« Le Comité, considérant que les riches détenus doivent payer la nourriture et les frais de garde pour les indigents, qu'il y a néanmoins certains détenus qui peuvent se nourrir sans le secours des autres, arrête :

1º Que les nommés Prévinquières, Delmas de Laclau, Raynaldy du Méjanel, Cabassut de Vimenet, Suau, Roubertier, Laurens du Méjanel, Bertrand de Gaillac, Vezinet de Coussergues fourniront à leur subsistance comme ils aviseront.

2º Que la subsistance purement nécessaire sera fournie à (suivent 20 noms d'hommes et de femmes détenus au couvent de l'Union et au château) aux dépens des nommés Rous, père et fils de Soulages; Lunet de Pomayrols et son épouse; Albenque de Bertholène; Rogéry de Campagnac; Guibert du Bousquet et Fabre de Sévérac-l'Eglise, lesquels seront tenus de payer les entiers frais de garde qui demeurent provisoirement fixés à 48 livres par jour, y compris la subsistance desdits indigents. »[1]

(1) Séance du vingt frimaire, de l'an 2º de la République une et indivisible.

CHAPITRE III

Le culte religieux pendant la Révolution. — Violen-
te persécution contre les prêtres. — Ceux qui
restèrent dans le pays. — Les déportés. — Ceux
qui moururent dans les prisons. — Le martyre
de l'abbé Gratien Jourdié. — Les Chouans. —
Assassinat des Pourquery.

La *Constitution civile*, nous l'avons déjà dit, divisa le clergé en deux catégories. Ceux qui refusèrent de prêter le serment, ou *réfractaires*, qui durent cesser tout de suite d'exercer publiquement le culte dans les paroisses. Ceux qui prêtèrent le serment schismatique, les *assermentés* ou *constitutionnels*, que la voix populaire appela *intrus* et qui remplacèrent les réfractaires.

A partir de ce jour, les paroisses furent, elles aussi, divisées en deux partis. Autour de l'ancien curé, dit Taine, se rangèrent tous ceux qui, par conviction ou tradition, tenaient aux sacrements, tous ceux qui, par habitude ou foi, avaient envie ou besoin d'entendre la messe. Le nouveau curé n'eut pour auditeurs que des sceptiques, des déistes, des indifférents, des gens de clubs, membres de l'administration qui allaient à l'église comme à l'hôtel-de-ville ou à la Société populaire, non par zèle religieux, mais par zèle politique et qui soutiennent l'intrus pour soutenir la constitution.

En réalité, les catholiques de tous les pays éprouvèrent une répugnance invincible à assister aux offices de prêtres jureurs, qui n'étaient plus en communion ni avec le pape ni avec les évêques légitimes. Ils jugèrent qu'ils ne pouvaient pas, en conscience, recourir à leur ministère.

Nous avons dit que l'abbé Pierre Austruy, second vicaire de Sévérac, avait prêté le serment, et qu'il fut nommé *curé constitutionnel* de cette paroisse à la place de M. Martinon.

C'est le 26 juin 1791, qu'il signe, pour la première fois, les registres paroissiaux comme curé de Sévérac. Il continua à le faire jusqu'à la fin de 1792, époque où les registres publics ne sont plus signés que par les officiers civils qui en eurent la tenue. Combien de temps, après cette date, le curé constitutionnel exerça-t-il encore ses fonctions ? Vraisemblablement jusqu'à vers la fin de 1793, date où la Convention supprima tout culte religieux, désaffecta les églises et demanda aux prêtres constitutionnels eux-mêmes d'oublier pour toujours leur caractère, de renoncer à toute fonction sacerdotale et de ne plus adorer que la déesse Raison.

A cette époque, M. Austruy se retira à Saint-Remy-de-Bédène, canton de Laguiole, son pays natal. Les documents se taisent sur la manière dont il exerça le ministère à Sévérac. A n'en pas douter, là comme ailleurs, les fidèles se détournèrent de lui pour se grouper autour des prêtres fidèles à Dieu, qui restèrent dans le pays.

On sait les dangers de toute nature auxquels s'exposèrent ces héroïques confesseurs de la foi, les privations, les souffrances cruelles qu'ils endurèrent pour ne pas abandonner les âmes dont ils avaient la charge. Durant le jour, ils se cachaient dans les bois et les cavernes, dans des cachettes pratiquées dans des maisons ou des granges. A la faveur des ténèbres, des personnes, connaissant le secret de leur retraite, leur portaient un peu de nourriture. Pendant la nuit, ils circulaient chez les familles catholiques pour visiter les malades et administrer les sacrements. Les fidèles dévoués se disaient, à voix basse, l'endroit et l'heure où ces prêtres célébraient la messe et, sans compter eux-mêmes avec la fatigue et les dangers, ils s'y rendaient avec empressement. [1]

Nous connaissons au moins quelques-uns de ces héroïques confesseurs de la foi qui ne s'éloignèrent pas du pays et y exercèrent leur ministère. Ce sont :

Gratien Jourdié, vicaire à Sévérac, dont il sera question plus loin, qui se cacha jusque vers le milieu de 1793, époque où il fut pris par les révolutionnaires et mis à mort.

Jean-Joseph Lambert, curé du Château, paraît avoir traversé la Révolution sans avoir été emprisonné. Son nom figure sur l'état du clergé de 1801, avec cette mention : « curé du Château. » Deux actes des registres de 1803 sont signés par lui.

Pierre Pourquery, du Bourg, dit l'abbé de Boyne, sous-prieur de Lorette, porté d'abord comme émigré, fut rayé de la liste en 1798. Il fut tué, nous le dirons, d'un coup de fusil, dans un bois près de Sévérac, par la bande des Meilhous.

Après la chute de Robespierre, la persécution s'étant calmée pendant un certain temps, beaucoup d'églises furent réouvertes et le culte catholique s'y fit publiquement. Les archives paroissiales de Sévérac nous apprennent qu'il en fut ainsi pour l'église Saint-Sauveur, au moins à partir du 16 septembre 1795. Un certain *Ricard*, signe, depuis cette date, les actes de baptême, de mariage et de sépulture qu'il fait dans l'église Saint-Sauveur. Il déclare avoir fait des ondoiements et un baptême — il ne dit pas où — à partir du 13 avril 1794. On

(1) Cléophas Périé écrivait à propos du district de Sévérac.
« Les bois et les cavernes renferment encore des brigands et des prêtres réfractaires; on ne débarrassera le sol de la République de ces monstres qu'en profitant du moment où la terre est couverte de neige pour les suivre à la piste, comme des bêtes féroces. » (1ᵉʳ décembre 1793. Affre.)

devait faire des offices publics, puisque les publications des bans de mariage étaient faites « au prône de la messe paroissiale ».

Ricard n'était pas un assermenté. Il signe : « prêtre desservant délégué par M. de Grun, vicaire général de Mgr de Colbert ».

Il se qualifie « desservant de Sévérac » jusqu'au 14 septembre 1797. Le 20 avril 1798, il se dit « desservant de Saint-Chély ». A ce titre, il bénit un mariage, le 29 août 1799, et, le 28 octobre de la même année, il fait des baptêmes à domicile.

On sait que la persécution, qui s'était calmée pendant quelque temps, reprit sous le Directoire et que les églises furent de nouveau fermées. A partir de ce moment, on ne retrouve plus la signature de M. Ricard. Les registres de Sévérac n'ont pas les actes de 1800 et 1801. Ceux de 1802, jusqu'en septembre 1803, sont signés par *Codomier*. Ce prêtre est un de ceux qui se cachèrent dans le pays et y exercèrent leur ministère pendant les plus mauvais jours. M. Volpelier, curé de Saint-Chély, a recueilli, dans son livre de paroisse, la tradition conservée encore racontant comment il savait se déguiser et comment il mystifiait un jour, chemin faisant, des femmes qui allaient entendre, à Villeplaine, une messe que lui-même allait y célébrer. Il leur donna l'impression qu'il était un de ceux qui cherchaient depuis longtemps ce maudit Codomier, qu'on ne parvenait pas à découvrir. Quel ne fut pas l'ébahissement des bonnes femmes lorsque, quelques instants après, elles le reconnurent à l'autel !

Voici les noms des prêtres de la région de Sévérac qui furent déportés :

Jean-Pierre Bernad, directeur de Lorette. Reclus, le 24 mai 1793, à Notre-Dame de Rodez; conduit à Figeac le 1er novembre 1793; enfermé au fort du Hâ, à Bordeaux, vers le 1er novembre 1794. Quelques jours après, le 5 novembre, il fut embarqué sur le vaisseau le *Jeanty*. Libéré en rade du Port-des-Barques, en avril 1795, il rentra à Saint-Agnan, son pays natal, dont il fut le premier curé après la Révolution.

Jean-Joseph Cabirou, de Coursac, porté sur la liste des insermentés, condamné à la réclusion, mort curé de Lavaysse.

Jean-Baptiste-François Joanny, de Sévérac-le-Château, vicaire à Saint-Antonin (aujourd'hui diocèse de Montauban), arrêté par la force armée de Villefranche, reclus à Rodez (2 frimaire 1793); déporté à Bordeaux (14 mars 1794) et embarqué sur le vaisseau le *Dunkerque* et conduit à Brouage.

Jean Joannis, de Sévérac-le-Château, prébendé de Saint-Etienne de Toulouse, déporté à Bordeaux, le 12 mars 1794.

Plusieurs prêtres du Sévéraguais moururent en prison ou sur les vaisseaux. Ce sont :

Jean-Alexandre Lescure, du Cardenal, paroisse de Sévérac, fils de Joseph Lescure et d'Elisabeth Carlat, vicaire à Pradinas, 43 ans. Reclus à Rodez, le 26 novembre 1793 ; déporté à Bordeaux, le 6 mars 1794; détenu au fort du Hâ; mort à l'hôpital Saint-André, le 4 novembre 1794.

Joseph Gaillard, du Puy, bénédictin de Sévérac, déporté à Bordeaux, embarqué sur « le *Républicain* » et mort sur ce vaisseau.

Jean-Auguste Mercadier, né à Saint-Chély-de-Sévérac, curé de Concourès, 56 ans, reclus à Rodez, le 1er octobre 1793, déporté à Bordeaux, le 11 mars 1794, détenu au fort du Hâ, mort à l'hôpital Saint-André, le 30 juillet 1794.

Pierre Volpelier, fils de Pierre Volpelier et de Marguerite Molinier, de Sévérac-le-Château, prieur prébendé à Mende; arrêté du côté du Bourg, avec un autre prêtre; déporté à Bordeaux, le 11 mars

1794; détenu au fort du Hâ et embarqué sur « Le *Jeanty* »; mort à Brouage, le 28 novembre 1795 [1].

Mais Sévérac eut un prêtre martyrisé dans des circonstances beaucoup plus tragiques et dont nous devons raconter l'histoire plus au long. Ce fut *l'abbé Gratien Jourdié*. Voici ce que nous savons de sa vie.

*
* *

Il naquit à Sévérac-le-Château, le 21 novembre 1760, et fut baptisé le lendemain à l'église Saint-Sauveur. Il était fils de Gratien Jourdié et de Françoise Vincens.

Les registres épiscopaux, conservés aux archives départementales, nous font connaître la date de ses diverses ordinations.

La tonsure cléricale lui fut conférée par Mgr Champion de Cicé, dans l'église des Pères de la Doctrine chrétienne, à Villefranche, le 23 septembre 1780 [2]. Six ans plus tard, le 30 mars 1786, on lui accorde des lettres dimissoires et des dispenses d'interstices pour recevoir, de l'évêque de Montpellier, les quatre ordres mineurs. Le 3 juin suivant, de nouvelles lettres l'autorisent à être promu au sous-diaconat par le même évêque.

Le 23 décembre 1786, Mgr de Colbert, évêque de Rodez, confère à Gratien Jourdié l'ordre du diaconat dans la chapelle de son palais épiscopal [3].

Enfin le 20 mars 1787, on lui accorde un dimissoire pour être ordonné prêtre par l'évêque de Castres, ou par un autre pontife. C'est le 1er janvier

(1) Les détails concernant ces prêtres nous ont été fournis par M. l'abbé de Labaume, curé-doyen de Peyreleau, et par le vol. de M. Aug. Fabre *Les 500 prêtres de l'Aveyron déportés pendant la Révolution*, p. 37.

(2) *Archives Départementales*. Série G. n° 300.

(3) *Ibid.* I, G, n° 301, f, 3.

1789 que Gratien Jourdié commence à signer les registres de Sévérac comme vicaire de cette paroisse. Sa dernière signature est du 30 mai 1791.

Nous avons déjà vu qu'il refusa de prêter le serment exigé par la Constitution civile du Clergé. Or, le 18 mars qui suivit, la Convention décréta *la peine de mort* dans les vingt-quatre heures contre les prêtres réfractaires. Le même châtiment devait être infligé à tous ceux qui auraient donné asile à ces prêtres ou qui ne les auraient pas dénoncés dans la huitaine.

L'abbé Jourdié, voulant continuer son ministère à Sévérac sans en compromettre les fidèles, alla se cacher sur le territoire d'Inos, du diocèse de Mende, qui semblait offrir un excellent lieu de retraite.

Et en effet, « durant la Révolution, écrivait plus tard un de ses anciens curés, il y eut toujours des prêtres sur la paroisse d'Inos; ils venaient s'y réfugier même de fort loin; aucun de ses habitants n'était capable de les dénoncer. On y disait la messe même fort souvent dans des chambres, des granges. Des indices, des signaux annonçaient l'arrivée des prêtres que l'on introduisait dans les appartements isolés où étaient *des caches secrètes.* » [1]

Parmi les prêtres qui se cachaient à Inos, il y avait Benoît Pourquery, originaire de Recoules-de-l'Hom, et le chanoine Vors, prébendé de la cathédrale de Mende, originaire du Massegros. Gratien Jourdié, peut-être attiré par eux, alla les y rejoindre. Il y resta un certain temps jusqu'à ce que, nous ne savons par suite de quelles circonstances, il fut découvert et arrêté, en même temps que M. Vors, par un détachement des armées républicaines venant de Lodève et se dirigeant vers La Canourgue et Aubrac. C'était dans les premiers jours de juin 1793. Nous le savons par une lettre du 6 juin

____

(1) *Le Clergé de la Lozère pendant la Révolution,* par l'abbé Pourcher, curé de St-Martin-de-Boubaux, tom. II, p. 523.

de cette année, écrite de Marvejols par Fillon et
Dumas à Cabanel et Graverol, commandants du
camp révolutionnaire de La Capelle (Lozère) dans
laquelle il est dit : « Dumas rencontra à Massegros
un détachement de Lodève qui coucha à Saint-
Georges-de-Lévèjac et un autre détachement de
Sévérac et Millau qui coucha au Tensonieu. Ces
deux différents détachements, se rendant à Lon-
gue-Louve, et devant se replier sur les côtes du
Tarn vers Bombes, décidèrent la marche de cette
colonne vers La Canourgue, pour se retirer à Aubrac;
emmenant avec elle Jourdié, vicaire de Sévérac, et
Vors, ancien chanoine de Mende, arrêtés dans les
bois du Massegros. » [1]

Jourdié fut amené à Mende. Le 14 juin 1793, il
y était détenu en compagnie de quatre autres prêtres : Pierre Gigonzac, Jean-Antoine Chardon,
François Mouret et le chanoine Vors. Ce dernier,
qui était plus que sexagénaire, ne fut pas mis à mort
mais enfermé dans une maison de réclusion. Mouret prêta le serment. Voici le procès-verbal du
jugement des trois premiers :

« Leur interrogatoire a été pris par des commissaires nommés en exécution de votre arrêté ainsi
conçu : Arrête que les citoyens prêtres, détenus à
la maison de Justice de cette ville, prêteront leur
interrogatoire devant le citoyen Valette, qui demeure nommé pour commissaire à cet effet. »

Après avoir parlé de Gigonzac et de Chardon, le
procès-verbal s'exprime en ces termes au sujet de
Jourdié :

« L'interrogatoire de Jourdier ne donne pas une
preuve si convaincante sur sa qualité de fonction-
naire public, comme vicaire de la ville de Sévérac...
une incertitude aussi affectée de sa part, lorsqu'il
n'existe aucune preuve contraire à sa déclaration,
paraîtrait nécessiter ou son renvoi devant le dis-

____

(1) *Le Clergé de la Lozère durant la Révolution de* 1789,
1, vol. pp. 682-683.

trict de Sévérac, pour y être jugé suivant la rigueur des lois; mais, à bien apprécier sa réponse, il est très certain que la vérité perce à travers cet échappatoire : il est donc sujet à la loi du 18 mars dernier. »

« ..... Le Conseil général... arrête que les nommés Pierre Gigonzac, prêtre, soi-disant vicaire de Fontans, originaire de Belviala, paroisse de Grandrieu; Jean-Antoine Chardon, prêtre, soi-disant vicaire d'Arzenc, originaire du lieu de la Rochette-Chaille, paroisse de Pierrefiche, et Gratien Jourdier, prêtre, originaire de la ville de Sévérac et restant au lieu d'Inos, district de Meyrueis, seront, par le jour, dénoncés au tribunal criminel de ce département, par l'entremise de l'accusateur public, pour y être jugés conformément à la loi. »

Le répertoire du tribunal criminel énonce ainsi leur procédure :

« No 58. Jourdier, Gigonzac et Chardon et autres. Le 13 juin 1793, reçu la procédure contre Jourdier, Gigonzac et Chardon, prêtres, en quatre pièces.

(Registres révolutionnaires)

Jourdier avait été interrogé, le 12 et le 13, devant Valette et Durand, Gigonzac et Chardon, le 13 devant Valette, Durand et Malachane; ils furent condamnés le 14 juin 1793, par P. Guyot, président; Bucillon, Filhon; Toquebœuf, juges; Renouard, greffier et ils furent exécutés à Mende, le samedi, 15 juin 1793.

Leurs extraits mortuaires n'existent pas.

Jugement contre Gigonzac, Chardon et Jourdié.

« Un vendredi, quatorzième juin, mil sept-cent-quatre-vingt-treize, le second de la République française.

Vu par le tribunal criminel du département de la Lozère la dénonciation à lui faite, ce jourd'hui, par le conseil général d'administration, contre Pierre Gigonzac, prêtre, ci-devant vicaire de Fontans, district de Saint-Chély, originaire de Belviala, commune de Grandrieu, district de Langogne.

Jean-Antoine Chardon, prêtre, ci-devant vicaire de la paroisse d'Arzenc, originaire du lieu de la Rochette-Chaille, commune de Pierrefiche, au même district.

Et contre Gratien Jourdier, prêtre, originaire et ci-devant vicaire de la ville de Sévérac, restant au lieu d'Inos, district de Meyrueis.

Les interrogatoires prêtés par ledit Jourdié, le 12 et le 13 du présent mois, devant les citoyens Valette et Durand, administrateurs du département; ceux desdits Gigonzac et Chardon devant lesdits Valette, Durand et Malachane, en date du 13.

Les procès-verbaux de capture desdits Chardon, Gigonzac et Jourdié et leur remise en la maison de justice

Ouï l'accusateur public en ses conclusions verbales, qui a requis l'exécution de la loi du 19 mars dernier.

Le tribunal, jugeant en dernier ressort et sans recours en cassation, en remplacement du jury militaire qui n'existe point, déclare qu'il est constant que lesdits Jourdié, Gigonzac et Chardon, en leur qualité de fonctionnaires publics, étant sujets à la déportation, ont été arrêtés sur le territoire de la République, après les délais fixés par la loi du 19 mars.

En conséquence, a condamné et condamne lesdits Pierre Gigonzac, Jean-Antoine Chardon et Gratien Jourdié, à être punis de mort et livrés à l'exécuteur des jugements criminels dans les 24 heures, conformément à l'article 2 de ladite loi du 19 mars dernier, dont il a été fait lecture, lequel est ainsi conçu :

« Les émigrés et les prêtres, dans le cas de déportation, qui auront été arrêtés huitaine après la publication du présent décret, seront ensuite conduits dans les prisons du district, jugés par un jury militaire et punis de mort dans les 24 heures. »

« Ordonne que les biens desdits Chardon, Gigonzac et Jourdié sont acquis à la République, conformément à la loi du 28 mars dernier, article 1er, et à l'article 2 de la loi du 10 mars, dont il a été fait lecture, lequel est ainsi conçu :

« Les biens de ceux qui seront condamnés à la peine de mort seront acquis à la République.

« Comme aussi que le présent jugement sera mis à la diligence de l'accusateur public, imprimé et affiché dans les divers cantons de son ressort.

Fait à Mende, le vendredi 14 juin 1793, l'an 2e de la République; en l'audience du tribunal, où étaient présents : Pierre Guyot, président; Louis Baucillon, Jean-Baptiste Filhon, et Sylvestre Toquebœuf, qui ont signé à la minute du présent jugement avec le greffier. »

P. Guyot, Président; Baucillon; Filhon; Toquebœuf, juges; Renouard, greffier.

Les trois confesseurs de la foi furent exécutés le lendemain, samedi, 15 juin 1793, sur la place d'Angiran. *La Croix de la Lozère* dit que M. Gigonzac chantait le *Miserere mei*, et M. Charbonnel, que ces trois prêtres allèrent au supplice en chantant les Litanies des Saints et le *Libera* [1].

Le texte du jugement prononcé contre Gratien Jourdié prouve que l'unique motif de sa condamnation à mort, fut son refus de prêter le serment schismatique. Ce prêtre doit donc être considéré comme un confesseur de la foi et un martyr. Il importe de conserver précisément son souvenir, à Sévérac surtout, dont il est une des plus pures gloires. Parmi les prêtres qu'iexerçaient le ministère en Rouergue, il fut le premier qui monta sur l'échafaud. Nous espérons qu'il sera placé un jour sur les autels.

(1) *Le Clergé de la Lozère pendant la Révolution*, tome 1, page 574.

*
* *

Les dernières années de la Révolution furent surtout marquées, en nos pays, par les exploits de la *chouanerie*. Plusieurs bandes surgirent sur les divers points de l'Aveyron et entreprirent une guerre de partisans contre le régime républicain. On leur a reproché leurs crimes et leurs brigandages. L'histoire impartiale ne peut les en excuser. « Ces hommes, dit M. F. de Barrau [1], livrés à tous les hazards de l'existence la plus précaire, semblaient avoir rompu les liens qui les unissaient à la société; tous leurs pas étaient marqués par des actes sanglants, par des vengeances atroces et leurs coups tombaient sur quiconque leur faisait obstacle. »

Il semble cependant que certains écrivains, glissant un peu rapidement sur les excès de toute sorte et sur les crimes innombrables et sans nom commis par les révolutionnaires, s'attardent avec une complaisance trop visible à parler des chouans dont, sans le dire, ils opposent les exploits à ceux des « patriotes. »

Sans vouloir les excuser, ne pourrait-on pas, au moins de manière générale, leur accorder les circonstances atténuantes ? Pour en décider, qu'on lise ce que disait un jour un de leurs chefs les plus célèbres, Sébastien Levasseur, de Saint-Geniez, à l'abbé de Curières qui venait lui demander grâce pour un ancien fermier du couvent de Bonneval, lequel était avisé que les chouans avaient marqué sa porte et méditaient à son endroit une prochaine vengeance :

« M. l'abbé, lui dit Levasseur, votre démarche est généreuse; je ne puis refuser à votre caractère, à votre naissance, à notre communauté d'opinions, ce que vous me demandez. Mais rappelez-vous que

____

[1] *L'Époque Révolutionnaire*, p. 437.

vous obéissez à un sentiment plus généreux qu'é-
clairé; vous vivez sur les traditions d'un passé qu'on
a renversé, d'un ordre social qui n'existe plus; les
formes de la justice pour lesquelles vous gardez un
respect superstitieux, ne servent plus qu'à couvrir
la plus suprême injustice. Les dominateurs de la
France nous ont ramenés aux lois primitives de la
défense naturelle et personnelle. Rien n'a été respec-
té par ces hommes de violence et de rapine; les plus
obscures existences, comme les plus hautes, ont été
troublées par eux; n'ont-ils pas torturé nos familles,
égorgé nos parents et nos amis, saccagé nos maisons ? Les trois quarts de la France n'ont-ils pas
gémi sous leurs sanglantes proscriptions ?

Et ils s'étonnent aujourd'hui que quelques hommes de cœur cherchent à se venger de leurs outrages, se révoltent contre leur infâme oppression !
Nous n'usons en cela que de légitimes représailles.
N'ont-ils pas dit mille fois que la résistance à la
tyrannie était le plus saint des devoirs ? Quand la
Providence, dans ses mystérieux desseins, laisse
succomber l'autorité légitime, pour plonger un
peuple dans l'anarchie, il n'y a plus d'autre droit
que celui de la force; ce droit-là le dernier des
citoyens peut l'invoquer pour défendre ses biens et
sa vie..... Je n'étais qu'un simple maçon, ils sont
venu arracher le marteau de mes mains pour y
mettre une épée, je l'y maintiendrai jusqu'à mon
dernier souffle ! »

Et Levasseur, qui s'animait par degrés, ajouta :
« Je vais reprendre, Monsieur, ma vie aventureuse,
toute semée de périls et de fatigues. Retournez dans
votre château dont la nation par extraordinaire ne
vous a pas encore dépouillé, et dites bien à vos
amis de la noblesse, ce qu'un homme obscur et
sans nom ose ici vous affirmer : que si, au lieu de
fuir la terre de France, pour aller se faire abreuver
d'humiliations à l'étranger, ils fussent restés dans
leur pays, et eussent donné des chefs à tant de bra-

ves gens qui réclamaient en vain leur concours, vingt Vendées auraient surgi dans le royaume ! » [1]

Qui oserait dire que ces paroles, d'une singulière hauteur de vue, n'expriment pas des pensées justes ?

Les autorités de Sévérac, alarmées par les incursions que les chouans faisaient dans le pays, effrayées par le bruit de leurs exploits à Laissac, Coussergues, Mandailles, Lassouts, et autres lieux, demandèrent plusieurs fois du secours. Mais, l'administration départementale n'ayant sous la main que de faibles forces armées, jugeant peut-être que cet affolement était exagéré, laissait crier et ne se dérangeait guère. Une des bandes les plus célèbres, restée légendaire sous le nom de « *Brigands du Bourg* », fut celle des *Meilloux*, qui opéra à plusieurs reprises dans le Sévéraguais. Elle avait pour chefs trois frères du Bourg, nommés Jean, Pierre-Jean et Louis Souldo. Au commencement de la Révolution, ils étaient de simples aubergistes. Des circonstances locales aussi bien que leurs instincts les placèrent parmi les plus acharnés adversaires du nouveau régime. Ils le combattirent, pendant plusieurs années, avec une énergie sans pareille.

Aux trois Meilloux s'étaient joints : Marc-Antoine Delbourg, d'Aguessac; Jacques Boscary, de Bezonne; Raymond, de Fougairoles; Paul Peytavi, dit *Saucisse ;* Dalous, de Saint-Saturnin; Pierre Guibert, dit *Minguier*, de Boyne, et d'autres moins connus.

Presque tous les chouans finirent par être pris et moururent de mort violente.

Le 18 juin 1796, le plus jeune des Meilloux, Louis Souldo, qui avait été fait prisonnier, était conduit de Sévérac à Rodez en compagnie de Badarou, de Mostuéjouls, par un détachement de soldats.

Arrivés près du château de Loupiac, les gardiens dirent à leurs captifs : « donnez-nous votre argent et prenez la fuite; nous dirons que vous nous avez

---

(1) *Epoque Révolutionnaire,* pp. 407-408.

échappé. » Ces derniers s'étant laissé persuader et ayant en effet donné tout ce qu'ils avaient, commencèrent à courir à toutes jambes. A peine avaient-ils fait quelques pas, que les soldats tirèrent sur eux et les tuèrent.

Le dernier exploit des *brigands du Bourg* fut l'assassinat de l'abbé *Pierre-Jean Pourquery*, sous-directeur de Lorette et de son frère, surnommé *Beaupré*, officier en retraite.

Voici le récit qu'en fait M. l'abbé Lévesque, ancien curé du Bourg, qui avait pu recueillir des renseignements auprès des anciens du pays [1].

Les Pourquery, qui étaient une des familles les plus honorables et la plus influente du Bourg, avaient souvent reproché aux Meilloux et à leurs compagnons leur brigandage et leurs véritables crimes. Ceux-ci leur en avaient voué une haine mortelle et, plusieurs fois, avaient livré des assauts à leur maison mais sans succès. Ils trouvèrent enfin l'occasion de se venger.

Le 19 octobre 1801, l'abbé Pourquery et son frère, dit Beaupré, revenaient de la foire de Sévérac. Ils étaient tous les deux à cheval, précédés, à quelques pas de distance, d'un habile tireur, nommé Pélat, dont, par prudence, ils se faisaient accompagner. Les deux frères venaient d'atteindre le haut de la côte de Cayrac, non loin de Sévérac, lorsqu'on entendit une détonation, et l'abbé, se tournant vers son frère, le vit tomber de cheval comme foudroyé. Au même instant, une balle vint le frapper lui-même et l'abattit mort [2]. Pélat se retourne, dirige son fusil vers l'endroit d'où les coups étaient partis, décharge son arme et court à Sévérac porter la nouvelle du double assassinat dont il vient d'être témoin.

Ce crime mit le comble à la mesure et détermina la perte des brigands. Une indignation générale

(1) *Notre-Dame de Lorette*, p. 49 et suiv.
(2) On croit que l'abbé Pourquery fut enseveli à Lorette.

souleva tout le pays et l'on résolut d'en finir pour
une bonne fois avec eux.

Les chasseurs et les hommes de bonne volonté
furent convoqués pour le surlendemain et se trouvèrent au rendez-vous, bien armés, au nombre
d'environ 300. Une circonstance favorable les mit
sur les traces des malfaiteurs. Les deux coups de
Pélat avaient frappé juste et avaient fracassé la
cuisse et le bras droit au chef de la bande; on trouva
sur les lieux une mare de sang qui fit présumer une
blessure. Les brigands avaient saisi un cheval des
Pourquary et s'en étaient servis pour transporter
le blessé dans leur retraite la plus sûre, située parmi les rochers qui dominent le Tarn, au-dessus de
l'ermitage de Saint-Marcellin. Comme la pluie avait
détrempé le sol peu de temps auparavant, il devint
facile de suivre la trace du cheval qui conduisit les
chasseurs, à travers champs, jusque sur le bord
d'un grand abîme, dont on n'a jamais sondé la pro-
fondeur, qui se trouve près des rochers.

En cet endroit, on trouva le sol piétiné en tous
les sens et labouré, pour ainsi dire, par de nombreuses glissades; puis on ne découvrit plus de traces. On en conclut que les brigands s'étaient débar-
rassés du cheval en le jetant dans l'abîme et que
la pauvre bête, par instinct de sa conservation,
avait opposé la plus vive résistance. On sut plus
tard qu'il avait fallu lui bander les yeux pour parvenir à la précipiter dans le gouffre.

Les chasseurs jugèrent que la bande, ou du moins
le blessé, devait être dans le voisinage. Ils s'éche-
lonnèrent sur une longue ligne, sans se perdre de
vue, de manière à englober une vaste étendue de
terrain, en rapprochant leurs extrémités des rochers
qui forment les couronnes du Tarn. Le premier qui
verrait l'ennemi, devait tirer un coup de feu et
tous les autres se précipiteraient vers l'endroit
ainsi désigné. Ainsi fut fait. On avançait sans bruit
et avec précaution, lorsqu'on vit sortir des gorges
du Tarn un homme qui portait des provisions de

bouche. Un coup part. L'homme s'enfuit au plus vite, et les chasseurs accourent par bonds, au signal donné. L'un d'eux, habitant de Mostuéjouls, en franchissant un roc élevé, sauta au milieu des broussailles qui entouraient sa base, et brisa un plat qui se trouvait sous ses pieds. Une voix terrible crie aussitôt d'une concavité du rocher : « Ah ! si je pouvais me servir du fusil, tu serais mort ! » C'était le chef des brigands. On s'empara de lui et, tandis qu'on le transportait à Nîmes, pour le faire juger, il mourut des suites de ses blessures. A la suite de cette triste fin, la bande fut dispersée et ne reparut plus.

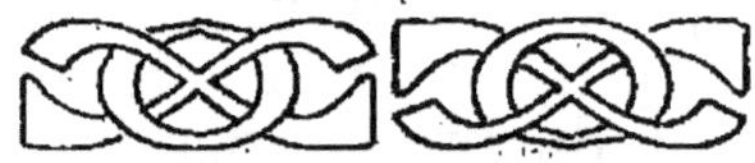

VILLE ACTUELLE ET RUINES DU CHATEAU DE SÉVÉRAC

ÉPILOGUE

Sévérac après la Révolution

Nous arrêtons ici l'histoire de Sévérac-le-Château. Nous en avons raconté les nombreux événements et on pourra constater que cette histoire n'a été ni sans tragiques péripéties ni sans grandeur.

Depuis la Révolution, Sévérac n'est plus qu'un chef-lieu de canton. Le premier curé-doyen qui y fut nommé, à la réouverture des églises par le Concordat, fut Ignace Dijols. C'était un prêtre jureur qui avait rétracté son serment. On sait que Napoléon Ier, voulant sans doute calmer les anti-cléricaux qui avaient survécu à la grande tourmente, exigea qu'un certain nombre de prêtres *constitutionnels*, mais qui avaient renié leurs erreurs, fussent acceptés comme évêques ou curés de canton. Il semble que, pour Sévérac, le choix ne fut pas heureux. M. Ignace Dijols était un prêtre digne mais sans zèle pour la maison de Dieu. Il mourut après 25 ans d'un ministère peu fructueux et il fut remplacé par M. Unal, originaire de l'Hermet, paroisse de Saint-Léons, qui resta à Sévérac pendant 32 ans. C'est ce saint prêtre, intelligent, actif et plein de zèle qui releva les ruines matérielles et morales de la paroisse. Il fonda, en particulier, des écoles dirigées par des maîtres et maîtresses congréganistes qui furent longtemps très prospères et qui firent grand bien dans toute la région.

Au cours du XIXe siècle, Sévérac est resté néanmoins un chef-lieu de canton important, plein de vie, très bien habité et très commerçant.

Un événement qui eut pour cette ville les plus graves conséquences, ce fut la construction de la ligne du chemin de fer et l'ouverture de la Gare, en 1880.

On a beaucoup parlé de l'emplacement qu'elle aurait pu avoir et qu'elle n'a pas. Si la gare, comme beaucoup le désiraient alors, avait été construite à Pré-Château, qui affleure le faubourg du Peyrou, Sévérac, à n'en pas douter, serait aujourd'hui une ville autrement importante. Il est maintenant trop tard pour décider cette affaire et il serait superflu d'en discuter encore. Ce qui est sage, à l'heure actuelle, c'est de tirer le meilleur parti pour tous de la situation qui a été créée.

Depuis 1880, à côté de la Gare, au pied de la colline au sommet de laquelle se trouve la vieille place forte de Sévérac, a surgi peu à peu une nouvelle petite cité qui prend chaque jour plus d'importance. Si la distance entre les deux localités semble bien trop grande pour que leur bordure puisse un jour se toucher et se souder, s'il paraît même très difficile de réaliser un rêve qui consisterait à voir les deux petites villes se tendre mutuellement la main à mi-côte au moyen de quelque établissement, soit industriel, soit de bienfaisance, qui leur serait commun, il est certain que toutes les deux ont un intérêt égal à conserver jalousement tant de choses du passé qui sont le bien et la gloire du pays sévéraguais.

Le vieux Sévérac a souffert sans doute des injures du temps. Il n'en reste pas moins encore une ville très pittoresque et très intéressante. De nombreux touristes, portés par les multiples trains qui passent chaque jour, aiment à y monter en pèlerinage. Ils vont voir les restes des vieux remparts, les deux portes de la ville, telles encore qu'elles étaient au Moyen-Age lorsqu'on les fermait chaque soir, les vieilles rues où passèrent jadis tant de grands personnages, les vieilles maisons, dont plusieurs très remarquables pour leurs portes, leurs croisées et autres motifs d'architecture.

Le vieux château, hélas ! est à peine l'ombre de ce qu'il fut autrefois. On dirait que des vandales ont passé par là. Si on n'y avise au plus tôt, on pourra bientôt redire sur lui la parole du poète latin : « *etiam periere ruinæ.* » « Les ruines elles-mêmes ont péri. »

Il est vrai, et c'est très heureux, qu'il vient d'être classé comme monument historique. Que ne l'a-t-on fait plus tôt, avant que ses toitures s'effondrent, avant que ses sveltes colonnes, avec leurs chapiteaux si finement sculptés, ne disparaissent, avant que tant de belles pierres, appartenant aux divers corps de bâtiment et surtout au grand escalier d'honneur, ne descendissent dans la plaine pour prendre des chemins d'où elles ne reviendront pas.

Plaise à Dieu que se lève un jour quelque généreux Mécène pour ressusciter ces ruines, ne serait-ce que pour les empêcher de mourir davantage et les mettre seulement en état de pouvoir nous rappeler ce que fut jadis la princière demeure des d'Arpajon. En attendant, c'est l'intérêt de tous, si on sait le comprendre, de garder comme des reliques ces vénérables témoins des temps anciens.

On nous rappelle souvent que nous sommes au siècle du progrès. Si nous n'y sommes pas toujours, hélas ! au point de vue moral, nous y sommes incontestablement au point de vue matériel. Or, le véritable progrès ne demande ni de renier ni d'oublier ce qui s'est fait avant nous. Lorsqu'il a un passé glorieux comme celui de Sévérac, un pays en garde le souvenir comme un précieux héritage, il s'en fait une riche parure, il en tire souvent, pour le présent, d'utiles expériences et de sages leçons.

FIN

❧ ❧ ❧

PIÈCES DOCUMENTAIRES

I

Charte concernant le couvent des bénédictines et des bénédictins de Sévérac.

De Monasterio Severiacensi,

« In pago Ruthenensi quoddam castellum habetur, naturali munimine satis firmum et locatum, undique ruris amœnitate confertum, quod nominatur antiquitus Severiacum, in cujus parte inferiori a plaga australi constructum fuit monasterium in honore et nomine Salvatoris nostri et Beatissimæ Genitricis ejus ac semper Virginis Mariæ veneratione dedicatum, a quodam nobili et potente viro nomine Guidone, qui erat ejusdem regionis dominus, ædificatum : qui, cum sexus masculini prole carens filias habuerit, hoc apud se decrevit ut ex ipsis filiabus suis Domino Christo duas in proposito virginitatis servituras offerret, et in propria possessione monasterium illis ceterisque secum habitantibus sanctimonialibus ædificaret; quod cum adimplesset, constructam ecclesiam et locum ditavit de suis rebus et prœdibus quantum sufficere visum est, sicut in chartulis ejusdem concessionis invenitur notatum.

Prœfuit autem huic loco major filia Adalburgis nomine, obtinens locum abbatissæ diebus multis; cui successit morienti altera soror et, post illarum decessum, aliæ tres ejusdem loci congregationem rexerunt; post quas nulla potuit reperiri cui posset honor regiminis legitimo jure commendari, cum et

illa quæ fuerat electa bis gravida fornicando fuerit de-
tecta. Denique cum inter se discordarent et malæ opi-
nionis fama ex eodem procederet loco, cœpit pau-
latim possessio per incuriam incolarum et violen-
tiam raptorum minuendo deficere ;quod cernens
dominus ipsius castri Deodatus nomine et cœteri
nobiles viri, consilium inierunt ut eumdem locum
et easdem feminas, quæ ibi morabantur, alicui reli-
gioso viro causa corrigendi committerent; cumque
id fieri omnibus placuisset, advocans præfatus vir
Deodatus, in cujus potestate idem locus consiste-
bat, abbatem Vilhermum (*variante* : Wilhelmum)
de monasterio sancti Theofredi reverendum virum,
deprecatus est eum quatenus ipsum locum in melius
mutandum susciperet et eas, quæ sine pastore
velut oves errabant, ad vitæ melioris studium
reduceret. Sed cum ille, talia timendo, diceret hoc
non sine consilio et jussione pontificis Ruthenensis
fieri debere vel posse, convocatus episcopus nomine Ademarus cum archidiacono nomine Odalricho,
satis hoc sibi placere respondit atque ut fieret exhor-
tando admonuit. Itaque suscipiens ab episcopo et
archidiacono et cœteris clericis ejusdem ecclesiæ
donum, laudante domino Deodato et uxore ejus
Ermengarda, filiisque eorum Guidone, Hugone,
Gagone et Deodato, cœterisque nobilibus viris cum
omni plebe castrensi, voluntatem illarum femina-
rum studiose quœsierunt, utrum hoc bono animo
ferrent quod pro sua agebatur salute : quod cum
sua professione, consensu pariter uno laudassent,
atque obedientiam promisissent, sic demum loci
ejusdem curam ac dominationem accepit mona-
chosque servientes Domino ibidem permanentes
constituit, eas vero quæ illic habitaverant in aliis
suæ ditionis locis regulariter vivere disposuit.

Hoc autem factum est voluntate et jussione
domini Ademari episcopi et clericorum ejus et
domini Deodati et uxoris ejus et filiorum qui supra
dicti sunt, S. Richardi vicecomitis et fratris ejus
Girberti, S. Ugolini et filiorum ejus et uxoris,

S'Raymondi et Wilhelmi fratrum, S. Petri et Gausberti fratrum, S. Hugoni, S. Adalberti, S. Bernardi, S. Rostagni et aliorum qui præsentes aderant pari consensione testium. Factum est hoc donum mense martio, feria 1ª, anno Dominicæ Incarnationis M.C.III, indictione VIIª, luna XXª, regnante Philippo rege Francorum. »

(Cartulaire de S. Chaffro, § 394).

TRADUCTION FRANÇAISE

« Dans le pays des Ruthènes, existe un certain château-fort, situé dans un lieu assez protégé par un rempart naturel, entouré d'une campagne pleine d'agréments qui, depuis les temps anciens, est appelé Sévérac. Au bas du versant méridional, un monastère fut construit en l'honneur et sous le vocable de notre Sauveur et en vénération de sa très-bienheureuse Mère et toujours Vierge Marie. Il fut fondé par un noble et puissant seigneur nommé Gui, qui était seigneur de ce pays, lequel, privé de descendance masculine et ayant des filles, résolut en lui-même d'en consacrer deux au Seigneur Christ qui le serviraient dans l'état de virginité, et de bâtir sur son domaine un monastère pour elles et pour les autres religieuses qui seraient leurs compagnes. Ce qu'ayant réalisé, il dota l'église construite et le monastère de ses propres ressources et biens fonds dans la mesure qui parut nécessaire ainsi que cela se trouve noté dans les chartes de cette même concession.

Or, la fille aînée, nommée Adalburge, fut placée à la tête de cette maison et elle exerça pendant de nombreux jours la charge d'abbesse. A sa mort, sa sœur lui succéda et, après le décès de l'une et de l'autre, trois autres religieuses du même lieu gouvernèrent la congrégation. Après celles-ci, on n'en put trouver aucune à laquelle on put, de droit légitime, confier l'honneur de la supériorité. On découvrit en effet que celle qui avait été élue avait subi deux fois le déshonneur d'une vie coupable.

Enfin, tandis que la discorde régnait entre elles et que le bruit de leur mauvaise réputation se répandait hors du monastère, les biens commencèrent peu à peu à diminuer et à faire défaut, soit par suite de l'incurie de celles qui l'habitaient, soit à cause des voleurs qui les ravissaient.

Ce que voyant, le nommé Déodat, seigneur du château-fort, et les autres hommes nobles formèrent le dessein de confier ce lieu, et ces mêmes femmes qui l'habitaient, à quelque homme religieux dans le but d'amender leur vie.

Cet avis ayant eu l'agrément de tous, Déodat, déjà nommé, sous l'autorité duquel était placé ce même lieu, appela le révérend homme Vilhermus (ou Wilhelmus) abbé du monastère Saint-Théofrède, et il le pria d'entreprendre de réformer ce couvent et de ramener au soin d'une vie meilleure celles qui erraient comme des brebis sans pasteur.

Mais comme celui-ci, redoutant pareille entreprise, disait que cela ne devait ni ne pouvait se faire sans le conseil et l'ordre de l'évêque de Rodez, cet évêque, nommé Adémar, ayant été convoqué, avec l'archidiacre nommé Odalrich, répondit que le projet lui convenait et il exhorta à le réaliser.

C'est pourquoi l'abbé, ayant accepté le don de l'évêque, de l'archidiacre et des autres clercs de la même Eglise, avec l'approbation du seigneur Déodat, de son épouse Ermengarde et de leurs fils Gui, Hugues, Gagon et Déodat ainsi que des autres hommes nobles et de tout le peuple de la place forte, on s'enquit avec soin de la volonté de ces femmes pour savoir si elles acceptaient de bon cœur ce qui était fait pour leur salut. Celles-ci ayant manifesté d'un consentement unanime qu'elles louaient le projet et qu'elles promettaient obéissance, l'abbé accepta enfin l'administration de ce lieu dont il devenait maître et il statua que des moines servant Dieu y habiteraient. Quant à celles qui y avaient habité, il prit des dispositions pour qu'elles vivent, soumises à la règle, en d'autres lieux de sa juridiction.

Et cela a été fait par la volonté et par ordre du seigneur Adémar, évêque, et de ses clercs, et du seigneur Déodat, et de son épouse, et de ses fils qui sont susnommés.

S. de Richard vicomte et de son frère Girbert, S. d'Ugolin et de ses fils et de son épouse, S. de Raymond et Guillaume, frères S. de Pierre et Gausbert, frères S. d'Hugue, S. d'Adalbert, S. de Bernard, S. de Rostang, et d'autres témoins qui étaient présents et donnèrent le même leur consentement.

Ce don a été fait le mois de mars, première férie de la 1103e année de l'Incarnation du Seigneur, indiction VIIe, lune XXe, régnant Philippe roi des Francs. »

II

Charte de donation de l'église de Saint-Chély et de la chapelle Saint-Jean du Château à l'Abbaye de Saint-Chaffre et à l'église Saint-Sauveur de Sévérac.

« Dominus Ademarus, gratiâ Dei episcopus Ruthenensium, cum consilio et consensu clericorùm suorum, id est Oadalríchi archidiaconi, Berengarii proepositi, Vuigonis prioris, Vuigonis capellani et totius cleri Ruthenensis Ecclesiœ, concedendo dedit ecclesiam Sáncti Joannis de castro Severiaco, domino Vuilhermo abbati monasterii sancti Theofredi ejusque successoribus, et ecclesiæ sancti Sal-

vatoris et priori ejusdem loci Stephano et habitato-
ribus ejus, ad habendum semper : anno ab Incar-
natione Domini MCVI mense martio, feria III^a,
concurrente VI, luna XI, papa Paschali, Ludovico
rege Francorum.

Signum Ademari episcopi qui hoc donum fecit et
hanc chartam scribere jussit. S'Vuilhermi qui
cognominatur Pungens Folia qui illam ecclesiam
sui juris alodem deputabat et totum, quod ibi requi-
rebat, dimisit et ecclesiæ sancti Salvatoris dedit.

SS. (signa) cœterorum supradictorum. »

(Cartulaire de Saint-Chaffre, § 395).

TRADUCTION FRANÇAISE

« Le seigneur Adémar, par la grâce de Dieu évêque des Ruthènes, avec le conseil et le consentement de ses clercs, à savoir, Odalrich archidiacre,
Bérenger prévôt, Vuigon prieur, Vuigon chapelain
et tout le clergé de l'Eglise de Rodez, donna par
concession l'église paroissiale de Saint-Chély, avec
la chapelle de Saint-Jean du château de Sévérac,
au seigneur Vuilhermus abbé du monastère Saint-
Châffre et à ses successeurs et à l'église Saint-Sauveur et à Etienne prieur de ce même lieu et à ses
habitants, à titre de possession perpétuelle.

L'an de l'Incarnation du Seigneur 1106, mois de
mars, férie IIIe, lune XIe, Paschal pape, Louis roi
des Francs.

Sceau d'Adémar évêque qui fit ce don et ordonna
d'écrire cette charte. S. de Vuilhermus, surnommé
Pungens Folia, qui estimait cette église être franc-
alleu et qui abandonna tous ses droits et en fit
don à l'église Saint-Sauveur.

Sceaux des autres susnommés. »

III

Document concernant la conversion de Jean V d'Arpajon au catholicisme.

« Du dix décembre mil quinze cent quatre vingt-neuf à Rodez dans la maison de Sr Guilh Masnau, Sr de Bosinhac.

Assemblés en conseil Messieurs M (?) Jacques de Cayron, conseiller et président en la première chambre des enquêtes de la court du Parlement de Thlse; de Treilhans, archidiacre de Conques; d'Ampare, sacristain; Amans Bonal, chanoyne en lesglise cathedralle Notre-Dame dud. Roudez; Jehan Lemoine, juge dud. Roudez; Jehan de Rességuier, premier consul; M. de la Boyssonnade, consul; M. Fouclras' consul; M. de la Roquette, consul, M. juge en la comté; M. juge de Naussac; M. de Bosinhac et Jacques Guy; Guilhe Guisbal, Sr de Noguiès; Pierre Letelher (?) Jacques Guy.

Par led. Bonal, juge de Naussac, pour et au nom de noble Jehan d'Arpajon, Seigr et baron dud. lieu Sévérac, Belcayre, Calmon, Brosse, Durenque et autres plasses: leur a esté représenté que en ayne de ce que led, Seigr avait faict profession de foy par devant Monssr levesque dud. Roudez ou son vicaire général et juré la sainte union suyvant les articles de la court du Parlement de Thlse; ceux de la nouvelle religion, entre autres le baron Sr de Panat, jadis son tuteur, tâchant de le surprendre pour le remettre à leur parti, comme il leur sera aysé et facile s'il n'a quelque retrete asseure, telle que sa mayson de Calmon de Plantcage qu'il juge à cet effect la plus propre et convenable pour estre la plus esloignée de toutes les autres places d'iceulx de lad. religion nouvelle, les habitans dud. Calmon ses subiects touts catholiques et distants deux petites lieues seulement dud. Roudez, favorisant daultant son asseurance; laquelle mayson led. S^r d'Arpajon est adverti luy estre détenue, à la requeste et instance de lad ville de Roudez.

Par ainsin sy tant est que cella soit véritable et led. Bonal aud. nom requis lesd. S^{rs} consuls et autres messieurs dud. conseil en voulloir réintégrer led seig^r et permetre qu'il se loutge, comme dans mayson qui luy est propre et luy apartient.

Autrement à faulte de ce faire, à icelluy de Bonald au nom que dessus protesté de tout ce qu'il doit et peult protester et d'en avoir recours en justice.

Et absent led. Bonal dud. conseil et perquisses les opinions dicelle plus du S^r président, a esté univocquement opiné et résoleu que attendu que le Sr de Vesin est chargé de la place de Calmon comme il saict; led, S^r d'Arpajon se pourvoira s'il luy plaict ainsin qu'il verra estre a fayre. Par raison de laquelle réponce adverti led Bonal et icelle par luy entendue en a requis acte à moy notaire et graffier; concédés et expédiés.

Pn = Guilh^e Bossat et Jehan Marcorelles et moy. »

Signé Coigniac No^{re}

Archives Communales de Rodez, Bourg, BB. 10 folio 159, recto.

IV

Hommage des habitants de la ville et mandement de Sévérac.

Au nom de Notre-Seigneur Jésus-Christ soit faict, amen.

Saichent toutz presens et advenir que l'an de grâce 1624, et le sixiesme jour du moys de novembre et avant midy, reignant très chrestien et souverain prince Louys, par la grâce de Dieu roy de France et de Navarre, dans la ville de Sévérac, maizon de mestre Estienne Dubourg, bourgeois dycelle, par devant noble Jehan de Bouttes sieur du Berthonais et de Castel Nouvel, procureur généralement fondé à faire et recepvoir les choses cy après escriptes par messire Louys viscompte d'Arpaion, marquis de Sévérac, seigneur et baron dudit lieu de Sévérac, Calmont, Durenque, Brousse, Castelnau, Beaucaire, Espayrac St-Chély-de-Tarn et autres places, mareschal de camp ès armées du roy.

Ainsin qu'appert de sa procuration receu par moy notaire royal soubzsigné, le neuvième jour du moys d'aoust mil six cent vingt trois et au long inséré au pied de ce contrat.

Ont esté constitués en leurs personnes les consulz et aultres habitans de ladite ville et mandement dycelle cy après nommés, lequel mandement et district dicelle se confronte du levant avec les mandements de Dolan et Levejac comme cestand (ent) les Aygues leurs des puitz du villaige de Combalazaïs, et de là montant sur le puits des Cayroux, et de là descend comme va l'aïgue vers le puy de Ianfigues (?), et de là suict le chemin de soubs la Bastide et s'en va aulx devèzes de Soulatze et del Maynard suivant le chemin ferrat. Confronte d'autre part avec les terres de metayrie du sieur de Mostuejoulz dict de Franquiran jusques au puy de la Gachelle, et de là s'en va jusqu'à la pierre dicte de Jagan, et de là jusques à la Croix de La Vaïsse, et de là confronte avec les terres du sieur de Mostuejoulz jusque entre les villages de Recoules-de-l'Hôm et de Cèzes, et de là passe jusques à la sommité du puy de Mont Bardous, et de là comprenant la metayrie d'Angairèsques jusques au village de Moulières, et de là confrontant et avec les terres de Verrières et de Laclau, de La Vernhe, de Sainct Grégoire, de Lapanouse et de La Roque Valzergues, et de là avec les terres du sieur de Cénaret et commandeur de sainct Jean de Jerusalem et autres confrontations plus vrayes et légitimes sy poinct en y a, composé de six paroisses sçavoir de Sainct-Chély, sainct Dalmazy, Altès, Novis, Inos et lou Rouquoux, oultre quelques particuliers villages dudit mandement qui sont d'autres paroisses et dans lequel mandement sont les lieux et villaiges icy spécifiés : le chasteau et ville de Sévérac, les villages de Montaliez, Sermeilletz, Huguiès, Sainct-Dalmazy, Vellas, le Villaret, Soubeyra, Soussu éjoulz, Blayac, Las Fons, le Villaret foleti (?), La Calsade, Villeplanne, Roumagnac, le Moulin Cavalyé, Beautou, La Vayssette, La Combe, Sainct Chély, le moulin dict de Capmas, Cantaloube, Cayrac, les moulins del Prat de Cormane, de Clauzelles, de Berlinque, de Jean Lescure dict de Vidal, Engairesques, Sermelz, La Rouvayrette, Corsac, Combalade, le Cantevel, Altès, Novis, dans le diocèze de Roudès et dans le diocèze de Mende, le Massegro, le Tensonnieu, le Mazet, La Bastide, Long-Viala, Rocoules-de-l'Hom, lou Rouquoux, Enos, et aultres qui sont dans l'enclos desdictes confrontations dudit mandement, sçavoir est maître Guillaume Lescure marchand de ladite ville, Pierre Jaleil (?) dudit village del Massegro, Jean Vernhe aussy marchand dudict Sévérac et Jean Granyer dudict village de Coursac consulz l'année présente de ladicte ville et mandement, messire Dupont praticien greffier dudict Sévérac, maitre Pierre Courtine notayre royal et Antoine Chauvet, Jean Forestyer, Anthoine Malemousque, Anthoine Vincent marchand dudict Sévérac, Jean Mazet, Jean Dides de Roumanhac, Jean Héran de La Combe, Pierre Barathieu des Fontz, Georges Fages del Massegro et Anthoine Borel de la Vayssette, leurs conseillers. Jean Lamarche marchand dudit Sévérac, Jean Vaquier sieur de Labaume d'Albaroques, Pierre Maguellonne aussy marchand dudit Sévérac et Anthoine Bras consulz l'année dernyère, et la présente conseillers desdits consulz modernes. Toutz lesquels habitans ont d'une commune voix advoué et confessé, comme leurs prédécesseurs ont faict, le dict seigneur en qualité de marquis et baron de Sévérac estre seigneur dominant et fontier de ladicte ville et mandement avec toute justice haulte, moyenne et basse cens et droicts de champarts et aultres debvoirs seigneuriaux et en la personne dudict sieur procureur ayant les genoux en terre sans chappeau, les mains joinctes et mizes sur le sainct *Te Igitur* et Croix ont confessé estre ses hommes, promis et juré foy et fidélité, défendre ou protéger à leur possible sa personne et biens envers et contre toutz sans différence, saulf et excepté contre la personne sacrée de nostre souverain prince, de lui découvrir toutes et chascunes les conjurations menées entre princes et desseins venant à leur notice qui se projecteront ou feront contre le bien et utilité dudit seigneur, de conserver et payer ses droits à luy par le général ou chascung deubz en particulier, recogneux en ses anciens et nouveaux tiltres, sur les peynes de droict, sy ont recogneu et confessé lesdicts consuls tenir en fief franc et noble dudict seigneur soubs la prestation de foy et fidélité et dont ils font hommage en la forme susdite les possessions, rantes et revenus suyvants, sçavoir :

1º Leur maizon consulaire avec le sestayral qui est par dessoubs, dans lequel sont les mezures de pierre publiques, confronte du levant maison de Thomas Verlac, de bise rue publique. De mesme, un pred assis en la préerie de Sévérac dict de La Taille, contenant six journées ou environ, confronte du levant pred de Borrel del Massegro et pred de Pierre Guinot, du midy la rivière daveyron, de bise pred de maitre Jehan Villaret altre pred de Pierre Maguelonne, du couchant pred de Guillaume Evesque. Plus aultre pred ez mesmes appartenances dict lou prat de Capayrous contenant à faulcher troys journées ou environ, confronte du levant ladicte rivière, du midy pred de messire Paul de Solanet juge de Sévérac, dict la Planquette, du couchant pred de Laurent Soulassol d'Altès et aultres. Plus le boix qu'ils ont ès appartenances de Corsac dict de la Commune, de grande contenance, confronte terre de Verryères, terre du Samonta ou de Moulières, terre de Laclau, terre de Destels et autres confrontations comme aussi toutes et chascunes les rentes et revenus qu'ilz ont en qualité d'administrateurs des charités ou aultrement, avec directe seigneurie ou sans icelle ez villages d'Huguiers, la Vaïssette et aultres dudict mandement dont ilz bailleront plus particulière especification et dénombrement dans quarante jours laquelle reconnaissance et hommage susdits entendus par ledit sieur procureur ont esté reçus et par lui acceptés leur promettant audit nom que ledit seigneur leur sera bon seigneur, les défendra, les protégera, leur confirmera touttes et chascunes les libertés à eux concédées par ses prédécesseurs vrays et légitimes seigneurs dudict Sévérac, mesmes celles qui cy après exprimées comme par vertu du contract ledit sieur les confirme sans préjudice toutes fois d'aultres droicts que ledit seigneur pourrait avoir sur telz habitans et sans desroger à la transaction passée entre partis reçus par moy notaire soubsigné, le quatriesme du présent moys, touchant les droicts de guet et de garde, meyssou, journées, (mot illisible), quatre cas, droicts de coupe et bassive, bouchery, couratage et paix laquelle demeurera en sa force et valeur.

En premier lieu veult et entand ledict seigneur que lesdicts habitans ayent particulièrement deux consuls, gens de bien et sans reproche, qui puissent porter chapperons de parties de rouge et de noir comme aussy leur serviteur qui procèdent de l'élection et création de leurs successeurs en la forme contenue audict acte et aultres précédentes faictes sur le subject, qu'ils puissent impozer, assoir et despartir touttes tailles royaux et aultres affaires justement et esgalement et à c'est effect convoquer et assembler la communauté constraindre par leurs serviteurs les désobéyssans et défaillans jusques à la somme de cinq souz et, cas advenant que la désobéissance ou rebellion méritait plus grande peyne, auront recours aulx officiers dudict seigneur leur tiendront main forte et les feront obéir.

Item, que les clefs des portes de la ville seront et demeureront en leur pouvoir lesquels ilz bailleront à leurs successeurs incontinant après qu'ilz auront presté le serment entre les mains dudict seigneur ou, en cas où il serait absent, entre les mains de son juge ou son lieutenant.

Item, advenant qu'ils ayent des occupations entre parties ou ès chemins ou patus commungs ou qu'il feust nécessaire de faire réparation ès murailles et portes de ladicte ville ou ès dicts chemins, lesdits consulz en auront cognoissance et pourront ordonner sur la réparation desdites occupations et chemins planter bornes et vuider toutes les questions qui en pourraient arriver et, où lesdites parties y contrediront, auront recours aux dits officiers.

Item, appartient et appartiendra aux dits consuls de mettre prix au pain, vin, huile et aultres vivres victuelz, faire faire les draps de la longueur, largeur et qualité acoustumées et lorsque les boulangers ou boulangères feront le pain trop petit, le donneront et distribueront aux pauvres, pourront défendre toutz taverniers, revandeurs et revanderesses à ne vendre à plus hault prix que leur sera par eux taxés et ordonnés à peine de cinq sous appliquables audits consuls pour l'utilité publique, pour chacuns fois que lesdits taverniers, boulangers ou boulangères, revandeurs ou revanderesses contreviendront aux dites défanses.

Item, appartient aux dicts consuls ont et auront puissance de marquer touttes mezures de bled, vin, huile, sel, les poix, les cannes avec lesquelles on poize et mezure les draps et aultres choses, et auront poinson de fer où seront les armes dudict seigneur pour marquer les dictes mesures cannes et poidz, et si aulcung se servait de fausses mezures, cannes ou poidz, les mettront en la main dudict seigneur et en certifieront ses officiers pour en faire la justice et punition qu'il appartiendra.

Item, ont et auront pouvoir les dicts habitanz de chasser et pescher, ainsin qu'ils ont accoustumé, excepté ès debvoix dudict seigneur et réserver ses droicts seigneuriaux.

Item, appartiendra et appartient aux dicts consuls et ont pouvoir de faire deveser icelle croistre ou diminuer pour les bœufs aratiques, desfendre à peine de ban que personne ne puisse paistre pendant le temps qu'ils ordonneront, et si dans ledit mandement y avait bestail gros ou menu infect et malade, le pourront tirer hors dudict mandement ou luy prescrire certains endroicts dans lesquels ceux à qui le dict bestail appartiendra le gardent jusques à ce qu'il soit guéry, sans le laisser vaquer. Pourront les dicts consulz cottizer touttes sortes de bestail forain et estranger pour les tail es royaux ou aultres affaires de ladicte ville et mandement.

Item, veult et entend ledict seigneur que les foires et marchés qu'ont accoustumé estre en la dicte ville soient entretenus, gardés et observés et que ses officiers y donnent secours, faveur et aide.

Item, appartient aux dicts consuls de paistre et faire paistre à leur bestail toutz patus, chemins, herbes et robeyrals en la forme qu'ils ont de tout temps accoutumé.

Item, pour la conservation des fruicts, pourront créer et établir ung bannier, prendre et recepvoir de luy le serment requis. Et, à l'observation de ce dessus, partiz ont obligé toutz et chascuns leurs biens iceulx soumis aux rigueurs des courts dont elles ressortissent et requis à moy dict notayre leur en retenir instrument que leur ay concédé et publiquement récité ou que dessus, ès présence de maistre Anthoine de Barthélemy docteur ès-droict de la ville de Sainct-Gervais en Languedoc, Pierre Alayrac de la ville de Castres, Jean Douzalz de

Millau et Samuel de Baboty du dict Sévérac signés avec les sçachants escrire, et de moy Mathieu Baboty notaire royal de la ville de Sévérac, qui de ce requis, ay retenu instrument en notte de laquelle ce grossoyé conste, tiré escript de la main de Pierre Belin (?) à mon stable, deue collation faicte avec icelle le trouvant conforme me suis soubsigné de mon seing manuel et authentique duquel je uze en mes actes et instruments publics.

En foy de tout ce dessus.

BABOTY.

(*Archives* de la famillé Trèmolet, ancién notaire. Sévérac-le-Château).

V

Adresse de Madame Lunet de Pomayrols à la Convention Nationale.

La cytoyenne Jourdan, épouse du citoyen Lunet Pomayrols, détenue à la maison de réclusion de Sévérac, au Comité de sûreté générale de la Convention Nationale.

DÉPARTEMENT DE L'AVEYRON DISTRICT DE SÉVÉRAC. MUNICIPALITÉ DE SAINT-PRIVAT RÉUNIE A CELLE DE LA VERNHE.

CYTOIENS REPRÉSENTANTS.

Dans un tems où par les ordres d'un soi disant Comité du district de Sévérac la maison de mon mari, nos meubles, nos bestiaux, nos denrées, nos effets de tout genre, étaient pillés, incendiés; dans un tems où mon mari et moy étions en réclusion; dans un tems où sous les yeux des corps constitués je venais d'être traînée dans les rues comme la plus vile des femmes et d'y subir, à la tête de l'armée révolutionnaire et en présence de Viton qui la commandait, un supplice qui outrage tout à la fois l'humanité et la pudeur, un supplice que l'ancien régime réservait aux voleurs et que les nouvelles lois ont aboli.

La municipalité et le Comité de Surveillance de la commune de Saint-Privat, lieu de mon domicile, s'empressèrent de me délivrer chacun un certificat de civisme. Mon mari a été élargi, toutes les femmes recluses dans le département ont obtenu leur liberté, moy seule gémis depuis quinze mois dans la maison de réclusion, et on m'y a refusé jusqu'à la pention alimentaire, dont l'exécrable Robespierre n'avait pas même osé proposer de priver ses victimes.

Ce traitement, n'en doutès pas, je ne le dois qu'à la haine que me portent les trois commissaires envoyés par le district auprès du Représentant Périer, pour lui donner des renseignements sur le compte des détenus. *(Ici trois noms suivis de réflexions qu'il n'est pas à propos de publier).*

J'ignore ce que leur intérêt et leur amour-propre blessés ont pu leur faire inventer contre moy, qu'ils regardent comme le principal auteur de leur défaite, mais j'ose qualifier de faux tout fait, tout propos par eux allégués qui pourrait faire suspecter mon honnêtteté et mon civisme.

Auraient-ils répété ce qu'avait dit le cy devant Comité central dans les motifs de mon arrestation dont je remets l'extrait sous nº 2-2, ils seraient démentis par le jugement que rendit en ma faveur, le 12 août 1793, le tribunal criminel du département de l'Aveyron et dont je remets un extrait en forme sous nº 3.

Lors de ce jugement j'avais été arrêtée, écrouée, j'avais resté plus de trois mois plongée dans un cachot, comme accusée d'avoir pris part à l'atroupement de La Panouse, plus de cinquante témoins avaient été entendus dans la procédure faite pour en découvrir les auteurs, fauteurs et complices,

tous les accusés d'y avoir trempé avaient été jugés,
il n'est pas de démarche que mes nombreux ennemis, l'accusateur public luy-même, n'eussent faite
pour me comprometre, et tout tendit tellement à ma
justification, que ce magistrat, après avoir montré
l'acharnement le plus cruel, se trouve dans l'impos-
sibilité de porter contre moy d'autres faits que celui
d'avoir de l'ascendant sur l'esprit de mon mari; il
m'eut été, il m'est encore aisé de m'en défendre,
mais j'aime à m'en glorifier et je déclare comme je
déclarai alors que j'ay employé vingt ans de mon
mariage à acquérir ce prétendu ascendant.

Oser aujourd'huy m'accuser d'avoir participé
directement ou indirectement à l'atroupement de
La Panouse serait donc non seulement manquer de
respect à la chose souverainement jugée, mais encore
outrager la notoriété publique.

On n'a rien trouvé dans mes papiers ny dans ma
maison qui puisse faire soupçonner que depuis
l'établissement de la République j'ay reçu ny prêtre réfractaire ny personne suspecte, je défie qu'on
trouve sur la terre un seul témoin qui atteste en
avoir vu quelqu'un chès moy ou avec moy.

Quant à Caplat, je ne conteste pas de l'avoir
reçu plusieurs fois avant l'atroupement de La
Panouse et après mon jugement; mais ce qui m'é-
tonne c'est qu'on ait eu l'impudeur de m'en faire
un crime. Dans la contrée, personne n'ignore les
liaisons qui ont existé de tout tems entre sa famille
et celle de mon époux, personne n'ignore qu'il fut
arrêté en même tems que mon mari et moy, qu'il
habita pendant trois mois la même prison que nous,
et encore moins que, lors du jugement qui le relaxa,
il fut prouvé par plus de soixante témoins non seulement qu'il n'avait prise aucune part à l'atroupement de La Panouse, mais encore qu'il avait exposé
sa vie pour favoriser le recrutement ordonné par la
loy du 24 février, et pour empécher que la jeunesse
enlevat les personnes détenues qui s'y étaient opposées, qu'il ne fut instruit de l'attroupement de La

Panouse que deux jours après qu'il eut été dissipé, que ce ne feut que par des manœuvres condamnables et en haine de ce qu'il n'avait jamais parlé que le langage de la loy qu'on avait cherché à le perdre.

Quoy qu'il en soit de cet individu que je ne suis pas chargée de défendre, reste que, fut-il coupable, tant qu'il n'a pas été accusé et après qu'il a été relaxé, on ne peut pas m'imputer ce crime de l'avoir reçu plus qu'on ne pourrait reprocher à la Convention d'avoir compté parmy ses membres (*un nom rayé qui doit être* « les Perségols ») les Robespierre, etc.

Reste que j'ay une preuve de mon cyvisme et de la fausseté des allégations de mes dénonciateurs dans le jugement qui m'acquitte, dans les certificats à moy délivrés par la municipalité et le Comité de Surveillance de ma commune; reste que quand j'aurais eu quelque tort depuis la Révolution, je l'aurais bien plus que expié par le pillage, l'incendie de ma maison, par plus de trois mois de cachot, par plus de quinse mois de réclusion, par les soufrances de tout genre que jay éprouvées, par le suplice honteux qu'on m'y a fait subir; et la liberté que je réclame serait non pas une grâce mais une justice que ne sçauraient me refuser les dignes représentants d'un peuple libre. »

JOURDAN-LUNET.

« Sévérac,   maison de réclusion, le 15e nivôse, an 3e de la République une et indivisible. » (5 janvier 1795.)

(*Archives* de la famille Lunet de La Jonquière — Château de Recoulettes).

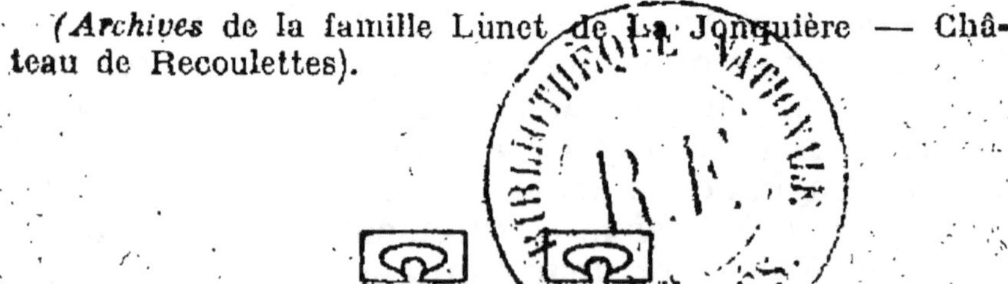

TABLE DES MATIÈRES

CAPITRE PRÉLIMINAIRE

Des origines jusqu'à la féodalité

PREMIERE PARTIE

Les temps féodaux

Seigneurs de Sévérac — Grands faits historiques

DEUXIEME PARTIE

Vie civile et vie religieuse sous l'ancien régime

TROISIEME PARTIE

La Révolution

TABLE DES ILLUSTRATIONS

Albi. — Imprimerie-Reliure des Orphelins-Apprentis